孔子思想如何經過五階段改造，
從民主思維變中央集權。

儒家文明
最強大的統治工具

清華大學、ト
國學特聘教授
馬大勇——著

任性出版

目錄

推薦序

儒家文明，是「內聖外王」之道的生命實踐之學

淡江大學中文系教授／高柏園

儒、釋、道三教是中國文化的主要內容，而此中又以儒家最具有普遍性與代表性，尤其在治國之道方面，表現最為傑出。例如《論語》、《孟子》、《中庸》、《大學》，雖然也有高明的形上學思想，但是更多的用心是對於現實人間的關懷，是所謂「內聖外王」之道的生命實踐之學。這也就足以說明，為什麼儒家文明會是最強大的治國工具了。

儒家文明歷經幾千年的發展，完全與中國文化融為一體，而中國文化內容的豐富與多元，也就顯現出儒家文明的豐富與飽滿。除了知識分子所熟知的哲學、文學、美學之外，也涉及民間日常的生活與習俗，如此豐富的文化內涵，要簡要、濃縮的述說，當然不是容易的事情。

本書就是以文化的角度切入，而以哲學、文學、歷史為軸線，展示儒家文明特殊的風采與內容。其中主要的人物，除了孔子、孟子、王陽明等聖人與哲學家之外，也包含了蘇軾、柳永、唐寅、金聖歎及錢鍾書等文學家，而皇帝如武則天、朱元璋也在其列，這就可想見本書幅度之大與內容之豐富了。

一如本書的主題所言，儒家文明的確具有強大的治國能力，而且孔子當初也是以治國，所謂的「恢復周文」為其思想的起點。但是孔子的思想並不只是停留在治國的工具，而是更進一步提出了人生終極關懷的方向，這就是為什麼會與哲學、文學、歷史相結合。

事實上，孔門四科「德行、言語、政事、文學」，其實也就說明儒家思想原有的豐富性。換言之，儒家文明除了提供治國之道的現實關懷內容，如禮樂制度，同時也回應了生命的意義與價值的終極關懷方向，這就是所謂的仁道。

但是這樣深刻的內容，如果我們是以學術性的方式表達，可能會拒眾人於千里之外。因此，本書特別採取平易近人的幽默方式與趣味內容，深入淺出的說明儒家文明重要的貢獻與價值，同時也指出其中可能的限制與困難，進而能提供儒家文明在今日世界中可能有的發展方向。而這樣的內容，不僅提供了學術性的價值，也讓讀者能夠親切的感受儒家文明的智慧與風采，值得讀者細細品味。好書不敢藏私，特此歡喜推薦。

前言

儒家文化史的五個時期

本書是我在校內校外講過多年，並在喜馬拉雅 App 上線的〈不一樣的儒家文化史〉課程的音訊整理稿，是我的國學系列課程的重要組成部分。

那麼，什麼是國學呢？

簡單說，國學應該分成廣義和狹義。廣義國學，即「一國自有之學」，也就是中國特有、獨有、其他國家完全沒有或基本沒有的文明精華。在現代學科分類意義上，它應該包括人文科學、社會科學、自然科學三大學科部類。狹義國學，是我們最常使用的「國學」概念，它要去除自然科學和社會科學，只保留人文科學，也就是傳統的文、史、哲之學。

那麼應當以哪個學科作為最核心、最主要的支柱呢？這個問題目前學術界還有較多爭議，我只能說說個人看法。

儘管我是學文學的，但我還是堅持應當以哲學為核心，因為哲學的覆蓋面最廣，包容性最強，也最有利於我們解釋已經約定俗成的國學概念。以哲學為核心，以歷史學作為入門的鑰匙，以文學當作最重要的建築材料，它們共同搭建起我心目中的國學大廈。

以此為前提向下延伸，我們可以找到國學的三大哲學基礎，**我把它們稱為國學的規定組合**

——那就是大家熟悉的儒、釋、道三大思想體系。三大基礎當中，儒家居首，它對中國的影響最為巨大深遠，至今我們每個人身上都不同程度、不同比例的流淌著儒家文化的血液。這些規定組合大家都一樣，如果說我講的有什麼不一樣，恐怕主要體現在「文化史」三個字上。

稱文化史，就意味著我講述的重點不在於哲學、思想的義理，而是把眼光投射在儒家哲學思想在當時和後世產生的具體影響，特別是它所引發的、人文思潮觀念的變動上。一言以蔽之，我更關心儒家文化背景下人性的流變。

所以，對孔子，我會從多個角度來觀察「陳蔡絕糧」，這個中國精神的關鍵時刻的儒道互補，我覺得這是中國文人最典型、最普遍的思想格局，所以花大篇幅講蘇軾以證明之；對中庸，更關注其引申出來的「狂狷」文化性格，透過柳永、唐寅、金聖歎、錢鍾書等個案予以深入剖析；對朱熹，更關注其多面形象及形成之謎；對陽明心學，更關注它引發的、波瀾壯闊的晚明人性解放思潮，所以會引入〈賣油郎獨占花魁〉、〈轉運漢遇巧洞庭紅〉、〈蔣興哥重會珍珠衫〉等多篇小說。我希望給大家展現出的，是一部豐富多元、不一樣的儒家文化史，也是一部我自己眼中的人性流變史。

既然是史，首先就要分時期。本著我個人的理解，融合學術界的一般共識，**兩千五百多年的儒家文化史，可以分成以下五個時期**，以左頁圖表呈現會清晰一些。

儒家文化史的五個時期

時期	代表人物	備註
奠基期	孔子	仁、禮、中庸，作為孔子構建的三大理念，對於中國文化史產生了無比重要的影響。
光大期或成熟期	孟子	説光大，是因為孟子對孔子思想實現了光大；説成熟，是因為到孟子手裡，先秦儒家文化達到了成熟階段。
兩漢經學期	董仲舒	董仲舒提出「罷黜百家，獨尊儒術」，從此，一般的儒家著述全面上升成為經典，中國產生了一門至高無上的儒家經典闡釋學，是為「經學」。
宋代理學期	周敦頤、程頤、程顥、張載、朱熹、陸九淵	理學也稱道學，後因偽道學、道學先生等詞多含貶義，更多以理學稱之。
明代心學期	王守仁（王陽明）	陽明心學分為左、右兩派，其左派釀成了晚明時期極有特色的人性解放思潮。

第1章

孔子奠基期

——仁、禮與中庸之道

01 至聖先師孔子是怎麼崛起的

第一章，我們來講儒家文化奠基期代表人物——至聖先師孔子的家世和生平。

談孔子的家世，不能不追溯到孔子的遠祖。孔子的遠祖是商人，這個商人不是指做生意的人，而是指商朝人。周武王滅掉殷商以後，將其後裔安置在現在河南省南部，大體就是春秋時期的宋國。孔子就是這一群落的後裔。

孔子祖上，我們追溯到的最有意義的一位，是他的六世祖孔父嘉。談孔父嘉有兩個用意：第一，孔子家族之所以有孔氏，也就是我們一般所說的姓孔，是從孔父嘉開始的；第二，我們知道孔子是魯國人，為什麼孔家會由宋遷魯呢？這與孔父嘉有非常密切的關係。

因妻子太美引來殺身之禍

上古時代有個說法，叫做「天子稱姓，諸侯稱氏」。只有皇族、貴族才有姓氏，普通老百姓是沒有姓氏的，這就說明孔父嘉在宋國的地位很不一般。他在宋國擔任司馬的高官，即國家最高國防長官。有一天，宋國最高行政長官太宰華父督，看見孔父嘉的漂亮妻子，「目逆而送之，曰：『美而豔。』」[1]就動了占為己有的念頭，於是派人在京城揚言：「國君繼位不過十年，卻發生十一次戰事，百姓苦不堪言，都是孔父嘉造成的，我要殺死孔父嘉來讓百姓得到安寧。」[2]不久，華父督就攻殺了孔父嘉，如願以償的把他的美貌妻子占為己有。這樣的情節擴充一下，編入《冰與火之歌第一部：權力遊戲》（*A Game of Thrones*）也毫不遜色吧！

中國古代歷史上，孔父嘉應該是第一個因為妻子的美貌，而惹來殺身之禍的男人。當然，這個系列後面還有很多人，我們熟悉的《水滸傳》裡，林冲就是很著名的一個。孔父嘉被殺，他的後人在宋國無法安身，所以才逐漸從宋國遷到魯國。

孔子差點就沒了

從孔父嘉再傳幾代，就傳到了孔子的父親叔梁紇。這裡大家會有一個疑問：「為什麼從孔父嘉開始就已經有孔氏了，到叔梁紇又不姓孔了呢？」上古時期，「姓氏＋名字」的組合方式還不太固定，常見的方式是省略姓氏，把字放在名前來稱呼。其實叔梁紇也姓孔，名紇，字叔梁，把

1 出自《左傳》。
2 出自《史記》：「督利孔父妻，乃使人宣言國中曰：『殤公即位十年耳，而十一戰，民苦不堪，皆孔父為之，我且殺孔父以寧民。』」

字放在名前就成了叔梁紇。按照這種稱謂方式，孔子應該叫仲尼丘。

叔梁紇是個什麼樣的人？如果從孔子的形象往回逆推，我們一定覺得，既然孔子本人文質彬彬、溫文爾雅，叔梁紇也應該是這樣一個人。可是大家別忘了，生物遺傳是非常奇妙的，基因是可以變異的。叔梁紇不是我們想像的文弱書生，而是一個魁梧健碩、以勇力聞名國際（諸侯國）的舉重運動員、大力士，曾經有過所謂力托千斤城門的英勇事蹟[3]。

他練了一輩子舉重，身體非常好，到了六十歲左右的時候，還想再娶一名妻子，生個孩子，來延續孔門的香火。其實，這時候叔梁紇已經有了九個女兒和一個兒子。可九個女兒都是外姓人，不能接續孔門的香火，但那個兒子為什麼也不行？那個兒子就是孔子的大哥孟皮，也叫伯尼。其實孟皮不是名字，孟是排行老大的意思，皮與跛通假，說明這個孩子是個瘸子，身體有殘疾，不能承擔延續孔門香火的重任。所以叔梁紇向自己的同事顏氏求親，想再娶一名妻子。

他求親的方式很有意思。他對顏氏說：「我聽說你有三個女兒，都正當妙齡，貌美如花，你把哪個女兒嫁給我都可以。」

顏氏喜歡叔梁紇的人品，於是便答應了。這個老頭兒還有點兒民主精神，沒有獨斷專行，把三個女兒找過來開了一個家庭會議，把情況說了：「有一個人叫叔梁紇，快六十歲了，儘管年齡大一點，但一直練舉重，身體不錯。現在向我求親，我答應了，你們誰願意嫁給叔梁紇呢？」

三個女孩兒面面相覷，誰也不願意接受這個提議，誰也不願意嫁給他。為什麼會出現這樣一個尷尬冷場的情況？因為這三個女孩，大的不過二十出頭，最小的女兒顏徵在才十八歲，也就是說，這三個女孩和叔梁紇之間，有著三、四十歲的年齡差。這樣的差距在二十一世紀都難以跨越，何況當時。

另外還要注意一點，我們現代人對平均壽命的認知大約在七十多歲。春秋時期人民的平均壽命是多少？不會超過三十歲！在這種情況下，年齡差達到三、四十歲，那就相當於跨越了兩代人還要多呀！幾個女孩正當青春妙齡，誰願意嫁給一個行將就木的老人呢？

於是，這場家庭會議開不下去了，父女四人陷入一種難堪的局面。小女兒顏徵在心地比較厚道一些，看見老父親在那尷尬，她就接了一句，想打破一下這個尷尬情況。

在此順便告誡大家，在人生的很多關鍵時刻，你多說一句話還是少說一句話，結果是完全不一樣的，一定要謹慎！顏徵在就是因為多說一句話，改變了自己的命運，她說：「婚姻之事非常重大，還是請父親做主，我們做女兒的就不發表意見了吧！」老爺子非常高興：「好！那就是你吧！」因為這句話，顏徵在嫁給了比自己大四十多歲的叔梁紇。

《史記》當中記載，孔子是野合（按：不合禮法的婚姻）而生，這個事情後來爭議很大，很多衛道士（按：衛護正統思想的人）都花費筆墨為孔子辯誣。我倒覺得這個事情很好理解。叔梁紇當時年紀大了，儘管身體非常好，想生下一個孩子也不是那麼有把握。

有一條記載，說叔梁紇「禱於尼丘」，後面才有野合之舉。根據這句話推定，包括對上古風俗的推測，我懷疑很可能是根據神靈的指示，才發生了野合的情況。後來有人根據野合的記載說孔子是私生子，恐怕是不能成立的。

---

3 出自《左傳》：「偪陽人啟門，諸侯之士門焉。縣門發，郰人紇抉之，以出門者。」此郰人紇，即為叔梁紇。

叔梁紇和顏徵在結合以後又過了幾年，以六十幾歲高齡去世。現在來看，六十幾歲似乎並不算高齡，但在春秋時期，這個年齡已經很罕見。他給孔子留下了長壽的基因，孔子過世時，比他的父親年紀還要大一些。

叔梁紇去世了，留下了二十出頭的顏徵在，帶著三歲的小孔丘，在偌大的孔氏家族裡面艱難度日。因為日子過不下去，顏徵在帶著小孔丘回到了自己的娘家，這個地名叫做「闕里」，就是後來的孔府所在地。孔府不是孔子自己家，而是他的外公家。

回到娘家居住以後，生活有所改善，但是孤兒寡母，還是過得相當清貧與艱難。在這種單親、清貧的家庭狀況下，孔子很早就過上了半工半讀的生活。《論語》中說過：「吾少也賤，故多能鄙事。」這是說，我小的時候生活比較艱難，地位比較寒微，所以很早就要做一些粗活。

那麼孔子做過哪些粗活？根據孔子自述可以看到，他給人家做過放牛娃、放羊娃，非常負責，牛羊繁殖迅速；給人家做過司機，開過車——孔子後來講六藝，包括禮、樂、射、御、書、數，其中的御就是駕駛技術；還給人家當過倉庫保管員，做過會計。

在這個過程中，孔子非常注意自我修養，他很小的時候就懂得「陳俎豆，設禮容」，研究禮節的相關問題。比如模擬一個會場，說著「各位來賓，大家晚上好」等。禮學構成了孔子未來學問的基礎之一，這是孔子生平的第一個階段，我們稱之為「幼年清貧」。

設帳授徒，學費叫束脩

二十多歲到三十歲，孔子開始了人生的第二個階段，我們稱之為設帳授徒。這個具體時間點，文獻記載有些不一致，有人說是二十三歲，有人說是三十歲。總之，孔子在二十多歲時找到了一份新工作，自己做了老師。

孔子設帳授徒，最初可能只是因為收入比較良好、比較穩定而已。他當時會收到什麼學費？當然不可能有現金、信用卡。這個學費叫做「束脩」，也就是一捆乾肉或者臘肉。我們猜想，正常情況下，一捆乾肉或臘肉少則兩、三斤，多則四、五斤而已，看來孔子收的學費並不是很高；但話說回來，也有人講孔子的學費相當之昂貴，為什麼？我覺得，春秋時期的肉品供應不會像現在這麼豐富，肉還是比較罕見的東西。

在孔子身後兩百多年，孟子跟齊宣王講自己的理想社會，其中有這麼一條標準，叫做「七十者可以食肉」。戰國時期，一個七十歲的人可以隨意吃肉，還是一個遙不可及的社會理想，這說明肉在當時是相當珍貴的東西。假設孔子的學生一個人交五斤肉的話，那麼他有三千弟子，孔子就會收到一萬多斤肉。在當時來講，這應該是一筆價值不菲的財富。儘管如此，單憑收臘肉和乾肉就想大富大貴，那也不可能，只不過比以前的打工生涯好一點、穩定一點而已。

可能孔子也沒有想到，本來是一份很偶然的職業選擇，結果他在教師這個崗位上，竟然站了一輩子。其後的四、五十年，即便出仕為官，即便周遊列國、顛沛造次，孔子也從來沒有離開教師的職位。從這個意義上說，孔子是最偉大的教育家，也是教師這個行當的祖先。

從市長做到代理總理

孔子設帳授徒，名聲逐漸傳播開來。那時候群雄逐鹿，人才爭奪戰相當激烈。周邊很多諸侯國，聽說魯國出了一個很有才華的大人物孔仲尼，紛紛卑辭重幣，請他出山。孔子有幾次出仕的機會，可有時候是因為平臺太小，有時候是因為邀請他的人不太地道，遂先後拒絕了。但他心裡想要干預現實政治、建造理想社會的渴望並沒有熄滅。

《論語》中說：「沽之哉！沽之哉！」孔子是在感慨：「我就像那個繫在藤上的葫蘆一樣，誰能把我摘下來，做成瓢去盛水或者盛酒呢？」這當然是個比喻，意思是怎麼才能實現自我價值呢？時光過得很快，二十多歲做老師，一轉眼就是二、三十年，很快就過了五十歲了，他出仕的好機會也到來了。於是，孔子走進了自己人生的第三個階段，那就是「知命之年，出仕魯國」。

魯國是孔子的祖國，也是老牌大國、強國，這個平臺當然比較理想。五十一歲這一年，孔子出山做官，第一個職務叫做中都宰，相當於現在某個直轄市的市長。胡玫導演、周潤發主演的電影《孔子：決戰春秋》，一開頭就是「中都宰孔丘大人覲見」，說明這時候孔子五十一歲。孔子這個中都宰做得政績斐然，第二年就被調到中央，擔任司空，這是一個司局級中層幹部，主管經濟基本建設。又做了一年，表現優異，連升三級，從司空做到了大司寇。這是魯國的最高司法官，相當於今天的法院院長、檢察長、公安部（按：類似臺灣警政署）部長三長合一，而且行攝相事，也就是代理總理，成為魯國實際上的最高行政長官。

等了這麼久，現在終於有了理想平臺，孔子大刀闊斧，開始推行以「復禮」為目標的政治體制改革。

復禮是什麼？禮是孔子思想的三大核心之一，簡單說，禮是一套良性運行的社會秩序，所謂君君臣臣，父父子子，君主要有君主的樣子，臣子要守臣子的本分；而現在的魯國禮崩樂壞——君主是傀儡，大權落在以季桓子為首的「三桓」手上，那就是君不君、臣不臣。所以孔子推行的復禮改革，其目的是還威權於君上，還臣子以本分。

我們可以想像，孔子的改革必然極大程度的觸動了既得利益階層，所以也必然遭到猛烈反撲。孔子任代理總理的這一年冬天，反撲正式上演。

按當時的規矩，歲末要祭天地、祖先，祭肉應當分給各級官員。作為最高行政長官，孔子應該首先分到祭肉才對，但在三桓的操縱之下，最後連普通的公務員都分到了祭肉，孔子居然連個肉渣都沒看見。這種做法其實就是在向孔子傳遞一個明確的資訊：你在魯國已經不受他人歡迎，如果繼續在待下去的話，我們將無法保障你的人身安全。孔子讀懂了這個危險信號，於是收拾了幾車書，帶了幾個學生，倉皇離開魯國，從此開始了他人生的第四個、也是最關鍵的一個階段——周遊列國。

衛靈公不愛賢人愛美人

從五十四歲到六十八歲，孔子周遊列國。我們可以大體上把它分成兩種情況，一種情況就是在少數國家和少數時期，孔子過得比較舒心滋潤，比如在衛國。

初次來到衛國，衛靈公非常尊敬孔子，曾經一度想封其為國師，並賜予封地，後來因為別人的勸阻沒能實現。儘管如此，衛靈公還是給了孔子非常高的禮遇。他出行的時候，自己的車在道路左邊，孔子的車在右邊和他並駕齊驅，以示尊敬。但是好景不長，沒過多久，衛靈公迎娶了著名的美女南子。南子這個形象大家比較熟悉，就是在電影《孔子：決戰春秋》中，周迅扮演的那個角色。

南子美豔，天下無雙，但是有一點，名聲不太好——據說有些不當的私生活。當時很多諸侯國君都對她垂涎三尺，想娶回來做第一夫人，但是又礙於她的名聲，唯恐傷了國家的體統。衛靈公比較少道德上的顧忌，捷足先登，把南子娶了回來，那當然是三千寵愛在一身。

從此以後衛靈公再出巡，自己車輛的位置沒變，還在道路的左邊，南子則在道路的右邊，和他並駕齊驅，孔子被擠到了第二排。孔子為此大吃其醋，講了一句很嚴厲的話：「吾未見好德如好色者也。」這話就是批評衛靈公好色而不好德。從這開始，兩人友誼的小船說翻就翻了。衛靈公越來越不滿意孔子，後來乾脆派了一隊士兵，到孔子居住的驛館門口軍事演習。

先秦時候表達內心想法的方式都很有意思，孔子在魯國，季桓子用分祭肉的方法告訴孔子；

現在在衛國，衛靈公則用演習的方式傳達給孔子，目的都一樣，也是告訴孔子，你在衛國也已經成為不受歡迎的人了。於是孔子離開了衛國，結束了境遇相對比較好的一段生活。

天之未喪斯文也，匡人其如予何

離開衛國以後，孔子四處漂泊，大都是比較坎坷的境遇了，用孔子自己的話講，叫做「顛沛必於是，造次必於是」。其中有一件事值得我們先說說。在陳國的匡地，孔子和他的學生們遭遇了一場比較嚴重的人身威脅。匡地的老百姓聚合起來，把孔子和學生們圍在中間暴打了一頓。他們為什麼要打孔子？其實說白了是一場誤會。

當時的匡地是魯國的殖民地，由一個叫陽虎的人管理[4]。陽虎橫征暴斂，老百姓恨之入骨，但是一直沒有機會見到他。現在突然看到來了這麼一個魯國人，個子很高，有一點像傳說中那個陽虎，所以大家就誤認孔子是自己切齒痛恨的陽虎，把他和學生們包圍了起來。這個誤會是情有可原的，有文獻顯示，孔子和陽虎的相似度很高，他的學生們遠看時也會認錯。

那麼，到底有多少人參與這場群毆，把孔子和他的學生們打得有多嚴重？文獻中沒有正面記載，但當時已經有學生跑過來慌慌張張的說：「老師啊！咱們趕緊跑吧，再不跑咱們就可能被打

4 亦名陽貨，但也有人認為陽虎、陽貨並非一人。

死在這了！」可見情勢相當危急。這種情況下，孔子講了一句很著名的話：「天之未喪斯文也，匡人其如予何？」那就是說，老天如果不想斷絕斯文一脈的話，匡地老百姓不能拿我怎麼樣。這句話很平常，**但在中國文化史流變過程中，逐漸演化成了非常洪亮的一種聲音，對後來知識分子階層產生了極其深遠的影響，成為他們重要的精神支柱之一**。

我說上面這番話是有所指的，比如民國大儒、新儒家的代表人物梁漱溟。抗戰時期他在陪都重慶，日軍飛機每天都來轟炸，每次警報一響，大家就往防空洞裡面跑，有個說法叫做跑警報。跑警報的過程中，發生了很多有意思的事情，我們說其中一件。

有一位著名學者劉文典，學問很好、自視甚高。他曾經講過一句很有名的話：「兩千多年來，中國只有兩個人懂莊子，一個是我劉文典，另一個是莊子本人。」真是目空一切呀！他很看不起那些從新文學領域中出來的學者和作家，比如朱自清、沈從文。他還有一段著名的話：「我劉某人在北平的大學當教授，我一個月拿四百塊大洋的月薪，我劉某人的學問對得起這四百塊大洋。但是像朱自清，他沒什麼學問，一個月四十塊大洋就夠了。沈從文呢？四毛錢都不用給他！」在重慶跑警報的時候，劉文典聽到警報以後也跑，跑著跑著，看見沈從文了，於是一把拽住沈從文，質問他：「我為什麼跑啊？我為莊子跑，我被炸死了中國就沒有人懂莊子了！你為什麼跑？」

人人都跑警報，梁漱溟是個例外，堅決不跑。為什麼？他就用孔子這句話——「天之未喪斯文也，匡人其如予何？」梁漱溟認為，儒家斯文一脈是在他身上承傳的，日本人的飛機炸不死他！說也奇怪，據說梁漱溟住宅所在的整條巷子都被日軍的飛機炸塌了，只剩下他的房子孤零零的站在那，安然無恙。看來，確實有些神奇的事情，不能以常理測度之，或許真的是冥冥中自有天意吧！

講這件事，我是想說，梁漱溟堅決不跑警報，支撐他這個舉動的思想武器，主要是「天之未喪斯文也，匡人其如予何」的勇氣與能量。孔子在他的人生波折中平平常常的一句話，竟會穿越幾千年的時光，成為後世知識分子的精神支柱，這就可見孔子影響之深遠。

匡地事件有驚無險，就這樣過去了，但是更嚴重的危機正在前面等著孔子。孔子即將進入一生中最危急的階段，最終它超越了孔子個人的經歷，而上升成為中國精神的關鍵時刻，那就是「陳蔡絕糧」。

02 陳蔡絕糧——回應子貢子路的質疑

西元前四八九年發生了陳蔡絕糧事件，儘管只有短短七天，但是在孔子周遊列國的十四年中、在孔子七十三年的一生中都顯得格外重要，後人把它稱為中國精神的關鍵時刻。

這個看法非常有意思，我們首先來分享一篇文章〈中國精神的關鍵時刻〉，作者是當代著名作家、評論家李敬澤。

一罵成名的宰予

《左傳》哀公六年，西元前四八九年，吳國大舉伐陳，魯國誓死救之。陳乃小國，長江上的兩位老大決定在小陳身上比比誰的拳頭更硬。

「風雲緊急，戰爭浩大沉重，他把一切貶為無關緊要可以刪去的細節……征夫血、女人淚、老人和孩子無助的眼，還有，一群快要餓死的書生。」

這一段是交代事件發生的背景，我們寫文章一般稱為引言，最後一句引到孔子和學生身上。

孔子正好趕上了這場混戰，困於陳蔡之間，絕糧七日，吃的是清燉野菜。弟子宰予已經餓暈了過去……。

這個場景中出現的**孔子的第一個學生是宰予**，也叫宰我，聽著很不吉利的感覺吧？宰予這個人我們還是比較熟悉的，原因有兩個。第一個，他是「孔門十哲」之一。我們知道，後來天下都建文廟來供奉孔子，老先生一個人享受人間煙火會有些寂寞，於是就安排一些學生和後來的傑出人才陪他一起享受，叫做配享。

那麼宰予靠什麼躋身配享之列呢？有一個說法叫做孔門四科：德行、言語、政事和文學，在這四個方面有傑出表現，才能進入孔子三千弟子的十佳，或者稱十哲。宰予的言語科成績非常突出，口才很好，頭腦反應也很快，常給孔子提出一些刁鑽古怪的問題，弄得老師也很狼狽，因此列名於十哲之中。

但這恐怕只是一個次要原因，主要原因是，宰予是唯一一個被孔子不留情面、破口大罵過的學生。孔老師做教師這一行四、五十年，絕大部分時間都是給人如沐春風的感覺。但是一輩子當下來，也難免有幾天心情不好，宰予可能就趕上了孔老師心情不好這一天，在孔老師課堂上晝寢——大白天睡覺，孔老師大發雷霆：「宰予！你是糞土之牆不可杇也，朽木不可雕也！」從此，宰予被一罵成名，一成名就是兩千多年，這可比我們今天演藝圈裡那種炒作成名、緋聞成名厲害多了。我們接著看：

該宰予就是因為大白天睡覺，而被孔子罵為朽木糞土的那位。現在我認為孔夫子罵人很可能是借題發揮，想當年在陳蔡，這廝兩眼一翻就暈過去了。他的體質是差了點，可身子骨更弱的顏回還在院裡擇野菜呢！

這段話當中又出現了**一個值得我們認識的學生：顏回**。顏回在孔門中的地位非常高，後來講孔門四大家——孔、孟、顏、曾（曾參）。孔子是至聖，拿金牌的聖人；孟子是亞聖，拿銀牌的聖人；顏回被稱為復聖，也就是拿銅牌的聖人。這裡要提醒一句，孔孟顏曾這個說法是宋朝以後才逐漸形成。宋朝以前，孟子沒有這麼高的地位，大家很少並稱「孔孟」，一般都是並稱「孔顏」，也就是說，顏回是拿過銀牌的，後來才把他的銀牌換成了銅牌。

顏回靠什麼拿到這麼高的地位？**顏回身上有兩大特點，第一是學霸**。孔子曾經表揚他，說普通人舉一能反一，自己舉一能反三，而顏回舉一能反十。你看這個學習能力多強啊！連孔子都趕不上。**顏回第二個特點，是在學習超好的同時，能培養道德情操**、安貧樂道。孔子特別表揚過顏回：「一簞食，一瓢飲，在陋巷，人不堪其憂，回也不改其樂。」也就是說，顏回吃著糙米飯、喝著涼水，住在貧民區裡面，別人都忍受不了這種清苦的生活，而顏回能夠心安理得，追尋自己的崇高理想，所以孔子感慨道：「賢哉，回也！」

話說回來，這種清苦的生活，畢竟還是給顏回造成了相當大的傷害，因為營養不良，顏回英年早逝，死在孔子前面了。孔子晚年，有幾個人的去世對他傷害非常大，一個是他的兒子孔鯉，再來就是他的弟子子路和顏回。顏回去世時，孔子痛心疾首，他說：「老天要斷絕斯文，這才把顏回從我身邊奪走啊！」一連說了好幾遍，可見顏回對孔子的意義真是非同小可。

因為長期清苦的生活，顏回當然身子骨更差了，但是人家顏回就沒有暈過去，而且還在院裡擇野菜呢！

> 而年紀最大的老夫子正在屋裡鼓瑟而歌，歌聲依然嘹亮。誰都看得出，這不是身體問題，而是精神問題。
>
> 在這關鍵時刻，經不住考驗的不止宰予一個，子路和子貢就開始動搖，發表不靠譜（不可靠）的言論。

這段話裡又出現了兩個人，一個是子路，他的知名度也非常高，跟顏回差不多。我們要畫一幅《孔子周遊列國圖》的話，他身邊應該畫上兩個學生，一個顏回，一個子路。子路是什麼出身？這個說起來有點傳奇。

子路本來是武士，開了一間武館，每天刀槍劍戟、斧鉞鉤叉的練武，過了一段時間發現自已練不下去了，因為旁邊出現了一個書館。老先生領著學生天天在那上課，弄得子路心裡非常煩躁。

怎麼能把這個書館趕走呢？子路想了一個非常好玩的辦法：他在身上塗滿油彩，腦袋上插上羽毛，把自己打扮得像兩千年後的印第安人一樣，跑到孔子的書館前去跳舞，擾亂孔子的教學秩序。大家都出來看他跳舞，這課就上不下去了嘛！因為這件事情，子路和孔子不打不相識，最後被孔夫子的道德文章所折服，拜在門下。

子路是武士出身，所以性情直爽，這一點孔子很喜歡；但也因為性情直爽，常常不留情面，把孔子逼到死角，所以他也經常會遭到孔子的批評。孔子對子路又恨又愛，但還是愛多一些吧！孔子常常會把子路帶在身邊——子路是武士，放在身邊當保鏢比較安全，孔子大概也有這方面的考慮吧！

另一個是子貢。子貢也是孔門十哲之一，他的長處和宰予一樣，都是言語。宰予在言語方面沒有什麼可以誇耀的成就和事蹟，子貢則不然，他的傑出事蹟是「子貢全魯」，這非常複雜，我們只能說一個大概的輪廓。齊國攻打魯國，魯國向孔子求助，孔子派子貢來解決問題。子貢首先安撫住齊國，說：「你如果不攻打魯國，我會給你帶來比攻打魯國更大的利益。」從而使齊國暫時不向前進兵，然後他又到南方遊說了一番，幫助新崛起的越國滅掉了原來的霸主吳國，並使越國和魯國達成了聯盟。齊國一看，現在魯國有了這麼硬的後臺，儘管沒有獲得什麼利益，也只好心有不甘的退兵了。子貢南方北方跑了一圈，就削弱了一個國家——齊國，壯大了一個國家——魯國，滅了一個國家——吳國，扶持起了一個新的強國——越國，改變了春秋時期的整個外交格局。從這個意義上講，子貢是春秋時代最傑出的外交家，沒有之一。

子貢還有一個特點，他是孔子門下最土豪（有錢）的一個學生，生活狀態和顏回正好形成鮮明對比。顏回是「一簞食，一瓢飲，在陋巷」，子貢一出門則是「結駟連騎」，這是什麼意思？用現在的話說，就是要擺出一個豪車長隊，什麼藍寶堅尼（Lamborghini）、賓利（Bentley）、勞斯萊斯（Rolls-Royce），一輛接著一輛，排場非常大。子貢是商人出身，而且是非常成功的大商人。所以一個武士、一個商人，這種情況下，他們「就開始動搖，開始發表不靠譜的言論」：

夫子逐於魯，削跡於衛，伐樹於宋，窮於陳、蔡，殺夫子者無罪，藉夫子者不禁。夫子弦歌鼓舞，未嘗絕音，蓋君子無所醜也若此乎？

不用我們費神去翻譯，作者李敬澤已經替我們翻譯了，這話的意思就是：「老先生啊！你既無權又無錢，不出名、不走紅，四處碰壁，從失敗走向失敗。混到這個地步，你不自殺不得憂鬱症也就罷了，居然還能飽吹餓唱，興致勃勃，難道君子就是如此不知羞恥乎？」

子貢不知天之高地之厚

話說到這個分兒上，可見該二子的信念已經搖搖欲墜，而且這話是當著顏回說的，這也就等於指著孔子的鼻子尖兒叫板（按：挑釁）了。果然，顏回擇了一根菜，又擇了一根菜，放下第三根菜，搖搖晃晃進了屋。

進屋幹什麼？找孔子打小報告去了。果然——

琴聲戛然而止，老先生推琴大罵：「子路、子貢這倆小子，小人也！召，吾語之！」倆小子不用招，早就在門口等著了，進了門，氣焰當然滅了若干，但子貢還是嘟嘟囔囔：「如此可謂窮矣！」

老先生啊，混到這種地步，可謂山窮水盡了吧！孔子凜然說道：「是何言也？君子達於道之謂達，窮於道之謂窮。今丘也抱仁義之道，以遭亂世之患，其所也，何窮之謂？故內省而不疚於道，臨難而不失其德。大寒既至，霜雪既降，吾是以知松柏之茂也。昔桓公得之莒，文公得之曹，越王得之會稽。陳、蔡之阨，於丘其幸乎！」[5]這一段話我們不必一句一句講了，它的主要精神可以用《論語》中的一句名言來概括，那就是「歲寒，然後知松柏之後凋也」。所以孔子最後道：「陳、蔡之阨，於丘其幸乎」——這種困阨，不正是考驗我意志、理想的一種幸運嗎？對於這段話，李敬澤給出了這樣的評價：

黃鐘大呂，不得不原文照抄，看不懂沒關係，反正真正看得懂這段話的中國人，兩千五百年來也沒有多少。子路原是武士，子貢原是商人，他們對生命的理解和此時的我們相差不遠：如果真理不能兌現為現世的成功，那麼真理就一錢不值。而孔子，他決然、莊嚴的說：真理就是真理，生命的意義，就在於對真理之道的認識和踐行。

此前從沒有人這麼說過，西元前四八九年那片陰霾的荒野上，孔子這麼說了，說罷「烈然返瑟而弦」。

孔子回去繼續彈琴唱歌去了。「隨著響遏行雲的樂音」，子路和子貢的反應相當不同。子路是「抗然執干而舞」，也就是興奮的抱著大斧跳舞去了。子路這個人確實喜愛跳舞啊！年輕時就喜歡跳，到陳蔡絕糧的時候，孔子六十三歲，子路比他小九歲，已經五十四歲了，還是抱著大斧跳舞，表達自己激動的心情；子貢的反應則完全不一樣，他是呆若木雞，喃喃曰：「吾不知天之高也，不知地之下也。」李敬澤說：

我認為這是中國精神的關鍵時刻，是我們文明的關鍵時刻。如同蘇格拉底和耶穌的臨難，孔子在阨窮的考驗下，他的文明實現精神的昇華，從此我們就知道，除了升官、發財、打仗、娶小老婆、耍心眼之外，人還有失敗、窮困和軟弱所不能侵蝕的精神尊嚴。

當然，如今喝了洋墨水的學者會論證我們之所以落後，全是因為孔子當初沒像蘇格拉底和耶穌那樣被人整死，但依我看，該說的老先生都已經說得很透澈，而聖人的教導我們至今並未領會。我們都是子貢，不知天之高地之厚，而且堅信混得好比天高地厚更重要，但有一點總算證明了真理正在時間中暗自運行，那就是，我們早忘了兩千五百年前那場雞飛狗跳的戰爭，但我們將永遠記得，在那一場戰爭中、一個偏僻的角落裡，孔門師徒的樂音、歌聲、舞影和低語——永不消散。

5 出自《呂氏春秋》。

這就是李敬澤這篇非常好的千字文——〈中國精神的關鍵時刻〉，是我多年來看到的最好的千字文，沒有之一。篇幅短，但是有思想、深度、幽默感，還有特寫鏡頭。大家可能注意到了，「顏回擇了一根菜，又擇了一根菜，放下第三根菜」，從文章的角度來說，這是神來之筆！這麼大的場面，這麼大的主題，這三根菜是怎麼放進去的？很了不起，值得大家仔細讀一讀。

除了李敬澤這篇文章，我們還應該從另一個角度來觀察陳蔡絕糧。這是一段相聲，叫做《吃元宵》，為什麼要用相聲呢？首先，是我自己的主觀愛好。我可以說是資深的相聲迷，在自己的課堂（包括影音課堂）上有機會就多講一點。我經常開玩笑說：「在中國大學講臺上講武俠小說我不是第一人，講相聲我可能是第一人！」第二個也是更重要的原因是，我想提出一個問題。我們經常說，中國傳統文化在流傳過程當中，形成了一些符號式的人物、符號式的事件。什麼樣的人或事件，才能夠成為文化符號呢？有沒有標準？我個人以為，儘管不能完全量化，但是應該有基本標準，那就是這個人、這個現象，或者這個事件，不只精英、知識階層熟悉，同時大眾通俗階層也熟悉，那麼他／它就有可能成為文化符號。陳蔡絕糧就是這樣一個「可能」的文化符號。

陳蔡絕糧喜劇版

《吃元宵》是天津馬派相聲最拿手的作品。馬派，就是以馬德祿、馬三立、馬志明這幾代大師為代表共同構建成的、相聲的主要流派。這段相聲從語言藝術、喜劇的角度來看，都堪稱是罕見的精品，我來大概轉述一下。

話說孔子帶著子路和顏回遊歷各國時，不巧趕上陳、蔡地區的大戰，連續三、四天沒吃上飯，餓得前胸貼後背。帶著兩個學生翻山越嶺，走著走著，看見前面有一個小飯館，門口掛著一塊牌子，上面寫著「白糖桂花餡元宵，一文錢一個」。看見這塊牌子，孔子就走不動了，回頭問子路、顏回說：「你們倆誰身上有錢？翻點兒出來，咱們吃元宵吧！」兩個學生非常委屈：「老師呀，咱早就沒錢了，有錢咱至於餓到現在嗎？」「那也不行啊！咱既然到了飯館門口了，就找一找吧！」這爺兒仨在身上、包袱裡好一頓翻，還真不錯，在包袱裡頭找到一文錢。

這一文錢是在哪裡找到的呢？毛筆的筆桿上。過去很多人在毛筆桿上拴上一文錢，是寫字時鎮毛筆桿用的，沒有人想要花這一文錢。現在到了這關鍵時刻，一文錢倒是夠用，可一文錢只能買一個元宵，這仨人餓了好幾天了，怎麼夠啊？孔子靈機一動：錢咱沒有，筆墨咱不是有嗎？告訴子路、顏回：「你們給我看著點兒啊！」他拿毛筆蘸了點兒墨，在門口看板上「一文錢一個」後邊那個「一」字上面迅速畫了一豎，變成「一文錢十個」。四下裡看看，沒人瞧見，挺高興，帶著倆學生進了小飯館。

「掌櫃的，給我來十個元宵！」掌櫃的說：「你看，老先生啊，這個數不大對呀！你們仨人，一人吃三個是九個，一個人吃四個是十二個，你要十個元宵，仨人也不好分哪！」孔子把臉一板：「你不會分哪？我告訴你怎麼分。我是老師，我吃四個，他們各吃三個，尊師重道嘛！」人家掌櫃的和氣生財，你要十個，人家就賣給你十個。於是給盛上來十個元宵，孔老師吃四個，兩個學生各吃三個。餓了三、四天了，吃三、四個元宵，管什麼事啊！吃完以後更餓了，但是不敢再要，手裡面沒有錢了。怎麼辦呢？

孔子一低頭，看見那元宵湯了。哎！這東西不錯，黏糊糊的、甜絲絲的，像杏仁茶一樣，這個東西要喝點兒能管飽。孔子明知故問：「掌櫃的，你這個元宵湯怎麼賣呀？」「這個我們不要錢，贈送的。」「那好，你給我來一碗。」兩學生一看老師都要上元宵湯了，那咱倆也別客氣，於是這爺兒仨，你一碗、我一碗就喝上了。喝到後來，掌櫃的都快哭了：「三位三位，咱不能再這麼喝了！現在我們六個人挑水供不上你們仨喝湯！你們到後廚看看，我那元宵全變鍋貼了！」給人家鍋都喝乾了。

孔子說：「那好吧！不喝了，算帳！」撂下一文錢轉身就要走。掌櫃的給攔住了：「咱這個元宵湯不要錢，但是你們剛才吃了十個元宵，一文錢一個，得給十文錢，你們還欠我九文錢呢？」孔子一聽這話，臉撂下來了：「掌櫃的，你這個生意不能這麼做呀！敢情你們河南人吃元宵就一文錢十個，我們山東人吃元宵就一文錢一個嗎？你這不是欺負外地人嗎？你這牌子上明明寫著一文錢十個，我吃十個元宵給你一文錢，這有什麼不對的呀？」掌櫃的納悶：「不能啊，我親手寫的牌子，一文錢一個呀！」「好，咱們一塊出去看看吧。」出去一看那牌子，掌櫃的說：「老先生你看好，我給你唸啊——白糖桂花餡元宵，一文錢……」唸到這裡愣住了，上面明明寫著「一文錢十個」！

掌櫃的知道被人耍弄了，但是沒辦法，沒抓住啊！和氣生財，幾個元宵也不值得，還得反過來跟孔老師道歉：「老先生，對不起，我是一著忙啊，可能給多寫了一筆。那好吧，一文錢我收下，你們幾位就請上路吧！」你看，挺好個事兒，你一走不就完了嗎？結果人家孔老師還不樂意了：「掌櫃的我告訴你，做生意以後不能這麼幹！說我們讀書人吃了不付錢，我們是那樣的人嗎？我還明告訴你，今天趕上我心情不錯，只在那一上給你畫了一豎，你要是趕上我哪天心情不好，我還在上面給你多畫一撇呢！那就成了『一文錢一千個』了！」

轉述這個相聲固然是為了熱鬧，同時還要回到剛才那個問題：到底什麼東西可以成為文化符號？這段相聲應該產生於晚清，經過幾代相聲藝人的加工，定型成現在的版本。晚清民國時候，相聲的地位非常低，大都是露天表演，術語叫「撂地」。聽相聲的大都是市井小民，沒有什麼文化水準，所謂引車賣漿者流（做小買賣的平民百姓）。他們聽懂這個相聲，得有一個前提——知道孔子是誰，還得知道真正的陳蔡絕糧是怎麼回事。在這個基礎上加一些喜劇化的虛構、解構、加工，才能產生比較，擁有幽默感，從而收到很好的藝術效果。

所以說，像陳蔡絕糧這樣的事，不僅精英階層熟悉，大眾通俗階層也熟悉，那麼它就有可能成為重要的文化符號，這個時刻也就更加毫無爭議的成為了中國精神的關鍵時刻。

03 晚年的重要思想，儒道互補

這一章，我們要進入孔子人生的最後一個階段——長歌以終。

孔子周遊列國十四年之後，魯國的政治形勢發生變化，他終於有機會回到自己的祖國了。但是，孔子離開魯國的時候五十四歲，總體來說還算年富力強，而回來時已經六十八歲，垂垂老矣，年近古稀。這時孔子再想做什麼事情，也是有心而無力，所以孔子人生的最後幾年，是在平靜的書齋生活當中度過的。

孔子刪《詩》

孔子晚年的幾項學術工作，對中國文化有著深遠的影響。比如第一項，夫子刪詩。這個詩，是指中國最早的詩歌總集《詩經》。大家知道《詩經》又叫《詩三百》，現在保存下來的有三百零五篇，加上六篇有目而無辭（有題目而沒有內容）的笙詩，一共是三百一十一篇。

有這樣一個說法：其實從西周到春秋，流傳下來的詩歌共有三千首左右，孔子十刪其九，最後形成了現在的《詩三百》。我們也常常看到有人對此感到可惜，說孔子當年若不是將詩十刪其九的話，詩歌的源頭不就擴大了十倍嗎？

對於這種疑問，我個人是這樣理解。孔子刪詩，恐怕並不是刪掉兩千七百首與現在不同的詩篇，而是將從西周到春秋流傳下來的這些詩篇中，挑選出有多個版本的，選擇一個最好的版本留下，把其他不那麼好的版本刪掉。

為什麼可以做出這樣的推測？

我們知道，《詩三百》分為風、雅、頌幾大部分。從藝術性上講，最好的還是十五國風。十五國風中的鄭、衛二風，寫男女情愛比較大膽潑辣，所以古人有淫風之說，比如〈將仲子〉。將是請求的意思，仲子就是二哥哥，是女孩對自己情人的暱稱。這首詩的原文是：

將仲子兮，無踰我里，無折我樹杞。
豈敢愛之？畏我父母。仲可懷也，父母之言，亦可畏也。
將仲子兮，無踰我牆，無折我樹桑。
豈敢愛之？畏我諸兄。仲可懷也，諸兄之言，亦可畏也。
將仲子兮，無踰我園，無折我樹檀。
豈敢愛之？畏人之多言。仲可懷也，人之多言，亦可畏也。

我的同事木齋教授是這樣翻譯的：

求求你呀我的二哥哥，不要跳我家的牆窩窩，不要碰壞了我家的樹棵棵。你是非常惹人愛呀，但是我的父母太嚴厲，想起他們我就心哆嗦！

再比如作家易中天翻譯的《王風．大車》，原文是：

大車檻檻，毳衣如菼。豈不爾思，畏子不敢。
大車哼哼，毳衣如璊。豈不爾思，畏子不奔。
穀則異室，死則同穴。謂予不信，有如皦日。

易中天的譯文是：

牛車款款，毛衣軟軟。我想私奔，怕你不敢！
活著不能睡一床，死了也要同一房！你要問我真與假，看那天上紅太陽！

《齊風．雞鳴》的原文是：

雞既鳴矣，朝既盈矣。匪雞則鳴，蒼蠅之聲。
東方明矣，朝既昌矣。匪東方則明，月出之光。

易中天的譯文是：

親愛的，雞叫了，天亮了！
什麼雞叫？那是蒼蠅！
真的天亮了，太陽都出來了！
什麼太陽？那是月亮！[6]

像這樣寫男女情愛的詩，我們能找到一大批。所以孔子並不是我們想像的那種老古板，他把一些對現代人來講都很敏感的題材，保存在《詩經》當中，並沒有把那些不符合自己道德標準的東西都刪掉。從一定意義上說，比現代人的寬容程度有過之而無不及。孔子的這項工作，對中國文化，特別對詩歌史產生了深遠的影響。此外，還有其他學術工作，如整理《春秋》、做《易傳》，這兩項學術成就也非常重要，我們暫不細說。

6 出自《易中天中華史・青春志》。

實現不了理想，那就划著小船去海漂

需要特別注意的是，孔子在晚年提出了一個非常有意思、有價值的哲學命題——儒道互補。《論語》中有句名言：「道不行，乘桴浮於海。」桴是船槳的意思，可以代指船，這句話就是說：「我的理想反正也不能實現了，還不如划著一條船到海上去漂流算了。」簡簡單單幾個字，意義重大。

第一點，它表達了非常典型的出世思想，這種思想明顯是道家的主旋律，也就是說，孔子居然講出了和老子、莊子差不多的話，這體現出了孔子思想的豐富性，也體現出了孔子這個「人」的豐富性。我們很多人的印象中，都覺得孔子是越挫越奮、鬥志昂揚、從不會沮喪消沉，但作為一個人，哪怕他是聖人，也不會一輩子都把那根弦繃得緊緊的，總有鬆弛、頹唐、鬱悶的時候。這才是真正的人性，才是真正的孔子。

第二點，我們平時講國學，常常出於敘述的方便，按照儒、佛、道的次序依次來講。其實真正的中國思想體系發展，都是你中有我，我中有你，互相影響、滲透、補充的。儒與道互補，儒與佛互補，道與佛也互補。這幾個互補當中，儒道互補是最為重要的文化命題，也是古代無數知識分子的基本思想格局。孟子有一句話：「達則兼善天下，窮則獨善其身。」達則兼善天下，是儒家的主旋律，窮則獨善其身，是道家的主旋律。後代無數文人都會在比較得意的時候，勇於干涉社會政治，一旦失意，他們就會揀起「乘桴浮於海」的思想武器，用來平衡自己的逆境。

官場文壇掀起一股蘇東坡風潮

我們以千年一出的文化巨人蘇軾為例，就從蘇軾名字說起。蘇軾，字子瞻，這個名字是他的父親老蘇蘇洵取的。有什麼意思呢？軾是古代車輛上扶手的橫木，古人通常有「憑軾而瞻」的動作，手扶在橫木上向前看。從這個動作我們就看得出來，蘇洵是希望蘇軾能夠登高望遠、胸懷浩然、積極奮發，做一番大事業，這明顯是儒家思想的主旋律。

蘇軾沒有辜負父親的期望，他和弟弟蘇轍從老家四川眉山來到汴梁城參加科舉考試，一考即中，而且名列前茅。這一年，蘇軾只有二十一歲，蘇轍只有十九歲。是誰慧眼識才、錄取了這兄弟倆的恩師呢？那就是大文豪歐陽修。據說歐陽修本來是要把蘇軾初評為第一名的，但這篇文章看來看去，寫得太好了！歐陽修想：「只有一個人能寫出這樣的好文章，那就是我最喜歡的學生曾鞏。」可是把自己很親近的學生點為第一名，歐陽修誠恐別人會有非議，於是把蘇軾往後壓了一名，屈居第二。

等到拆開卷子，發現作者是自己不認識的四川小夥子蘇軾，歐陽修大喜過望，此後在很多場合都大力表揚蘇軾。比如，他跟自己的兒子們講：「你們平時沒事多跟蘇軾走動走動，為什麼？再過三十年，天下人都會知道蘇軾，不會有人記得我歐陽修了！」你看這話說得多重啊！當時歐陽修是以什麼身分說出這句話呢？這話如果是我說的，那也起不了什麼作用，人微言輕嘛！歐陽修不然。論文壇地位，他是首屈一指的文壇盟主；論官場地位，歐陽修最高做到參知政事，也就是現在的副總理。他以這麼高的地位，表揚一個初出茅廬的小夥子，當然，這對提升蘇軾文化地位的作用非同小可。

正是在恩師這樣的獎掖、鼓吹之下，年紀輕輕的蘇軾一夜走紅、如日中天，迅速成了北宋王朝頭號天王巨星。用天王巨星這個詞，好像有點開玩笑，但也沒開玩笑。蘇軾在當時擁有的粉絲數量之多、檔次之高，絕不是我們現在任何一個藝人明星、體育明星能望其項背的。

誰是蘇軾的粉絲？有三朝天子宋仁宗、宋英宗、宋神宗，不僅有皇上，還有皇上他媽、皇上他奶奶。仁宗朝曹皇后和英宗朝高皇后，都是蘇軾的忠實粉絲。皇上和太后喜歡蘇軾喜歡到什麼程度呢？毫不誇張的說，已經到了腦殘粉、死忠粉的程度。他們經常派小太監到蘇軾的書房，去看蘇軾新寫的詩文，如果皇宮沒有，馬上就要抄副本帶回去，否則就寢食不安。

有句古語叫「上有所好，下必甚焉」。皇上和太后這麼喜歡蘇軾，那些在官場文壇混的，就算不喜歡蘇軾，也得假裝喜歡，甚至還得加倍喜歡，那才對勁。這種情況下，蘇軾就毫無疑問的成了當時的文化風向標。只要你在官場文壇裡頭混，如果不能背誦幾句蘇軾新寫的詩文，用電影臺詞來說，「你都不好意思跟人家打招呼」（出自電影《大腕》）。作為風向標的，蘇軾對文化的影響是全方位的，不光能扭轉文學風氣，還能改變時尚潮流。

文獻中記載了這麼一件事：有一年，汴梁城的冬天非常寒冷，蘇軾平時戴的氈帽禦寒效果不好，於是自己裁剪了一種新款的氈帽戴著上朝。不到三天，沒有人組織、沒有人召集、沒有人下令，所有的文武官員上朝都戴蘇軾這種新款的氈帽，而且給它起了個別名叫「子瞻帽」，你要不戴那你就不時尚了。你看，蘇軾當時就神氣到這種地步，作為一千年以後蘇軾的粉絲，我們當然替蘇軾覺得高興。

能人背後有人弄

但是還得提醒大家一句：不能高興得太早。還有一句古語，叫做「木秀於林，風必摧之；行高於人，眾必非之」，有多少人喜歡你，也就有多少人咬牙切齒的在背後恨你。用知名相聲演員郭德綱的話說，這叫做「山外青山樓外樓，能人背後有人弄」。很多人都在嫉恨蘇軾，但那時他如日中天，對他無可奈何。

我在前幾年出版的一本關於蘇軾的小書裡，打過一個比喻：這些嫉恨蘇軾的小人，就好像動畫《獅子王》（*The Lion King*）裡面的那群土狼，平時棲息在陰暗的巢穴當中，看見獅子王在外面耀武揚威，他們無可奈何。但是，這些土狼也有他們自己的特殊敏感，他們能捕捉到空氣中飄蕩的哪怕一丁點的血腥味，只要時機來臨，他們就會成群結隊、淩厲凶狠的向獅子王發動進攻。

再過若干年，這群土狼的機會來了，那就是王安石變法的時候。王安石變法，是中國歷史上的一大公案，我們三言兩語說不清楚，也不準備細說。最簡單的事實是——蘇軾是站在王安石對立面、反對王安石用這種方式變法，因此得罪了內閣總理，也就得罪了內閣總理的後臺、自己的忠實粉絲宋神宗。這就是空氣當中飄蕩的那一丁點血腥味，土狼們當然早就敏銳的覺察到了，彈劾蘇軾的奏章像雪片一樣，每天飛到宋神宗的辦公桌上。宋神宗一開始還好，後來勃然大怒，派了一個專案組，跑到浙江湖州，把市長蘇軾帶回御史臺。因為御史臺表肅殺，牆面常常漆成黑色，俗稱烏臺，蘇軾由此捲入了中國歷史上最著名的文字獄——烏臺詩案。

蘇軾被關押在烏臺的看守所裡面，規定時間、規定地點交代問題，一共度過了一百三十天、四個半月左右。在這四個半月裡，宋神宗有沒有考慮過殺蘇軾？這個沒有相關文獻，但是我個人認為，宋神宗是有考慮過要殺蘇軾。

可能有的朋友會覺得不對：宋神宗不是蘇軾的粉絲嗎？粉絲怎麼會幹掉自己的偶像呢？我想告訴大家一句話：政治家對一個人的好惡是最不可靠的。政治家隨時可以為了更大的政治利益犧牲自己的好惡，喜歡的人可以幹掉他，不喜歡的人可以跟他沆瀣一氣，因為政治利益最大。宋神宗也是政治家，現在推行新法，步履維艱，動輒掣肘，如果能夠殺掉蘇軾，他就等於向天下臣民昭示了自己推行新法的決心，潛臺詞就是：我自己的偶像我都捨得殺，我還有什麼事幹不出來呢？所以對宋神宗來說，殺掉蘇軾是非常合算的。

那最後為什麼又沒殺？我覺得還是粉絲的感性，戰勝了政治家的理性。我們從兩處文獻記載中，可以看到宋神宗的內心掙扎和矛盾。第一處記載：宋神宗派了一個人做臥底，喬裝成囚犯，跟蘇軾在監牢裡同吃同住。十多天之後放出來向宋神宗彙報蘇軾的情況，他說蘇軾胃口非常好，中午吃了八個包子，晚上吃了四碗飯；晚上睡眠也好，每天腦袋一沾枕頭就睡著了，還說夢話、打呼。

這些彙報對蘇軾是好消息。為什麼？宋神宗認為，這期間蘇軾寫了不少奏章為自己辯護，如果他在奏章中撒謊，就有欺君之罪，他會吃不好、睡不著；但他現在胃口好、睡眠好，說明蘇軾說的都是實話。這裡我覺得大家可以記住一個經驗，不管遇見什麼難事，最重要還是吃得飽、睡得著，關鍵時刻這是可以救命的呀！

第二處記載：宋神宗翻閱蘇軾的詩詞文章，看到那篇千古絕唱〈水調歌頭〉中的「我欲乘風歸去，又恐瓊樓玉宇，高處不勝寒」幾句，一聲長嘆：「蘇軾終有愛君之心哪！」為什麼宋神宗會這麼想呢？他認為「瓊樓玉宇，高處不勝寒」說的是自己，因為自己是九五之尊，站得最高，最孤獨寂寞，沒有人能說個知心話。他覺得蘇軾心疼自己，有愛君之心。其實我們知道，宋神宗只是自作多情，根本沒有這回事。蘇軾填詞時，未必是想到某個人，如果非要想到某個人的話，這個人應該是弟弟蘇轍才對，恐怕也不會一拐彎想到皇帝那裡去。看來這是個誤會，但這個美麗的誤會，對蘇軾是有利的。

這兩條史料都表現出，粉絲宋神宗的感性和理性正在激烈交戰，他在努力從感性層面給自己找一點不殺蘇軾的理由，最後正是這種感性以微弱的優勢戰勝了理性。

當一個有官銜的囚犯

這種情況下，蘇軾九死一生，四個半月以後，從看守所裡被放了出來。給了他一個什麼處分呢？蘇軾當時的官銜叫「檢校尚書水部員外郎黃州團練副使本州安置」。這個官銜聽起來挺長，實際上在宋朝官銜裡已經算比較短的了。

這個官銜我們要從三個層次來理解。第一層，檢校尚書水部員外郎，也就是水利署副署長，這是蘇軾的職級。以這個級別安排一個什麼職務呢？第二層，黃州團練副使，也就是湖北省黃岡市人民武裝部副部長。但是，別忘了後面還有四個字——本州安置，第三層就是說，不是真的讓你擔任武裝部副部長的職務，而是給你一間辦公室，讓你天天在那看報紙、喝茶水，處理公務。你可以按照這個職務享受政治經濟待遇，但是沒有處置公務的權力，只是一個被看管在黃州的比較體面的囚犯而已。

我常常開玩笑說：「如果誰要這麼處分我一下，我還挺高興呢！」當著武裝部副部長，還不用上班，每個月領薪水就行了，多清閒！問題是，蘇軾能領到薪水嗎？

首先應該看到一個大背景，宋朝的文官數量比起唐朝有顯著的增加，薪資標準也明顯提高，導致大宋朝行政事業費開支常常出現赤字、拖欠公務員薪水。那怎麼辦？常見的解決手段有兩種：一是先欠著，等財政有錢了一起給；另一種是以實物來抵償，蘇軾經常領到的，就是沒什麼用處的實物。比如這個月到了發薪日，蘇軾應該到衙門口去領五千塊錢，但人家衙門口說了，沒錢！只有官府賣完了酒剩下的皮口袋，叫壓酒囊。我們發你五十條皮口袋吧！每個皮口袋一百塊錢，這五千塊錢就全都發完了。蘇軾如果把這五十條皮口袋拿到市場上去賣呢？一千塊錢都不一定換得回來，但是在人家官府的帳面上，薪水可是全發完了。蘇軾的詩〈初到黃州〉尾聯：「只慚無補絲毫事，尚費官家壓酒囊。」說的就是這件事。

蘇軾來到黃州，一方面要面臨巨大的人生落差——從北宋頭號巨星到現在的囚犯身分，這相當於從喜馬拉雅山的山頂，掉到了馬里亞納海溝的溝底。同時，蘇軾還要面對經濟上的拮据困窘。

全家老小都指望著自己的薪水過日子，但就領回來幾十條皮口袋，這日子怎麼過？蘇軾寫給學生秦觀的一封信，就表達了經濟上的難堪狀況。他說：「我全家老小一個月的開支是四千五百錢，不夠花怎麼辦？我就把這四千五百錢分成三十串，每串一百五十錢，每到月末，從房梁的這邊掛到那邊。每天早晨用竹竿挑下來一串，不管怎麼不夠花都不動第二天那串。」

你看，蘇軾這樣的巨星現在也落到精打細算、一分錢掰成兩半花的境地了。如此困窘，怎麼辦？蘇軾只好領著妻子兒女，在黃州住所東面的山坡上開荒種地，希望能稍微補貼點家用。據說蘇軾種田的手藝不行，一年下來也就收個幾百斤糧食而已。這我們能理解，文化巨人一般來說都不會是種田好手，聊勝於無吧！

正是為了紀念自己從北宋頭號巨星，淪落到在黃州住所東面山坡上開荒種地的這種天差地遠的境遇，蘇軾在黃州給自己起了個別號，叫東坡，這就是他這個著名別號的由來。

歸去，也無風雨也無晴

逆境給人帶來很多折磨，但也成全人，正如孟子所說：「天將降大任於斯人也，必先苦其心志，勞其筋骨，餓其體膚，空乏其身，行拂亂其所為，所以動心忍性，曾益其所不能。」

黃州貶謫的五年，應該是蘇軾人生中最重要的五年。如果沒有這種天差地別的轉折和跌宕，蘇軾也就不是今天的文化巨人蘇軾了。後代學者研究，蘇軾平生的千古名篇，有百分之四十左右是在黃州寫下來的。這其中不僅有千古絕唱〈念奴嬌・赤壁懷古〉、前後〈赤壁賦〉，還有〈定風波〉。

在蘇軾的好詞中，這首〈定風波〉可能排不上前幾名，但它是我個人最喜歡的詞作，估計很多朋友都會有同感。詞前有小序：「三月七日，沙湖道中遇雨，雨具先去，同行皆狼狽，余獨不覺。已而遂晴，故作此詞。」大意是說：「我在沙湖道上遇到大雨，雨具被拿走了，跟我同行的朋友都非常狼狽，東逃西躲，只有我自己不覺得這個大雨能怎麼樣，照樣邁著方步散步，不一會兒，雨過天晴了。」

讀這段小序，我們能夠體會到，其實從一開始，蘇軾的心思就不在自然界的風雨上面，而是在寫他人生的風雨，所以他才寫下這樣一首詞：

莫聽穿林打葉聲，何妨吟嘯且徐行。竹杖芒鞋輕勝馬，誰怕？一蓑煙雨任平生。

料峭春風吹酒醒，微冷，山頭斜照卻相迎。回首向來蕭瑟處，歸去，也無風雨也無晴。

你看，這就是蘇軾！黃州五年，我們看到蘇軾其實一直在用「歸去，也無風雨也無晴」的心態在平衡自己的境遇，治療自己的傷口。這相當接近道家思想的真髓。

這時期蘇軾還有一首〈臨江仙・夜歸臨皋〉，則是直接向孔子的思想致敬：

> 夜飲東坡醒復醉，歸來髣髴三更。家童鼻息已雷鳴，敲門都不應，倚杖聽江聲。
> 長恨此身非我有，何時忘卻營營？夜闌風靜縠紋平。小舟從此逝，江海寄餘生。

這裡的第一句我們要加個注解，蘇軾是中國大文人裡酒量最差的一個，跟李白正好是兩個極端。差到什麼程度呢？他說自己小時候望酒輒醉，不用喝，只要看見酒，「梆」一聲，倒下就醉了！經過多年歷練，蘇軾的酒量有了進步，晚年時，他說自己可以喝三蕉葉。蕉葉，是指蕉葉杯，一種狹長淺底、如芭蕉葉一樣的杯子，約一兩半、二兩酒吧！因為酒量差，所以才「夜飲東坡醒復醉」，醉了又醒，喝了再醉，直到半夜才回家。本來是有個應門的小童，而小孩犯睏，已經睡著了。我們這位蘇酒鬼，只好拄著拐杖在江邊站了半夜。

站在江邊，蘇軾在想什麼呢？「長恨此身非我有，何時忘卻營營」，這兩句用的是道家典故。老子云：「吾所以有大患者，為吾有身，及吾無身，吾有何患？」蘇軾是說，我的命運難以自主，何時才能忘卻這些蠅營狗苟的事情呢？眼看著江面寂靜，波瀾不興，要是能划著小舟在江海漂流，以度餘生，那該多好！注意「小舟」二句，這不就是孔子「道不行，乘桴浮於海」的詩化表達嗎？同樣在黃州，蘇軾的〈前赤壁賦〉中有「惟江上之清風，與山間之明月……取之無禁，用之不竭」之句；〈後赤壁賦〉裡，他講到一個道士入夢跟自己對話之後，化成黑色大鶴（玄鶴）飛走了，這樣的跡象都表明，道家思想在這個特殊時期，對蘇軾產生了決定性影響。

貶謫生活怎麼過？

黃州平反之後，沒過上幾年順利的日子。北宋紹聖元年（一〇九四年）十月二日，五十九歲的蘇軾歷經幾個月的周折來到惠州，開始了他人生中的第二次貶謫生涯。

我也常說，要是現在把我給貶到惠州，我還挺高興呢——珠江三角洲經濟發達區，多好的地方啊！可是宋朝的惠州不比現在，那時候嶺南一帶蠻煙瘴雨，猛獸出沒，根本就是遠惡軍州（按：偏遠而環境惡劣的地方），不適合人居。唐朝大文豪韓愈，因為上書諫迎佛骨得罪了唐憲宗，被貶到嶺南潮州當市長。所謂「一封朝奏九重天，夕貶潮州路八千。雲橫秦嶺家何在，雪擁藍關馬不前」，說的就是這件事。

韓愈到潮州上任後，要面對的第一個問題居然是鱷魚橫行、上岸傷害人畜（可見那時候生態系統保護得不錯），如果換了別的市長，可能有別的治理辦法，但人家韓愈是大文豪啊，他有自己的特殊辦法。韓愈揮筆蘸墨，刷刷點點，寫了一篇〈祭鱷魚文〉，站在江邊鏗鏘有力的唸了一遍，從此潮州的鱷魚就搬家了。鱷魚搬家當然是傳說，那只是反映了大家對韓愈的熱愛而已，但這確實說明了唐宋時期，嶺南地區那種難堪的生存狀態。

蘇軾就這樣在惠州住下來了，雖然年近花甲，又是罪官身分，蘇軾還是在逆境裡，保持著良好的胃口和睡眠。有詩為證：「羅浮山下四時春，盧橘楊梅次第新。日啖荔枝三百顆，不辭長作嶺南人。」三百顆荔枝，我們現在去買一下，估計沒有十斤也得有八斤！蘇軾說，讓我每天吃上十斤、八斤荔枝，就算總待在這麼偏遠荒涼的地方，那也沒什麼嘛！還有一首詩是寫自己的好睡眠的：「白頭蕭散滿霜風，小閣藤床寄病容。報導先生春睡美，道人輕打五更鐘。」那就是說，每天都睡到五更天自然醒！

蘇軾說得輕鬆，其實惠州的貶謫生活很艱，我們來看看這封寫給蘇轍的家書：

惠州市井寥落，然猶日殺一羊，不敢與仕者爭買，時囑屠者買其脊骨耳。骨間亦有微肉，熟煮熱漉出（不乘熱出，則抱水不乾），漬酒中，點薄鹽，炙微焦，食之。終日抉剔，得銖兩於肯綮之間，意甚喜之，如食蟹螯。率數日輒一食，甚覺有補。子由三年食堂庖，所食芻豢，沒齒而不得骨，豈復知此味乎？戲書此紙遺之，雖戲語，實可施用也。然此說行，則眾狗不悅矣。

蘇軾首先說，惠州的市場每天可以供應一隻羊，因為人家當官的都買，我搶不到（其實可能是買不起的委婉說法），只好買點人家剔得很乾淨的羊脊骨回家，慢慢把它燉熟烤焦，拿竹籤剔骨頭縫裡的肉渣吃。大家都知道蘇軾是東坡肉的發明者，其實蘇軾還是羊蠍子（按：帶里肌肉和脊髓的脊椎骨）火鍋的發明者呢！

蘇軾在裡頭囉哩囉嗦，把羊蠍子的做法寫得很詳細，比如「不乘熱出，則抱水不乾」這樣的細節，他都特地夾註提醒一下。同時他也很得意——別看我只能吃到一點肉渣，老弟你在國賓館吃紅燒羊肉，一口咬下去根本沒有骨頭，可你能有我吃蟹螯一樣的快感麼？

在這句話裡，蘇軾用了一個典故，晉朝有一位叫畢卓的名士，他說：「人生最妙的事情，莫過於左手持蟹螯，右手持酒杯，那就不白活這一輩子了！」蘇軾信手拈來這個典故，既是自嘲，也是苦中作樂，筆法是很妙的。還有更妙的，這封信最神奇的地方，其實是在結尾。

表面上看，「此說行，則眾狗不悅矣」說的是地下到處亂跑的可愛小狗，人家小狗本來是要啃骨頭上的肉渣的，結果你都給人家剔乾淨了，小狗當然就不高興了！其實我們都不難領會，蘇軾哪裡是在說小狗呢？這是雙關語！是罵人話！蘇軾罵的難道不是那些排擠他、構陷他、把他置於今日境地的那些小人？

字子瞻，那就貶你到儋州

宰相章惇就是非常不悅的一個，也是氣得兩眼發黑（而且是漆黑）的一個。

說起章惇，我們還頗有些感慨。他本是與蘇軾交情不錯的朋友，年輕時常在一起遊山玩水。有一次過獨木橋，蘇軾有懼高症，不敢過，章惇則大踏步走了幾個來回。蘇軾相當羨慕嫉妒恨，開玩笑說：「你這傢伙連自己的命都不重視，將來肯定能殺人。」可見兩個人關係的親密。

後來蘇軾遭遇烏臺詩案，章惇還參與營救，很幫蘇軾的忙，但現在十幾年過去，章惇青雲直上，成為最高行政長官，朋友翻臉整起朋友來，有時候比敵人還狠。透過祕密偵諜管道，章惇第一時間讀到了蘇軾這些詩，他一聲獰笑：「子瞻尚爾快活耶！」——看來還得貶！可是惠州南面是大海了，貶不過去了怎麼辦？乾脆，貶過瓊州海峽，責授瓊州別駕、昌化軍安置，那就是現在海南省第三大城市儋州。

這裡我們還要注意一個細節，蘇軾字子瞻，和儋州的儋相近，貶蘇軾到儋州，這就是特地給蘇軾量身定做的。這會不會是巧合呢？恐怕不是。我們看，蘇轍也同時被貶，他字子由，因為由和雷字底下都有田字，所以被貶雷州（現廣東湛江）；還有一位他們的朋友劉摯，字莘老的也被貶，且因為莘字，就被貶新州（現廣東新興）。大家看看，小人整起人來，對你是何等的「關懷備至，體貼入微」！

紹聖四年（一〇九七年），蘇軾渡過瓊州海峽，來到天涯海角的儋州。這一年蘇軾六十二歲，垂垂老矣，日暮途窮。在海南，蘇軾過著什麼樣的生活？我們還有一封他寫給侄孫蘇元老的家書可以看一看：

> 又海南連歲不熟，飲食百物艱難，及泉、廣海舶絕不至，藥物鮓醬等皆無，阨窮至此，委命而已。老人與過子相對，如兩苦行僧爾，然胸中亦超然自得，不改其度。

他和小兒子蘇過遭遇連年饑荒，百物匱乏，兩人愁眉相對，像一對苦行僧一般。幾乎所有人都這麼想：這一回蘇軾挺直的腰杆肯定塌下去了，白銀一般的嗓子肯定失聲了，他再也唱不出那些美妙絕倫的詩歌了。

但他們都錯了。

元符三年（一一〇〇年），宋徽宗趙佶登基，大赦天下，蘇軾也得到了一紙特赦令，終於可以回歸了。蘇軾再次橫渡瓊州海峽回來的時間，是這一年的六月二十日，正是在這一天晚上，蘇軾寫出了一生最傑出的詩，發出了一生中最渾厚、最洪亮的聲音：

參橫斗轉欲三更，苦雨終風也解晴。
雲散月明誰點綴，天容海色本澄清。
空餘魯叟乘桴意，粗識軒轅奏樂聲。
九死南荒吾不恨，茲遊奇絕冠平生。

詩的前兩句是寫三更天渡海的場景，第二句的苦雨終風，就是狂風暴雨。跟〈定風波〉一樣，從這裡開始，那就不是在寫自然界的風雨，而是在寫自己人生的風雨。

蘇軾在說：「人生的淒風苦雨都過去了！浮雲也許會遮住月亮，但它也總會散去，月亮會露出燦爛的笑臉，而我的人格和情懷，正如同這遼闊的藍天和蔚藍的大海，永遠那麼澄澈，不會混濁！」

接下來一句「空餘魯叟乘桴意」，指的又是孔子那句名言，又是致敬孔子！而且這一次，六十五歲的蘇軾真的坐上了船，在海上漂流了。這與孔子想像的境界何其相似！要注意的是，蘇軾每次用這句話，後面都隱含著「道不行」三個字，用這個典故的時候，他心裡是有著道家的悲涼與儒家的憤怒的！

什麼叫「粗識軒轅奏樂聲」呢？軒轅，意思是軒轅黃帝，代指上古時代，因為海南島蠻荒原始，所以才這麼說。經過這兩句的過渡，蘇軾的情感曲線在最後一聯達到了高潮：「九死南荒吾不恨，茲遊奇絕冠平生」——你要問我這一趟流放什麼感覺，我就告訴你，就算死在天涯海角多少次我都不後悔，因為這一次流放是我平生最壯觀的旅行！

這十四個字是中國文化史上最震撼的宣言之一，它負載和傳遞著蘇軾無比巨大的人格重量，也構成了我們熱愛蘇軾最有力的理由。

問汝平生功業

蘇軾終於從海南回到了大陸，很多百姓聽說流放海外好幾年的大鬍子蘇學士回來了，都自發圍在河岸兩旁，等著、盼著看蘇軾一眼。

經過幾年蠻荒生活的折磨，蘇軾的身體其實已經不行了，但他又不忍心讓這些死忠粉看不見自己，只好每天早晨，搬一把椅子坐在船頭等著讓人參觀，直到暮色沉沉，才能回到船艙裡歇息一下。多天下來，蘇軾自己也很疲倦，回頭跟旁邊的坐客說：「這樣下去不是要看殺我蘇軾嗎？」

這本來是句玩笑話，結果卻成了不吉祥的讖語。蘇軾走到常州，一病不起，走完了自己六十六歲的一生。他病逝前一個月，在鎮江金山寺寫下一首六言詩：

心似已灰之木，
身如不繫之舟。
問汝平生功業，
黃州惠州儋州。

前兩句用的是道家莊子之語，後兩句則又回到儒家的功業之問。交叉著儒道思想的融合與衝突，這就是蘇軾給自己寫下的臨終寄語、結案陳詞。不管別人如何評價他的才華、光環和業績，他自己還是有點淒涼的說：這一輩子做了點什麼呀？無非是從黃州到惠州、從惠州流放到儋州罷了！

這就是蘇軾，他臨終前苦澀的嘆息，都帶著一點幽默和陽光，別具一種繫人心處的魅力。林語堂名著《蘇東坡傳》講得很有意思：「蘇東坡有魅力，正如女人的風情，花朵的美麗和芬芳，容易感受，卻很難說清其中的成分……顯然他心中有一股性格的力量，誰也擋不了。這股力量由他出生的一刻就已存在，順其自然，直到死亡逼他合上嘴巴，不再談笑為止。」

從這個意義上說，蘇軾的一生就是儒道互補的典型格局，這也是中國古代文人最有代表性的思想構成。所以說，儒道互補，是孔子晚年對中國思想文化非常巨大的貢獻，對這一點我們要特別關注。

在民間，老人的歲數也和孔子有關

西元前四七九年，孔子七十三歲，病入膏肓。孔子知道大限將至，使出最後的力氣，拄著拐杖在院子裡走了一圈，完成了人生的最後一次散步。他一邊散步，一邊唱了一首短歌：「泰山其頹乎？梁木其壞乎？哲人其萎乎？」意思是說，大山要崩塌了，棟梁要折斷了，而哲人要凋零了。唱完了這首短歌，孔子溘然長逝，走完了自己七十三歲的一生。

孔子的家世和生平到這裡應該已經說完了，但是我還想多說一個小花絮。

大家知道，在民間，特別是北方的民間，有一個說法：老人到了晚年有兩個坎，所謂的七十三、八十四，閻王不找自己去。我常常在想：為什麼要把這個坎定在七十三和八十四呢？這是民俗的說法，我們也不知道來源，我也只是推測。首先，是因為天干地支紀年，十二年為一旬，六旬是七十二，七旬是八十四。那為什麼不直接叫七十二、八十四，而叫七十三、八十四呢？因為七十三是孔子的壽數，而八十四是孟子的壽數。在這裡隱含著大家對老年人的尊敬和奉承。潛臺詞就是：如果七十三、八十四這兩個坎你都過去了，那固然好；如果沒過去，那就是和孔孟同壽。從這個意義上講，民間風俗中潛藏的傳統文化資訊是非常豐富的，而我們同時也可以看到，作為儒家文化的奠基人，孔子對於中國傳統無比深刻的影響。

04《論語》中，仁字出現了一百零四次

在了解孔子家世生平的過程中，我們體會到，孔子很多經歷和話語都建構了傳統文化的重要部分，形成了中國精神的關鍵時刻。比如「天之未喪斯文也，匡人其如予何」，比如「歲寒，然後知松柏之後凋也」，比如「道不行，乘桴浮於海」。在此基礎上，我們進一步了解孔子奠基的三大重要理念——仁、禮、中庸。

仁的表現：失火問人不問馬

先從仁字說起。看到「仁者無敵」這四個字，很多朋友可能會聯想到金庸筆下一部並不出名的短篇小說《鴛鴦刀》。我個人認為，它是金庸筆下最不成功的作品之一。

小說中對於某些江湖術語的運用還稱得上可圈可點，但結尾揭破懸念的地方（用相聲術語來說，我們稱為底）太隨便了。那麼多英雄好漢爭鴛鴦刀，據說其中藏著一個可以無敵於天下的大祕密，結果發現居然只是「仁者無敵」四個字，這未免也太開玩笑，太侮辱讀者的智商了！我特別喜歡金庸，但是，我認為這部小說寫得並不成功，如果我是金庸，我一定會把這部小說從自己

作品集中刪掉。

那我就以此為開頭，談談這個仁字。

有學者統計，在《論語》中，仁字一共出現了一百零四次，可見仁在孔子思想中的核心地位。什麼叫仁呢？首先要注意，孔子給仁字至少下了二、三十種定義。比如孔子有的時候說「克己復禮之謂仁」，有的時候說「剛毅木訥近乎仁」，有的時候說「巧言令色鮮矣仁」。為什麼會有這麼多不一樣的解釋？我們在後面還會講到。

孔子是大教育家，他奠基了因材施教的教育理念。當學生來問他「老師，什麼叫仁」這個問題時，孔子會根據提問學生的不同情況，給予他們不同的答案。涉及國家政治秩序的時候，孔子可能就會告訴學生克己復禮之謂仁；當學生生性圓滑，左右逢源，有一點牆頭草的跡象，孔子可能就會勸告他要剛毅木訥，巧言令色不是仁人君子的境界。

我經常開玩笑說，像孔子這樣的老師，若是在現在的學校裡面任職，很可能會被開除，因為他自己都沒有標準答案，但這也恰恰是大教育家和教師的區別。

那麼，到底什麼叫仁？從孔子的答案中，我們還是能相對的歸納出一個最核心的東西出來，那就是「仁者，愛人也」。在這裡，**孔子想表達的思想是，仁不但要珍視人的物質生命，同時，也要尊重人的精神自由、精神尊嚴**。這個愛，也不是簡單的、個體的小愛，而是要把這種小愛推廣到最大的人群中，變成博愛。孟子說：「古之人所以大過人者無他焉，善推其所為而已矣。」這就闡述得更詳盡清楚了。

在《論語．鄉黨》中有這樣一段記載：「廄焚，子退朝，曰：『傷人乎？』不問馬。」孔子家裡的馬廄失火了，孔子退朝後，問：「有人受傷嗎？」根本沒有問馬匹的損失情況。

古代人在馬廄裡養的馬，相當於我們今天的豪車。賓士、寶馬車被燒了，孔子沒有太在意，他在意的是有沒有人受傷、人的生命是否受到傷害。這句話還有另外一種點讀方法，那就是在不字後加一個逗號，不字通否，這句話的意思就變成，孔子問：「傷人乎嗎？」別人回答說否，孔子再問馬。不管是不問馬，還是後問馬，都同樣體現出孔子珍視人的生命，遠遠超出對財物的重視。但是，我們不能據此批評孔子缺乏動物保護意識，在他心目中，人的生命最重要。

仁的原則為何不會過時？

我們再進一步歸納，可以得出結論，仁的最基本的情感元素是悲憫，也就是惻隱之心，這是仁的底線，也是人的底線。如果一個人連悲憫、惻隱和同情都沒有了，他也就不成其為人了。仁者無敵、仁者愛人，我們已經講了幾千年了，是不是已經陳腔濫調，沒有必要再去演繹、運用它了呢？恐怕不是。這些原則之所以能穿越幾千年的時光，一直被大家所珍視，至少還有一個原因，就是那些不仁的行為，始終還存在於我們身邊。

舉兩個例子。二〇一二年八月二十六日，在陝西省包茂高速安塞段上，發生了一起特大交通事故。一臺大客車失火，導致三十六名乘客遇難。時任陝西省安監局黨組書記、局長楊達才來到現場，面對幾十具燒得焦黑的遺體，不知道想起來什麼開心的事情，居然在現場露出了非常開心的笑容。

這個笑容被拍下來以後上傳到網路上，引起眾怒，人肉搜索的結果是，發現他出席會議戴的名錶就有十幾只。於是楊達才得了個外號叫「錶哥」，據說後來錶哥因為經濟問題，被移送司法機關處理，判處十四年有期徒刑。

為什麼這位局長在事故現場露出笑容，會引起大家如此強烈的憤怒？很顯然，它超越了悲憫、惻隱和同情的底線。大家可以試想一下，如果換成是我們來到這個現場，看見幾十具燒得焦黑的遺體，不管因為什麼，你能露出那麼開心的笑容嗎？

還有一個例子。二〇〇八年汶川大地震，舉國震悼，作家王兆山在《齊魯晚報》上發表了一首詞〈江城子．廢墟下的自述〉。詞的構想還不錯，出發點也是好的，但是我們看看這首詞具體是怎麼寫的：

> 天災難避死何訴，主席喚，總理呼。黨疼國愛，聲聲入廢墟。十三億人同一哭，縱做鬼，也幸福。
>
> 銀鷹戰車救雛犢，左軍叔，右警姑。民族大愛，親歷死也足。只盼墳前有螢幕，看奧運，同歡呼。

這顯然已經超越了人類正常的反應和語言表達方式，特別是最後幾句，簡直要讓我們拍案而起了！前幾年，我在一篇關於詩詞的論文中提到這首詞，特別加了一句話：「這樣的詞，寡廉鮮恥，窮極無聊，它挑戰的不是文學底線，它挑戰的是人倫底線！」

諸如錶哥與王兆山這樣的人、這樣的事都在提醒我們，仁的原則還遠遠沒有過時，它依然在我們的社會生活當中，占有相當重要的位置，而且在未來可見的人類歷史發展過程中，它也將會是一個永恆的原則。

忠，盡心竭力；恕，常留餘地

我們還要注意，仁作為孔子思想的核心，其實它是一套相當複雜的倫理情感系統。它不是一個單純的仁，在下面還有相當多的類似概念或者子概念，諸如忠、恕、信、惠、寬、諒……共同構成一個以仁為核心、以忠恕為兩翼的複雜結構。

何謂忠恕兩翼？《論語》中有句名言：

子曰：「吾道一以貫之。」……曾子曰：「夫子之道，忠恕而已矣。」

這句話應該怎麼理解？我猜，當時可能是這樣一個場景，學生們七嘴八舌的問老師：「孔老師，您這一輩子堅持的最主要原則是什麼？」孔子說：「我有一個原則，一輩子都堅持著，從來沒有動搖過。」具體是什麼原則？孔子沒有明說。大家去問曾子：「師兄啊，你最了解老師了，老師說的原則到底是什麼？」曾子說：「夫子一輩子堅持的原則，就是『忠恕』兩個字。」

為什麼是曾子出面來解釋孔子的原則？這涉及古代的師生關係。我們知道有個說法叫入室弟子，就是最親近的學生，可以進入老師的書房或者臥室，得到老師的真傳；再次一等的學生叫登堂弟子，在老師的客廳有座位的學生，也是比較親近的。

孔子門下三千弟子，不可能都入室登堂。很多周邊的學生可能只好站到院子裡聽課，說不定還有更悲慘的，只能站在牆外聽課呢！這種情況下，他們常常不能直接跟孔子學習，而要透過那些登堂入室的親信弟子，探討老師的思想和學問。

那麼，什麼叫忠恕？我以為朱熹的解釋是準確的：「盡己之為忠，推己之為恕。」盡己，就是盡心竭力，對得起自己要負的責任；推己，就是己所不欲，勿施於人。曾國藩家書中有一段話，對恕的解釋相當詳盡精確：

> 我要步步站得穩，須知他人也要站得穩，所謂立也；我要處處行得通，須知他人也要行得通，所謂達也。今日我處順境，預想他日也有處逆境之時；今日我以盛氣凌人，預想他日人亦有盛氣凌我之身，或凌我之子孫。常以「恕」字自惕，常留餘地處人，則荊棘少矣。

這個意思並不艱深，也沒有太多的爭議。關於忠，我們需要做進一步闡釋。現在用這個忠字，常常會接一個很重大、神聖的賓語。古代是忠於朝廷、忠於社稷、忠於君主，現代是忠於國家、忠於民族、忠於人民。這其實是後人附加的衍生義，忠字原意並不一定非要指那些宏大的物件，它其實就是指最平常的人和事。你都負責任，盡心竭力，那就是忠。

看《鹿鼎記》講忠恕

為了更好的解釋忠這個字，我們來談一個大家非常熟悉、喜愛的文學形象——《鹿鼎記》的韋小寶。

跟《鴛鴦刀》相反，《鹿鼎記》在我心目中是金庸筆下最好的小說，我稱之為金庸小說「形而下的極致」。在這部小說裡，金庸以二十世紀中國最優秀作家之一的身分，表達了他對中國歷史、中國社會、中國政治運行的獨特思考。

它不僅在金庸作品中最傑出、最獨特，在二十世紀中國文學史上，也堪稱是一部非常奇特傑出的作品。書中對於中國政治、歷史的觀察和表達，對於民族性的描寫，其深刻程度甚至可以比得上魯迅的《阿Q正傳》，書中的一些小情節，甚至一、兩句話，都能帶給人很大的觸動。

書中後半段有這樣一個情節：韋小寶離開了荒島，回到北京，跟康熙見了一面。一對好朋友分別好幾年重新見面，韋小寶也控制不住自己的情緒，抱著康熙的腿放聲大哭。康熙也很感慨，把韋小寶拉起來，兩個人寒暄了半天，「你長得多高了？你有幾個老婆了？生了幾個孩子了？」在這個過程中，韋小寶就把一層意思，用潛臺詞的方式透露給康熙。什麼潛臺詞？他的意思是說：「皇上，這次可是你主動低頭向我投降的，如果你還讓我去打天地會，對不起，這件事我不能幹！」

康熙智商也非常高，很快聽明白了韋小寶的意思，於是講了下面這一段話：

你不用擔心，把話兒說在前頭，我可沒要你去打天地會。你對朋友講義氣，那是美德，我也不來怪你。聖人講究忠恕之道，這個忠字，也不單是指事君而言，對任何人盡心竭力，那都是忠。忠義二字，本來是一而二、二而一的。你寧死不肯負友，不肯為了富貴榮華而出賣朋友，也算十分難得，很有古人之風。

你既不肯負友，自然也不會負我了。小桂子，我赦免你的罪愆，不全是為了你以前的功勞，不全是為了你我兩個自幼十分投緣，也為了你重視義氣，並非壞事。（《鹿鼎記》第四十七回〈雲點旌旗秋出塞，風傳鼓角夜臨關〉）

這裡值得注意的是康熙對忠的涵義的闡釋，盡心竭力對待任何人，那都是忠，不一定是指事君而言。我們還應該想到，這段話出自康熙之口，非常有意思。因為他是皇帝啊！普天之下，莫非王土，率土之濱，莫非王臣，皇帝最容易迷失自己，強調絕對忠誠於自己。康熙能有這種清醒的頭腦，很不容易，也是與他歷史上的真實形象比較匹配的。

只有寶馬打動關羽

說完了韋爵爺，我們再來講講關二爺關羽。古人評價《三國演義》有云，本書有三絕：諸葛亮，古今智慧第一；曹操，古今奸雄第一；關羽，古今忠義第一。現在說起忠義二字，那就成了關羽的代名詞了。透過分析關羽，應該可以進一步理解忠義這個附屬的重要概念。

關羽的忠義特別表現在《三國演義》第二十五回〈屯土山關公約三事〉開始的情節當中。〈屯土山關公約三事〉的背景就是劉備又一次打了敗仗，又一次一個人騎著馬跑了，又一次把妻子扔下了。我們說又一次，是因為劉備經常幹這種事，每次打了敗仗就一個人逃跑，而且很大方，誰在身邊就把妻子扔給誰。這一次算他運氣好，把妻子扔給了關羽。關羽保護兩家皇嫂——甘夫人、糜夫人，被曹操圍困在土山之上。曹操愛惜關羽的才華，圍而不打，派大將張遼上山勸降。

張遼上山一看，關羽橫刀立馬，要跟自己決一死戰。張遼說：「雲長兄，你要選擇這種方式也不是不行，成全了自己的忠義之名，但是有一條大罪我誠恐你承擔不起。你兩家嫂子淪落在亂軍當中，後果不堪設想，將來有一天到了九泉之下，你有什麼臉面去見大哥劉備呢？」關羽一聽不錯：「那麼好吧，我投降。投降歸投降，要約三事——談三個條件，第一個條件，降漢不降曹。我投降大漢朝廷，不是投降你曹操；第二個條件，我大哥劉備還是朝廷的左將軍，有一份俸祿，要請丞相按時如數發給，我得保證兩家嫂子生活水準不下降；第三個條件，只要知道我大哥劉備還在世的消息，不管千里萬里，我要回到劉備身邊去，到時候請丞相放行。」

三個條件開出來了，張遼做不了主，回去向曹操稟報：「關羽說了，第一個條件，降漢不降曹。」曹操笑了：「沒問題，漢就是我，我就是漢，我不跟他爭這個名分，只要投降就行！」「第二個條件，發薪水。」「那也沒問題，咱不差錢，發雙份都行！」聽到第三個條件，曹操搖頭了：「這個不行！根據戰場上的可靠情報，劉備沒有死在戰場上，那我讓關羽投降過來有什麼用呢？」

這個時候，張遼提了一條合理化建議：「丞相，我建議你答應。為什麼呀？你要想想為什麼關羽對劉備如此忠心耿耿？沒有別的奧祕，劉備對關羽好啊！（原文是「劉玄德待雲長不過恩厚爾」）關羽投降過來以後，丞相你對關羽比劉備對他更好，那不就完了嗎？人心都是肉長的，人心是會變的呀！」曹操大喜，拍拍張遼的肩膀說：「文遠，你這個意見很有眼光。好！三件事我都答應了！」就這樣，關羽投降了。

這裡我們需要注意，曹操並不是一開始就毫無保留的對關羽好，他對關羽的人品、人格有一個認識過程。其實，最初曹操是想用一種最低成本、最大收益的方式留住關羽。請注意小說中這句話：「曹操欲亂其君臣之禮。」什麼意思呢？曹操是這麼想的：現在關羽正當壯年、血氣方剛，兩位嫂子青春妙齡，貌美如花。如果能創造一點方便條件，讓關羽和兩個嫂子有點一絲不清白的曖昧關係，關羽哪裡還有臉回到劉備身邊呀？攆他都不能走，只好死心塌地的留在我這！顯然，這是成本最低、收益最好的方式。

所以曹操開始動歪心思了，行軍打仗一天下來要安營紮寨，曹操告訴軍需官，平時給關羽和兩個嫂子兩頂帳篷，今天給一頂就夠了，創造一點方便條件嘛！結果關羽安頓好兩家嫂子以後，自己沒地方睡覺了。怎麼辦？搬一把椅子在帳篷門口當哨兵，給兩家嫂子站崗，終夜不倦。第一天如此，第二天如此，第三天還是如此，因此曹操對關羽的人品有了新的認識，衷心欽佩：「我全軍上下十數萬人，能做到關羽這種大丈夫的程度，一人而已！」曹操心想，我是不如關羽呀，要是換了我，我早進去六回了！

在小說裡，曹操是一代奸雄，權詐之術非人所及，但是一旦遇到他真心喜歡的人，曹操的真誠也不是別人能相比的。他對關羽好到什麼程度呢？有一套說法叫做「上馬一秤金，下馬一秤銀；三日一小宴，五日一大宴」。什麼叫一小宴？就是曹操自己請關羽吃飯；一大宴，就是所有文武官員都陪著關羽吃飯，五天就來一次。這還不夠，曹操精挑細選十個美女送給關羽，結果關羽連看都不看，直接送給兩個嫂子當丫鬟了。這就是所謂的英雄本色，視女色如糞土嘛！

有一天，曹操看見關羽穿的衣服舊了，拿出一領新錦袍，「你這衣服太舊了，我請好裁縫做了一身衣服，你穿上吧！」關羽接過錦袍走了。第二天來見曹操，穿的還是昨天那件舊衣服。曹操說：「雲長啊，昨天我不是送你新衣服了嗎？你怎麼不穿呢？」關羽說：「我穿了！」「穿哪兒了？」關羽一掀舊衣服，新衣服穿裡頭了。為什麼呀？「外面錦袍雖舊，乃大哥劉備所賜。裡面的錦袍雖新，丞相所賜，我不能因此忘了舊主啊！」

曹操口中稱羨，但是心裡頭相當不是滋味，又送金銀，又送錦袍，又送美女，為什麼關羽心如鐵石，毫不動搖呢？想來想去，只好使出撒手鐧了。名將愛寶馬，而自己手裡恰恰有天下第一寶馬——嘶風赤兔馬。這赤兔馬本來是呂布的，曹操攻打徐州，殺了呂布，赤兔馬就歸曹操所有。平時珍惜備至，別人想借出去騎一圈都捨不得，現在為了收攏關羽之心，一咬牙：「雲長啊，這匹赤兔馬我送你了！」

關羽一聽這話，大喜過望，跪在地上給曹操磕了好幾個響頭，抬頭一看，曹操滿臉陰雲，一點笑都沒有。曹操說：「雲長啊，我就是不捨得批評你，今天我也得批評你幾句了。這麼長時間以來，我又送你金銀，又請你吃飯，又送你錦袍，你從來就沒說過一個謝字。前幾天送你十個美女，你也沒跟我握個手、鞠個躬啊？為什麼現在我送你一匹赤兔馬，你給我磕這麼多頭呢？難道我十個美女還抵不過一匹馬嗎？你這不是賤人而貴畜嗎？」關羽說：「丞相，事情是這樣，赤兔馬是天下第一寶馬良駒，日行千里，夜行八百，相當於後代的高鐵呀！如果知道我大哥劉備還在世的消息，騎普通的馬五天能到，騎赤兔馬一天就能到，我為這個給你磕頭啊！」現在網路上有個用語叫做「無語了」，我懷疑就是從曹操那時候留下的。曹操當時就無語了，整整兩小時沒說話，這禮送的，心裡頭太不高興了！可是，話已出口，不能收回，赤兔馬就這樣送給關羽了。

最失敗的人才投資

再過一段時間，關羽獲得了劉備的確切消息，向曹操辭行。曹操黔驢技窮，只好避而不見。關羽多次求見不遂，乾脆掛印封金，保護兩家嫂子啟程了。

曹操收到稟報，知道這次真的留不住關羽了，「既然如此，咱們就去給關羽送個行吧！」同時特別囑咐手下的武將，誰也不准穿盔甲、帶兵刃，咱們是去送行的，不是去打仗的。

曹操率領幾十號人馬緊緊追趕，終於在灞橋追上了關羽。關羽看見煙塵四起，曹操帶領幾十號人追上來了，來意不明。

關羽說：「你們保護兩位夫人先走，我在這兒抵擋一陣。」於是灞橋橋頭，關羽橫刀立馬和曹操見了面。曹操在馬上深施一禮，說了一段非常真誠沉痛的話：「雲長，天下之義士也！恨曹某福薄，不得相留啊！雲長，現在你要走了，曹某無物以贈，只能送金銀一盤，供路上使費。再送錦袍一領，聊表寸心！」關羽說：「金銀丞相所賜已足，錦袍是丞相一片心意，我得收下。」怎麼收呢？按照正常禮數，關羽應該下馬接過錦袍，謝過曹操，上馬再走，但是關羽見對方人多，儘管沒穿盔甲、沒帶兵刃，還是怕曹操有詐，所以沒有下馬，而是用青龍偃月刀的刀尖挑起錦袍，披在身上。這齣戲在後來也很有名，叫做《灞橋挑袍》。

曹操手下眾將見關羽如此無禮，全都怒髮衝冠：「關羽欺人太甚！就算我們不穿盔甲，不帶兵刃，今天也要和你好好打一架！」曹操安撫眾將，替關羽說情：「你們不要亂動！咱們幾十號人，人家關羽只有一個人，這叫敵眾我寡！關羽有點警惕心是正常的！」就這樣，關羽和曹操在灞橋分別了。關羽離開灞橋以後發生了什麼我們都熟悉，所謂「過五關，斬六將」、「千里走單騎」，斬殺了曹操若干員大將。每過一關，殺完一人，曹操的特赦文書隨後傳到——赦關羽無罪，不得因為此事為難關羽。在一定程度上，正是因為曹操這些特赦文書的保護，關羽順利的走完了千里尋兄之旅，成功回到了大哥劉備身邊。

到這裡我們可以總結一下，曹操對關羽的這項人才投資工程，是中國歷史上最失敗的！不管是物質，還是感情，人財兩空、血本無歸，還被關羽拐走一匹赤兔馬！可是還應該多問一句：真的失敗了嗎？要到華容道才見分曉。

曹操率領殘兵敗將來到華容道口，眼看關羽率五百校刀手攔住去路、陷入絕境。曹操只好親自出面，向關羽深施一禮：「請君侯念在當年在我麾下，我對君侯仁至義盡，今天請君侯放我一條去路！」關羽是怎麼來的呢？那是跟諸葛亮立下過軍令狀的：「華容道要帶回一個腦袋去，不是曹某人的腦袋，就是我關某人的腦袋！」在這個當口，關羽確實義薄雲天。眼看曹操如此狼狽，回想曹操對自己確實仁至義盡，自己也沒怎麼報答過曹操啊！關羽一咬牙一跺腳：「既然如此，丞相，你請上路吧！」喝令校刀手讓開兩廂，放曹操衝出華容道。

關於華容道，還有個花絮值得一說。郭德綱有一段相聲《華容道》，是一段「絡活」作品，也就是以唱功見長的，堪稱他近年罕見的精品之一。他在相聲裡闡述了一個觀點：評劇最適合家長里短、才子佳人的題材，不適合唱老爺戲，不適合刻畫慷慨壯烈、像關羽這樣的人物，那就顯得太軟。要是評劇演出《華容道》，關羽能怎麼唱呢？這段唱詞設計得著實令人噴飯，我們可以先看看文本，真正精彩還得看影片、聽聲音：

（答調）可說是曹操啊曹操，狗奸賊，你也有今天，你這不要臉的呀——。

（樓上樓）曹孟德你個狗奸賊，睜眼看看我是誰。上欺天子篡君位，下壓著、三宮六院娘娘和偏妃，你不該、逼我大哥無路退，在那新野樊城走了一回，大皇嫂命喪在枯井內，當陽橋、遇見我的兄弟猛張飛，今日裡相逢在華容道內，咱們新仇舊恨算一回。

欠我一升還八斗，欠了我的王八還了我的龜，狠狠心腸殺死了你呀，也免得、到將來喲吃了你的虧唉——。

「欠我一升還八斗，欠了我的王八還了我的龜」，真是警句，能讓人笑出腹肌！可這就根本不像老爺，像是舅母了。

現在我們再總結一下，曹操這項針對關羽的人才投資工程，是中國歷史上最成功的！它的收益是最寶貴的、不可能重來一次的生命！還有什麼比這次的人才投資收益更大的呢？不管是對劉備，還是對曹操，關羽表現出來的忠義二字，的確是人所難及。關羽這個人有很多缺點，但單就忠義這一項指標，關羽也不愧獲得後世那麼多崇拜和讚譽。透過韋爵爺、關二爺，我們可以對這個忠字有著更深入的了解。

05 孔子的理想，復禮

這一章開始，我們來談孔子奠基的第二個重要文化理念——禮。根據相關學者統計，禮字在《論語》中出現過七十四次，是第二頻繁提到的詞，由此可見它在孔子思想當中也有相當重要的地位。

以禮治國

禮字的涵義，簡單表達可稱為「君君臣臣，父父子子，長幼貴賤，尊卑有序」。怎麼理解這句話呢？前面我們提到，**仁是一套美好的倫理情感系統，那麼，禮就是那套美好倫理情感系統的外化形式**。

從這個意義上講，禮字應該包括兩個層面，第一是日常層面，表現為言語、行為、待人接物等，由此演化出禮節、禮貌；第二是社會層面，在日常層面基礎上，形成一定的風俗習慣之後，就表現為禮俗、禮儀等。要特別提醒大家，不能光從日常生活層面來理解禮。

在本書中，我會不斷強調這樣一種思路：孔子提出的每個概念，都不只是針對日常生活層面。如果以為孔子講了這麼一句名言，只是為了指導日常生活，那也未免太矮化孔子的思想高度。現在有好多國學宣講者，常常是從日常層面來講儒釋道，我有一個概念，稱他們為「矮國學」。如果把國學比喻成一個人的話，國學應該是一位巨人，像姚明那麼高，結果卻被很多人講成像小孩子那麼矮了。具體回到禮，我給出的標題叫做以禮治國，意思是，禮不應該只表現在日常生活層面，更應該表現在社會學層面、政治學層面。換句話說，禮應該是一套良性運行的國家秩序。

前面講過，孔子曾任大司寇、行攝相事，並推行以復禮為核心的政治體制變革。孔子有一句名言：「克己復禮之謂仁。」這都可見**復禮是孔子心目中非常重要的理想目標。孔子要復的禮是周禮，是周王朝建立的一整套良性運行的國家秩序**。

周武王滅殷商後推行的是封建制度。什麼叫封建制呢？它應該分成兩個層面：一個層面是封，即天子分封諸侯；一個層面是建，即諸侯建國。透過封建，就形成了社會運行的一個金字塔結構。

第一層是天子及其對應的天下。據說周文王姬昌有一百個兒子，這當然是傳說，那時候還沒有信史，但打個五折，那也不少了吧？這五十個兒子可能有一部分夭折，有一部分犧牲，到周武王立國的時候，剩下十幾二十個還是很有可能的，再加上那些文武功臣，比如大家熟悉的呂尚（姜子牙）、散宜生、南宮适等。

周武王做的第一件事，就是給兄弟和功臣封爵，爵位分成五等：公、侯、伯、子、男，籠統說叫做分封諸侯。這五等爵位分封起來情況相當複雜：中原地區有很多諸侯國，地盤很小，但是爵位很高，因為這是當時的經濟中心區；有的諸侯國地盤很大，但是爵位很低，比如楚國。楚國國君稱楚子，是五等爵位的第四等，但地盤相當大，基本上涵蓋了現在的湖南、湖北兩省，還包括重慶、河南、安徽、江蘇、江西的部分地方。這些地方在當時都是沒開化的落後地區，都分給楚子了。這樣分封之後，周天子就站在了金字塔的頂端，它對應的行政區域是天下——當時已知的全部中國區域。

金字塔的第二個層級是諸侯，對應的行政區域是國，大概相當於現在的中國省級行政區，或面積比較大的市縣級行政區。第三個層級就是天子和諸侯國的官員，主要由知識分子來擔任，籠統稱之為大夫或士大夫，他們面對的行政區域介於國和家之間。金字塔最後一級是庶人，即老百姓，對應的區域是家。於是就形成了這樣一個從行政區域來講，叫做天下、國、家的三層級分布，從人的角度講是天子、諸侯、士大夫、庶人的四層級分布。

從金字塔形圖我們能體會到，國是縮小的天下，家是縮小的國；反過來說，國是放大的家，天下是放大的國。家穩定了，國就穩定；國穩定了，天下就穩定，所謂「身修而後家齊，家齊而後國治，國治而後天下平」。所以，在家裡父父子子，在國和天下裡君君臣臣，要求長幼貴賤、尊卑有序。這個序字非常重要，這就是孔子認同的完美國家秩序，也就是禮，應該上升到這個層面來理解，而不能只停留在日常生活層面，矮化它的意義。

《論語．八佾》有一條記載很能說明問題。孔子議論季平子說，他公然陳八佾於庭，「是可忍，孰不可忍也？」這裡所謂佾，乃是周代禮制規定的樂舞行列，一佾指一列八人，八佾即八列六十四人，這是天子才能有的待遇。諸侯用六佾，卿大夫用四佾，士用二佾。季氏是正卿，只能用四佾，他卻用八佾。孔子為什麼會對樂舞娛樂的事情如此大動肝火，說出這麼重的話呢？因為樂壞，後面跟隨的是禮崩，整個國家秩序崩塌了，世界也都隨之顛倒，這怎麼能忍呢？

不適合現代的禮，就該拋棄

我們還要在這樣的前提下，來分析兩個問題。第一，禮的當下價值。舉一個小例子，孔子有一個「子為父隱，父為子隱」的說法，見之於《論語．子路》。葉公說：「吾黨有直躬者，其父攘羊，而子證之。」意思是：我們這夥人裡頭有一個人，行為端正、大義滅親，他的父親偷了別人的羊，他出來作證，把他父親交給法律來制裁。孔子針鋒相對的說：「吾黨之直者異於是。父為子隱，子為父隱，直在其中矣。」意思是：我們不是這樣的。兒子做了壞事，父親替他隱瞞；父親做了壞事，兒子替他隱瞞，這才是我們要的正直！

孔子的這個說法，我們一直都有相當多的批判，但近幾年來，我們開始逐漸考慮到此說法的合理性。比如在中國最近的《刑事訴訟法修正草案》中，有這樣的規定：「證人沒有正當理由不按人民法院通知出庭作證，人民法院可以強制其到庭，但是被告人的配偶、父母、子女除外。」這在學理上概括為近親屬出庭作證義務豁免，而且有的學者還進一步提出：特定親屬不但應該享有出庭作證的豁免權，還應該享有偵查階段的作證豁免。這種讓親人從親人作證席上走開的做法，既同質於孔子思想，同時也體現了現代人道主義和人文關懷。或許有人會批評，父子相隱破壞了社會正義、法治精神，但是從來就沒有完美的法律，就好像從來沒有完美的道德一樣。法律和道德都是兩害相權取其輕的產物，這種對配偶、父母、子女作證義務的豁免，總比我們某些歷史階段拿出一個正義的名義，要求大義滅親、子女要直接舉證父母要好得多。

第二，是不是說禮還具有當下價值的話，就不應該揚棄呢？當然不是，禮字中也有不少缺欠，比如繁文縟節，比如厚葬，比如過於注重等級排序，其中我們稍微詳說一下丁憂（按：結廬守葬）。

丁憂，本於孔子「三年無改於父之道」之說。在古代社會，父母（特別是父親）去世，兒子需要廬墓三年。不管你當時擔任著什麼重要的社會工作，哪怕是內閣總理，都要停職回鄉守孝。一旦做不到，就會冒天下之大不韙，遭到大家鳴鼓而攻之。

明朝大政治家張居正因為沒有丁憂，就遭到官員們的強烈攻擊。只不過張居正是大明帝國實際上的一把手，這種攻擊在他生前沒有得逞，但還是留下了不小的汙點。然而這種做法，顯然已經不適合現代社會的節奏、道德和情感的要求。父母去世當然很悲傷，自己帶著社會角色來治療也就是了，完全沒有必要拋棄自己的社會職責，造成智力資源的浪費。丁憂已成歷史陳跡，但厚葬、厚祭等陋俗依然存在，而且甚囂塵上。對此，該抵制的就要抵制，該揚棄的就要揚棄。

為什麼會講到抵制和揚棄呢？在國學課裡，我一直強調防止國學國粹化的問題，國學不等於國粹。現在有一批國學研究者、宣講者，把國學當成包治百病的救世靈丹，那必然要淪落到魯迅批評的「紅腫之處，豔若桃花」的境地。國學的出路不在於故步自封、夜郎自大，我們繼承傳統文化的目的，也不是要排斥比我們更優秀的外來文化。國學只有和人類發展的主潮相對接，才能鳳凰涅槃，走出一條絢爛蓬勃的康莊大道。

06 中庸之道有三，一般人很難辦到

孔子思想的第三個重要理念是中庸，從排序來講是第三，但內涵非常複雜，也非常有趣。我們需要先來解釋一下中庸的哲學屬性——中庸方法論。

我們看到，仁是一套美好的倫理情感系統，而禮是這種美好情感的外化形式，那麼，透過什麼方法和手段，才能把內在美好的倫理情感，外化成為一套有利的形式，或者良好的國家秩序呢？中庸就是提供這個方法和手段，在哲學上就稱之為方法論。

《中庸》是《禮記》中的一篇，經北宋程顥、程頤極力尊崇，南宋朱熹作《中庸集注》，最終和《大學》、《論語》、《孟子》並稱為「四書」。宋、元以後，《中庸》成為學校官定的教科書和科舉考試的必讀書。

一般認為，《中庸》是孔子的孫子孔伋（字子思）所作。孔子身後，儒學分為八門，其中從子思到孟子的思孟學派，被認為得孔子之正傳，地位最為崇高。所以，子思所撰的《中庸》，也被認為是孔子思想原始面貌的表達。

《中庸》有云：「君子尊德性而道問學，致廣大而盡精微，極高明而道中庸。」可見中庸是儒家的最高原則之一。但什麼是中庸？追尋它的原意，我們需要引入訓詁學的兩個基本手段——義訓和音訓。義訓，就是拿同義詞或者近義詞來解詞；音訓，就是拿同音字或近音詞來解詞。

拿義訓的方法來解釋庸字，我們給它找一個近義詞——常，常又有一個近義詞——恆，因為a＝b，b＝c，所以a＝c，那麼庸就等於恆，庸就是永恆真理的意思。二程（程頤、程顥）就是採用這種說法，所以他們說：「不偏之謂中，不易之謂庸。中者天下之正道，庸者天下之定理。」

這種解釋方法我個人不完全同意。我更贊成用音訓的方式來解詞。我們給庸找一個近音詞，就是用，中庸就等於中用。在古代漢語當中，我們常常把動詞提前，把名詞性質的中放在後面，中用就變成了用中。用中，就是所謂的執其中而用之，用中的手段來解決從美好的內在情感，轉向外化的禮的形式的問題。這個解釋方法，可以更準確揭示中庸的方法論性質，更加貼近它的原意。

狂與狷，組成文人的性格

具體分解中庸，中庸應該包括下面三個層面的涵義：第一，過猶不及，第二是和而不同，第三是有經有權（見第八節）。

過猶不及的意思，我們可以在生活中得到相當多的印證。什麼事情過頭了，效果就不好；沒有達到必要的尺度，效果也不好。這相當好理解，但就像我們上一章講過的那樣，孔子的思想，絕不只是為了指導我們的日常生活，他的很多話語，都包含著相當重要的文化史意義和影響，具體到過猶不及，可以引申出一個關於狂狷文化性格的大判斷。

過就是狂，不及就是狷，用孔子自己的話講，「狂者進取，狷者有所不為也」，那就是說，中庸是一種聖人的境界，不是每個人都能做到，正常人做事一定有時候有點過頭，就是狂；有時候沒達到那個分寸，就是狷，所以孔子才說「必也狂狷乎」。

什麼叫狂者進取呢？狂者的特徵就是勇於承擔，缺點則是他的能力和目標之間，常常存在一定的落差，我們現在也經常在這個意義上使用這個狂字。「狷者有所不為也」，就是他可以做，但他逃避、退縮、躲開了。狂和狷這兩個字，應該是中國文人最基本的文化性格。過猶不及闡述明白了，狂和狷的基本文化性格認識清楚了，我們對中國古代社會就認識清楚一大半了。

我認為，中國古代社會從某種意義上來講，就是中國古代文人社會，文人的文化性格代表了中國古代社會的基本性格。為什麼這樣說？在中國古代社會的絕大多數時段，文人一直是站在全社會最頂層的，文人的價值觀構成了整個社會的價值風向標。

我們舉兩個小例子，第一個，白居易有一次在寫給朋友的信中，有點洋洋得意的講，他昨天晚上出席了一個大派對，聽到了兩個妓女的對話。

一個妓女跟另一個妓女說：「你不要不服氣，為什麼我的出場費會比你高呢？那不是因為我的身材比你好、相貌比你漂亮，而是因為我能背誦白學士的〈長恨歌〉，而你不能。」透過這樣的表述能看到什麼？在最底層的青樓社會裡，衡量身價的標準居然不是身高、相貌，而是文化素養。這說明青樓社會的價值觀，都是向文人看齊。第二個例子我們前文講過。有一年冬天，蘇軾自己做了頂新款的氈帽禦寒，沒幾天，所有的文武官員都戴著這種新款的氈帽上朝，並起了個名字叫做子瞻帽。這個例子也說明，文人價值觀是會成為全社會的風向標的。從這個意義上講，了解中國文人的文化性格非常重要。

孔子開的討論課：我的理想

為了進一步了解狂者進取，狷者有所不為也，我們需要講到《論語》中一篇鼎鼎大名的文章〈侍坐〉。關於文章這兩個字應該加一個注解。我們知道，《論語》可以說是一部格言集，或者是一部聽課筆記的合集，短的條目七、八個、十幾個字，長的條目也就幾十個字。《論語》中有頭有尾、場面敘事比較完整的文章寥寥無幾，〈侍坐〉是其中之一。

為什麼《論語》中格言片段多，文章比較少呢？這應該跟當時記錄的方式很落後有密切的關係。

我前面講相聲《吃元宵》的時候，提到孔子用毛筆，這其實不符合史實。一般認為，毛筆發明於戰國時期，孔子那個時代應該是用小刀刻字在木竹簡上，可以想像刻起來速度多慢。有可能孔老師一下午講了幾萬個字，你只刻了十幾個字或者幾十個字。這種情況下，〈侍坐〉這篇文章就顯得格外可貴，成為我們了解孔子思想的一個非常有意義的文獻。

這篇文章的全名叫做〈子路、曾皙、冉有、公西華侍坐〉，其實就是孔老師和四個學生開的一堂討論課。主題是什麼呢？用我們寫作文時最熟悉的主題來說，叫做「我的理想」。

文章一開篇，四個學生陪坐於孔子身旁，討論課開始了。孔老師說：「這堂課我們討論的主題是——我的理想。你們平時常說沒有人了解我的價值，如果現在有一個機會，你們能做什麼呢？」子路第一個發言，原文是「子路率爾而對曰」。率爾這兩個字很有意思，這就是文學性的筆法。如果正常敘事，說子路對曰就可以了。率爾是形容子路毛躁的樣子，噌的一下站起來，沒怎麼經過大腦，直接就說。我們前面說過，子路是武士出身，性情直爽，心裡藏不住話。他說：「千乘之國，攝乎大國之間，加之以師旅，因之以饑饉；由也為之，比及三年，可使有勇，且知方也。」意思是：有一千輛兵車的一個中等規模的國家，先被周邊的強國給侵略了一遍，又趕上大饑荒，變成了一個爛攤子，誰都不願去治理，但是，如果給我三年時間，我就可以讓它具有基本的國防能力，而且老百姓能夠知書達禮。

孔老師聽了以後什麼反應呢？「夫子哂之」。哂者，笑也，但這個笑不是善意的笑，而是冷笑、嘲笑，從鼻子裡面哼了一聲，沒有做更多的評價。孔老師回頭問：「求！爾何如？」問到冉有了。冉有一開口，就比子路顯得溫存多了。冉有說：「還是這個中等規模的國家，讓我去治理，三年時間，我可以讓老百姓實現溫飽，『如其禮樂，以俟君子』，至於知書達禮，我的能力恐怕做不到，要有比我更高明的人來做。」

孔子沒有做更多評價，再問公西華：「赤！爾何如？」公西華答道：「非曰能之，願學焉」——我不敢說我能做什麼，但是我願意學做點什麼。這就比子路、冉有都謙遜多了。公西華說：「如果有國家祭祀或者外交談判，我願意戴上高帽子、穿上禮服去做一個司儀，做個主持人也就是了，我只能學著做這一點小事。」孔子仍然沒有做評價，再問：「點！爾何如？」那就是曾皙了。到這裡，好戲開場了。

子路是狂，曾皙是狷

這場討論課裡，曾皙是男一號，所以，文章中花了相當多的文學筆法來表現主角的出場。我們現在看電影、電視劇都是如此，男一號很少第一個鏡頭就出來，一般都要經過相當多的鋪墊，好不容易鏡頭給到他身上了，還要先給個側臉，最後才把正臉交給觀眾，相當隆重。曾皙是怎麼出場的呢？

如果把這堂討論課拍成一段短片的話，應該是這樣拍的：在討論課進行中，旁邊其實一直有一個人在伴奏，那就是曾皙。現在孔老師提問了，曾皙的反應用了十幾個字來描寫，「鼓瑟希，鏗爾，舍瑟而作，對曰」，音樂逐漸低沉下去，五指一劃，琴聲戛然而止。曾皙慢慢推開琴，從容的站起身來。這麼多的動作，表現出他非常從容的性格。

好不容易張嘴說話了，曾皙還跟老師賣了個關子，「異乎三子者之撰」，我和三位同學的看法都不一樣呀！孔老師鼓勵了一句：「何傷乎？亦各言其志也。」沒有關係，談自己的理想而已，隨便說吧！

這麼多轉折鋪墊之下，曾皙才講出了《論語》中最著名、也是最富詩意的一段話：「莫春者，春服既成。冠者五六人，童子六七人，浴乎沂，風乎舞雩，詠而歸。」這段話，古代有位村塾先生翻譯得頗為生動形象：

年年有個三月三，著件青灰大布衫。
大的大，小的小，都到南河去洗澡。
洗了澡，去乘風，回來一路梆子腔。

孔子聽了這段話，「喟然歎曰：『吾與點也。』」曾皙，我和你的理想是一樣的呀！這堂討論課到這裡結束了，曾皙打了一百分，非常高興，其他幾位同學都散了，他還圍在老師身邊問東問西：「老師，你剛才為什麼要哂笑子路呢？」孔子回答：「治國，不能不懂禮，禮的基本要求是謙遜。子路說話一點都不謙虛，上來就說我能做什麼什麼，話說得太大了，所以我才拿鼻子哼了他一下。」

在這段表述中，我們能看到，子路是狂，曾皙就是狷。子路的好處是擔當、進取，同時，他的理想和能力之間有一定差距；其實曾皙作為孔門高弟子之一，幾位同學能做的，他能不能做？當然能。即使做不到那幾位同學那麼好，也應該八九不離十吧！但是曾皙說：我都不去做，我就願意在春天洗洗澡，唱唱歌，高高興興回家去，這就是狷者有所不為也。

值得注意的是，孔子非常贊成曾皙，這堂討論課應該是發生於孔子的晚年，因為他的「吾與點也」表達出來的思想走向，和前面講過的道不行，乘桴浮於海是基本相同的。

還要特別說明一點：作為基本文化性格的狂和狷，在孔子那個時代還是相當單純、黑白分明，狂就是狂，狷就是狷。但後來，隨著文化流變的繁複多元，隨著文獻記載的詳盡鮮明，狂和狷常常呈現出非常複雜、相互滲透的狀態：有時為狂中有狷，有時則為狷中有狂，有時表現為似狂而實狷，有時又是似狷而實狂，還有更多的時候是狂而不能，終入於狷。在下面幾講中，我將以宋代柳永、明代唐寅、清代金聖歎、現代錢鍾書為例，進一步梳理狂狷的流變形態。

07 文人的基本性格，狂狷

這一章我們首先談談宋代大詞人柳三變。柳三變是柳永的原名，三變這個名字聽起來似乎有點兒土氣，實際上這個名字出自《論語．子張》：「君子有三變：望之儼然，即之也溫，聽其言也厲」，涵義非常好，也非常典雅。

宋詞就是流行歌曲

柳永是福建人，才華過人，心高氣盛，來到汴梁東京城參加進士考試，他就是奔著狀元來的，這很符合狂的特徵。考試結束，他覺得自己發揮得不太好，不一定考得上進士，狀元估計是沒戲了。從考試結束到等待錄取，柳永有一段空閒時間，他少年風流，就跑到秦樓楚館廝混去了。柳永是很好的文人，又是大作曲家，所以迅速在當時的娛樂圈裡面闖出了名堂，成為首屈一指的巨星。

我們這樣說有開玩笑的成分，但也不完全是開玩笑。我們來盤點一下宋詞的兩個基本特徵。第一，宋詞是通俗文學，為大眾喜聞樂見；第二，宋詞是音樂文學可歌。兩個特點放在一起，我們可以得出結論：宋詞就相當於現在的流行歌曲。

今天流行歌曲裡有的東西，宋詞裡面都有。比如現在流行歌曲裡愛情題材最多，宋詞也是如此；現在流行歌曲裡愛情形態很多，暗戀啊、單相思啊，宋詞裡也都有；現在愛情歌曲唱的「你是電，你是光，你是唯一的神話」、「你是我的小呀小蘋果，怎麼愛你都不嫌多」、「你身上有她的香水味」……宋詞裡也都有，只不過當時不用這種語言來表達而已。

柳永精通音樂，這一點很了不起。《全宋詞》裡收入的一千三百三十位詞人中，達到專業級別、可稱為大音樂家的只有三人。第一個就是柳永；第二個是南北宋之交的周邦彥，周邦彥曾任大晟府樂正，相當於現在的中央音樂學院院長，詞人是他的第二身分；第三個是南宋的姜夔。這三位是真正的詞曲全能作者，從這個意義上講，柳永其實就是當時音樂界的崔健、羅大佑、汪峰。柳永每填一首詞，譜上曲，就迅速的唱響天下，「凡有井水處，即能歌柳詞」，有井水的地方就有人家，有人家的地方，就能聽到有人唱柳永的詞。

皇帝叫我去填詞

有一天，他心血來潮，想起考進士中狀元這件事了，於是填了一首〈鶴沖天〉，宣洩一下失落的心情。

開頭一句是「黃金榜上，偶失龍頭望」。黃金榜，就是進士錄取時用黃紙寫的榜單的美稱。

龍頭即第一名，就是狀元。柳永的意思是說，估計我是拿不到狀元了，但我那是偶然失足，沒有發揮好。下面接著一句：「明代暫遺賢，如何向？」在這清平盛世，我被棄置草野當中，怎麼辦呢？他說，那也不要緊：「才子詞人，自是白衣卿相。」像我這樣的詞人才子，就是不穿官服的達官貴人，我比他們還強得多呢！在下闋，柳永寫了許多煙花巷陌、左擁右抱、燈紅酒綠的生活之後說「青春都一晌」，意思是，青春一晃眼就沒，年少及時行樂。「忍把浮名，換了淺斟低唱」，忍，就是不忍、怎忍，怎能忍心用官場浮名，來換我這種喝喝小酒、唱唱小歌的生活呢？

我們看得很清楚，這首詞就是柳永寫的幾句牢騷話，有點文人常見的酸葡萄心理而已。寫了之後，他自己也沒當一回事，可就是這首詞惹了禍。

這首詞和柳永其他的詞一樣，不脛而走，迅速傳唱開來。傳到別人耳朵裡都不要緊，要緊的是傳到了宋仁宗趙禎的耳朵裡。過了一段時間，趙禎審閱禮部進呈的進士預錄取名單。為什麼叫預錄取呢？這裡涉及古代科舉考試的程序問題。

禮部舉行全國考試，經考官閱卷後，把預錄取名單呈報皇帝，皇帝確認最後的錄取結果，所以古代進士有個說法叫做天子門生。這一科的名單考卷拿到宋仁宗這兒來，翻來翻去，忽然翻到一張眼熟的：「哎喲！柳三變這個名字挺熟啊！前幾天新歌排行榜上有他一首〈鶴沖天〉，裡面有兩句叫『忍把浮名，換了淺斟低唱』嘛！看來這是個無行文人，不予錄取！」於是就把柳永的卷子摘出去了。

為什麼可以把柳永摘出去呢？這裡還有一個科舉史的掌故。北宋前中期的科舉考試中，有這樣的規定：皇帝可以取消考生資格。但後來有一個叫張元的人，不知道什麼原因被取消了資格後，一怒之下投奔了西夏，鼓動西夏和大宋大動干戈，紛爭多年。從這裡開始就定下一條規矩：皇帝只能決定錄取考生的名次，而不能取消某個考生的資格。

柳永沒趕上這時候，皇帝看他不順眼，把他的卷子摘了出來。為什麼知道是這首詞惹的禍呢？因為皇帝在他考卷下面加了一句批語：「此人且去淺斟低唱，何用浮名。」就這樣，到嘴的鴨子飛走了，柳永痛失大好功名。從此以後，柳永非但不洗心革面，反而更加放浪形骸，變本加厲，而且還有新名堂了。他給自己起了個外號叫奉旨填詞柳三變，這是皇帝批准認證的，相當於我們現在獲得官方認證啊！這就是所謂大王叫我把詞填。

都是寫詞，柳永卻遭排擠

話是這麼說，但那個年代，娛樂圈是下九流，是非常不被認可的，年紀輕輕的才子柳永怎麼會輕易放棄對功名富貴、對實現個人價值的渴望呢？所以柳三變改名柳永，繼續參加科舉考試。若干年坎坷，很不容易又考中了。

其實我們能想像，像柳永這種性情，在今天的官場上都不一定吃得開，何況是在宋朝。大家都知道，今天的柳永就是當時被皇帝取消錄取資格的柳三變，所以組織部門也歧視他。別的進士考中之後都被順利安排工作了，而柳永這邊，組織部門遲遲不任命。他非常憤慨，找政府說理去吧！誰是政府的最高長官呢？另外一位大詞人晏殊。柳永在見晏殊之前肯定在想：一會兒總理出來了，怎麼跟總理套套關係呢？還是從填詞這件事入手的好，能找到共同語言。見了晏殊以後，柳永先沒話找話的說：「聽說相公也作曲子？」（宋朝人稱詞為曲子或曲子詞）如果晏殊接下話，說「對，我填詞啊」，那不就找到共同語言，溝通比較順利了嗎？

不料晏殊當頭一棒，一句話就打垮了柳永：「殊雖作曲子，不曾道『彩線慵拈伴伊坐』！」彩線慵拈伴伊坐，是柳永歌詞中比較流行的一句，寫一個女孩子坐在自己心上人身邊刺繡。這在當時不是良家婦女所為，而是風塵女子的行為。晏殊是說：「我確實填詞，但我填得典雅，不像你填詞那麼庸俗、惡俗、低俗。我們沒有共同語言啊！」柳永的面子被卷得亂七八糟，無言而退。這次溝通最終以這樣尷尬的局面而告終。

柳永在仕途上的進展非常不順利，在基層工作了若干年，到了晚年才被調到中央，做了戶部屯田司員外郎，相當於中國現在的農業部農墾司副司長。我們看到，柳永在很多文獻中被美稱為柳屯田，就是指他這個官職而言的。但就是這樣一個副司局級官員，柳永也沒當長遠，很快就因為生活作風等問題被彈劾。

罷官之後，柳永晚景淒涼，只好又回到他熟悉的秦樓楚館當中去，給那些歌女、舞女們填填詞、作作曲，靠別人的饋贈慘度晚年。去世的時候，柳永身無長物，葬無餘資，靈柩被長時間寄放在一座寺廟當中，後來還是跟他相好的一些歌女、舞女湊了點錢，才把這一代大文豪草草埋葬了。柳永的生平我們大概說了一個輪廓，大家可以看一看，他的一生是狂還是狷？恐怕這就不是一個字能夠簡單概括的了。我覺得他是狷中有狂，狂中有狷，更傾向於狂而不得，終入於狷。

別人笑我太瘋癲，我笑他人看不穿

說完柳永，我們再來說說明代江南第一風流解元唐寅唐伯虎。「解元」這個詞是什麼意思？明清時期，科舉考試分為幾個級別，第一個級別叫童試，考中了以後稱為庠生，俗稱秀才；第二個級別是全省統一考試，叫鄉試，考中了以後稱為舉人，俗稱孝廉，第一名叫做解元；最高層級是全國考試，叫會試，拿了第一名叫會元，最後經過皇帝親自舉行的考試——殿試，第一名才能叫做狀元。

大明朝南七北六十三行省，哪個省的解元含金量最高呢？就是唐寅所在的南直隸。明朝的南直隸包括現在的江蘇、安徽、上海及江西、浙江一部分，從宋朝開始就是人文薈萃之地。在南直隸獲得解元本來就千難萬難，到京城參加會試、殿試，如果拿不到狀元，只拿了榜眼、探花，那都可能覺得自己發揮失誤了。

唐寅二十多歲考中了南直隸解元，我們能想像他當時的心態，必然是意氣風發、目空一切，到京城參加進士考試，直奔狀元而來。北上途中碰到一個夥伴一路同行，此人叫徐經。他本人沒有什麼名氣，但他的曾孫非常出名，那就是大旅行家徐霞客。

到了京城，兩個人合租房子，等待第二年春天參加考試。這期間發生了一些什麼隱祕的事情我們就搞不清楚了，因為這是明代科舉史四大謎案之一。我們只知道，會試結束之後，唐寅在公開場合宣稱：「這科狀元非我莫屬，沒有諸君的份兒了。」這話肯定激起眾怒，大家發現這科考試題目十分冷僻，很多考生都沒答好，但是唐寅答得很好。他是江南省的解元，這不奇怪，奇怪的是那個表現平平的徐經也答得很好。於是有人告發唐寅、徐經買通了副主考程敏政，洩露考題，這就是所謂科場案。

現在也會發生科場案，什麼考試漏題了，或者其他狀況，我們的處置一般比較輕微，不會有太可怕的後果。但古代不一樣，科場案是驚天大案，幾乎每次科場案都有人掉腦袋，清代甚至因為科場案殺過大學士，那真是皇上很生氣，後果很嚴重啊！現在唐寅捲入了科場案，最高層雷厲風行，派調查組專案查處。從結果看，調查組沒有找到任何有力的真憑實據，但還是給了當事人一點處分，副主考程敏政被勒令致仕，也就是退休。唐寅、徐經被革除舉人資格，永不敘用。這對年紀輕輕、目空一切的唐寅來說得是多大的打擊啊！

唐寅回到蘇州，家裡人都以他為恥辱，「父母不以我為兒，妻不以我為夫，子不以我為父」。唐寅一怒之下，跑到蘇州城西郊一處桃花很盛的地方，蓋了幾間茅草房住下來。這就是著名的桃花塢，那幾間茅草房就是著名的桃花庵。他笑傲風月，以詩畫為生計，所謂「閒來寫幅青山賣，不使人間造孽錢」，表面上過著放浪不羈、瀟灑自由的生活。到了節日，他喬裝成乞丐在路邊乞討，得了錢就邀請朋友喝得不亦樂乎；在街上看見美貌的大姑娘、少婦，就跟在人家後面流連不去。《唐伯虎點秋香》的故事是有一點影子的，不全是憑空捏造。

唐寅確實放浪形骸，但我們應該看到，這是他在現實中受挫後的應激行為。從被取消舉人資格、永不敘用那一天開始，他就沒有真正開心過。可以看看唐寅最著名的〈桃花庵歌〉，開頭幾句「桃花塢裡桃花庵，桃花庵下桃花仙。桃花仙人種桃樹，又摘桃花換酒錢」，飄飄欲仙，很有李太白的感覺，越寫到後來就越憤慨、越頹廢、越淒涼。這首詩最後四句大家都很熟悉：「別人笑我太瘋癲，我笑他人看不穿。不見五陵豪傑墓，無花無酒鋤作田。」這才是真正的唐寅。

聰明人都要會裝瘋

唐寅後半生的隱居生活裡，有一個有趣的小插曲，值得我們說一說。唐寅以江南第一風流解元著稱，引起了受封於南昌的寧王朱宸濠的注意，我們後面講到明代心學的時候還會提到他。朱宸濠眼見正德皇帝在位，昏庸荒淫不理政事，起了不臣之心，要大規模籠絡人才。他聽說蘇州有這麼一位唐解元，這麼好的人才朝廷不用，我為什麼不用呢？於是卑辭重幣，帶了很貴重的禮物，說了幾大車的好話，把唐寅從蘇州請到南昌。

唐寅一開始還是很高興的：「有親王請我，可以實現自我價值，何樂而不為呢？」於是欣然就道。到了南昌之後，憑自己的高智商，唐寅很快就看明白了：寧王包藏禍心，蓄意謀反，自己牽扯到這麼險惡的漩渦裡面，後果不堪設想啊！怎麼做才能全身而退呢？

唐寅不是第一個遇到這種困境的人，這種困境用當代著名作家李國文的一句話來概括，叫做當文人遇上皇帝。當文人遇上世俗權力的巨大威壓的時候，能憑藉什麼呢？一無權、二無錢、三無勇、四無兵，能憑藉的只有智慧。類似困境中，文人常常不謀而合、英雄所見略同的選擇同一種逃避方式——裝瘋。我常開玩笑說，什麼時候有時間可以寫一部《文人裝瘋史》，那將是一個特別有意思的話題。

在裝瘋方面，唐寅不愧為江南第一風流解元，人家確實有獨到之處。他重磅推出的是裝瘋系列的必殺技——裸奔！我用裸奔這個詞固然是開玩笑，但也是寫實。唐寅看出寧王包藏禍心以後，有時候穿著很簡單的衣服，有時候甚至一絲不掛，把自己喝得酩酊大醉，滿南昌城亂跑，一邊跑還一邊拉住別人，告訴人家：「我是寧王請來的貴客！」這可把寧王氣壞了：「我把你請來，你能幫忙最好；就是不幫忙，當個花瓶給我撐一個求賢若渴的門面也好。現在可倒好，滿南昌城丟我的人！滿南昌城都在說：『你看寧王請來的是什麼人哪！』」怎麼處置唐寅呢？有心把他殺了，又怕傷害了自己禮賢下士的好名聲。寧王只好選擇另外一個辦法，又是卑辭重幣，說了比請他來的時候更好聽的話，送了比請他來的時候更貴重的禮物，好不容易才把這位唐大爺送回了蘇州。唐寅憑藉智慧的王牌，終於從險惡的漩渦裡面全身而退了。

他波瀾起伏的人生形態，是狂還是狷呢？顯然，那也不是簡單的一個字能概括的吧！接下來，我們還要講兩個人來加深對狂狷的認識：一個是明清之際的文學批評大師金聖歎，一個是現代文化崑崙錢鍾書。

對於金聖歎，我稱他為天下第一會讀書人。金聖歎是中國文學史上屈指可數的批評大師，他評點的小說《水滸傳》、戲劇《西廂記》都堪稱是中國文學批評史的瑰寶。中國文學批評有評點之學應該說自金聖歎開始。作為天下第一會讀書人，他最了不起的本事，就是能從沒有字的地方讀出字來。這是一個很神奇的功夫，等到專題講《水滸傳》可以再詳細講。這裡我們先來看一看金聖歎的傳奇人生，從他的名字說起。

三十九個動，動丟了秀才

其實金聖歎既不姓金，也不叫聖歎，他的姓和名都改了，這比柳三變變成柳永更為徹底。金聖歎據說本來姓張名采，字若采，跟唐寅一樣是蘇州人。張采年紀輕輕考中了秀才，這很平常，但他跟柳永、唐寅一樣，因為一個「歲考事件」，把功名丟了，這事很值得說一說。

什麼叫歲考？在古代，一個人考中了秀才以後，並不是一勞永逸，比如我沒有什麼進取之心了，一輩子都當秀才，我就不用讀書了，沒那麼簡單，朝廷對秀才一直都有考試。我們現在讀大學、讀研究所，要期中考、期末考，古代叫歲考，一年考一次。根據考試結果，把秀才分成六個等級：考一等、二等的，發獎學金；三等、四等的，相當於我們現在說的及格，無賞無罰；考到五等、六等的就是不及格，要打板子。

板子可能打不了幾下，也不會打得多疼，但有失體面。所以很多秀才，特別是那些功課不太好的，都特別畏懼歲考。清朝的笑話集裡就有一個笑話，一個縣官和一個秀才作對聯，縣官說：「我以自己的生活經驗出個上聯，『天不怕，地不怕，就是老婆也不怕』。」這還不怕呢，都把老婆和天地放在一起了！秀才應聲對出下聯：「殺何妨，剮何妨，縱然歲考又何妨。」把歲考和殺剮都放在一起了，可見怕到什麼程度。

秀才張采參加的這次歲考，作文題目出自《四書》中的《孟子》，叫做「如此則動心否乎」。考官在出這類題目的時候有一個預設，那就是所有考生都要將《四書》的內容背得滾瓜爛熟，隨便從《四書》拿出一句、半句話，考生都要知道前後的語境和表達的主題，然後以此為基礎，演繹聖人的微言大義。

孟子講如此則動心否乎的語境是這樣的：一個人在追尋理想的過程中，遇到困難就會退縮，遇到誘惑就會動搖，他把這些情況統稱為動心。所以他問：「遇到困難和誘惑時，你會動心嗎？」然後自己回答：「四十而不動。」到了四十歲左右，心就定了下來，不再為困難和誘惑所動搖。

像這樣的命題作文，我們都知道怎麼寫——首先要保證政治正確。我們為了崇高的理想，「有困難要上，沒有困難，創造困難也要上」。照這樣寫，就算拿不到一等、二等獎學金，也不至於弄到五等、六等挨板子。結果我們這位張采老兄看到這個題目，突然靈感噴發、智慧爆棚，於是文不加點、倚馬立成，第一個交了卷。

他這文章怎麼寫的呢？「深山空谷，有美一人，黃金萬兩」，十二個字先設置了一個情境——獨自在深山空谷之中，眼前堆著萬兩黃金，身邊站著一個絕色美女，問：「如此則動心否乎？」自設一問，然後回答：「動動動動……。」一共寫了多少個動呢？張采答得非常精細，一共寫了三十九個動字。為什麼是三十九個？因為孟子曰：「四十而不動」，四十之前都可以動，所以寫了三十九個動字。這文章我們讀著有意思，但考官可不這麼看，他氣得吹鬍子瞪眼：「文體怪異！」一怒之下把張采的秀才資格取消了。其實張采也沒有什麼惡意，就是思維活躍，一時好奇，寫著玩的，結果把自己的秀才功名給玩丟了。

當然，丟了秀才功名並不算很慘重，比柳永、唐寅輕微一些，再考回來也就是了。於是，張采花錢買了一個戶口冒名頂替，重新考中了秀才。他買戶口頂替的這個人叫金人瑞，如果現在我們辦身分證，他法律認可的名字應該是金人瑞。但是他又嫌這個名字不好聽，於是就給自己改名叫金喟，字聖歎。這個名字好聽在哪？這個名字是有來歷的，來歷就在前面講過的《侍坐》當中。曾皙和孔老師講了「莫春者，春服既成」一段話，「夫子喟然歎曰：吾與點也。」夫子就是聖人，夫子喟然歎曰，所以名喟，字聖歎。那麼這個名字什麼意思呢？他的潛臺詞就是：如果現在孔夫子看到我的話，他也會長嘆一聲：「金聖歎，我和你的理想是一樣的呀！」這就是以聖人門徒自居，真是狂得可以。

站臺惹殺身之禍

金聖歎的狂放不羈，最主要體現在這樣一件事情上，他以在野的普通文人身分，悍然發布了古今最佳文學作品排行榜，用金聖歎的話說叫六大才子書：《離騷》、《莊子》、《史記》、杜詩（杜甫的詩作）、《水滸傳》、《西廂記》。把《離騷》、《莊子》、《史記》、杜詩放在六大才子書裡，哪個時代都不會引起非議，但把《水滸傳》、《西廂記》也放進去，在當時文壇是相當震撼的。

《水滸傳》的主題是誨盜，教人造反；《西廂記》的主題是誨淫，描寫偷情。中國古代但凡禁書，《水滸傳》和《西廂記》作為誨淫誨盜的代表作，肯定榜上有名，更不用說登上大雅之堂了。但現在，這個在野的小秀才居然把它們抬進了六大才子書的行列，而且還聲稱《史記》有的好處，《水滸傳》都有；《史記》沒有的好處，《水滸傳》也都有，認為《水滸傳》比《史記》寫得還好，自然有一大批人看金聖歎不順眼了。魯迅有一個很有意思的判斷：他說金聖歎後來之所以被殺，是早就被認定是壞貨了的緣故。再過若干年，到了清順治十八年（一六六一年），這個壞貨終於大禍臨頭了。

順治十八年是順治朝的最後一年，順治皇帝去世的訃聞傳到蘇州，當地若干文人秀才在文廟集會，借著悼念大行皇帝的名義，發布自己的政治要求，要驅逐一個他們十分憎惡的地方官——吳縣縣令任維初。這種文人集會在明朝是家常便飯，但清代統治者很忌諱這種文人干政的行為。儘管秀才們的政治要求沒有多高，但還是很快引起了最上層的注意。於是派了巡撫朱國治鐵腕處置此案，最終認定了十八個組織者和召集人，將其全部斬首，家產沒收，妻子兒女流放黑龍江給披甲人（按：指中國清初時期投降滿人或者是被俘虜的舊漢人和朝鮮人，以及其他東北各族統領部族的人）為奴。這就是清初江南五大案獄之一的哭廟案[7]。

金聖歎很不幸被捲進了哭廟案，成為這十八人之一。為什麼說很不幸？學界研究已經得出結論，金聖歎其實並不是組織者，也不是召集人。他的一個秀才朋友參與籌畫，回家路上經過金聖歎家，一敲門正好金聖歎在家，便邀請他給明天文廟的活動月臺助威，主要是利用他的名人效應。結果金聖歎友情客串，站臺站出了殺身大禍。到專案組下來調查，問當事人：那天你們在現場看見誰了？很多人大家都看見了，但是不認識，金聖歎有名，所以大家都說看見金聖歎了！金聖歎就這樣很不幸的捲了進來。他的無辜大家知不知道呢？很多人都知道，但就像魯迅說的那樣，他們早就認定金聖歎是壞貨，把他捲進來，順手殺了也不為過嘛！

金聖歎從此淪為階下囚，從被關押到被殺頭的這段時間非常短，但他創造的傳奇故事並沒有因此而減少。比方說，有一件事叫鹽菜與黃豆同吃書。

金聖歎被關押在死囚牢中，有一天，他神祕兮兮找來獄卒，拿出一個糊得密密實實的大信封，請獄卒交給自己家裡人。獄卒滿口答應，回頭就把信封交給典獄長了。金聖歎是欽命要犯，他一個小小獄卒能擔得起干係嗎？典獄長也擔不起這個干係，戰戰兢兢找來專案組大員，大家三頭六證一起拆看。

結果拆開大信封，裡邊是一個小信封，再拆，裡邊是更小的信封，像俄羅斯娃娃一樣……連拆了十來個，在裡面最小的信封裡，發現一張二寸寬的字條，大家如獲至寶，趕緊圍過來看，上面寫了兩行小字：「鹽菜與黃豆同吃，大有胡桃滋味。此法一傳，吾死無恨焉。」這幾句話既不是暗語，也不是密碼，就是沒事寫著玩。他明知道獄卒不敢給他送這封密信，故意設了這麼一個局來捉弄大家的。我們能想像，當時這些官員都無語了，大家面面相覷，半天誰也沒說話，最後有個官員說了一句話：「金先生啊，你可真行！你自己刀都架到脖子上了，還有閒心跟我們開這種玩笑呢！」

這就是金聖歎，這個人身上有很多缺點，但是生死大事視若等閒，也是豪傑人物。過了不久，死刑命令下來了，金聖歎被推上法場，開刀問斬，術語叫出紅差。站在木籠囚車裡推上法

7 清初江南五大案獄為順治十四年科場案，順治十六年通海案，順治十八年奏銷案、哭廟案和康熙二年莊史案。

場，沿途無數看客，很多江洋大盜、綠林好漢都高叫一聲：「二十年後又是一條好漢！」金聖歎也留下了最後一句話，只不過人家不是綠林好漢、江洋大盜，他留給人間的最後一句話是：「斷頭，至痛也；籍家，至慘也，而聖歎以不意得之，大奇！」這就是說：殺頭最疼，家產妻兒都被沒收，最慘，而我金聖歎怎麼無意當中就活到了這個地步呢？人生真是奇特，人生真是過癮哪！看看他的人生，到底是狂還是狷呢？

學習英文很重要，能保命

上面這三位都是古人，為了更好的看清楚狂狷文化性格的流變，我們再來講一位大家熟悉的現代人，那就是被稱為文化崑崙的錢鍾書。

錢鍾書是無錫人，少年才子、名滿天下，同時也是狂名滿天下。有個傳說，錢鍾書當年是以國文、英文兩科滿分，數學零分被破格錄取進清華大學。後來有些「錢學家」發現這個說法不準確。錢鍾書數學不是零分，而是十五分，跟零分也差不了多少。

錢鍾書進入清華西洋文學系學習。畢業的時候，系主任找錢鍾書談話，準備免試錄取他進入研究所。這在我們看來是求之不得的好機會，結果錢鍾書根本不買帳，不僅沒答應，還借這個機會把老師們都點評了一遍：某某某太傻，某某某太笨……總而言之一句話，清華西洋文學系沒有人有資格做我錢某人的導師。說完拂袖而去，跑到國外留學去了。

歐遊歸國，正值戰亂，想狂，時代也不給你這個機會，只能流離輾轉、謀生不遑。新中國成立以後，及至那段動盪的時期，以錢鍾書的目空一切、犀利口角，必定傷人不少，排在整治的前列；但他為什麼能在那個知識分子命運最悲慘的時代履險如夷、逢凶化吉？有一個非常特別的原因：錢鍾書的英語太好了。他是全國最了不起的英語專家之一，所以被抽調到《毛澤東選集》英文翻譯組。有了這道護身符，才沒受到太大的衝擊，平安度過了那個凶險年代。這個事實提醒我們：學習外語多麼重要，學好了可以保命啊！

一九七〇年代後期，社會生活正常化以後，錢鍾書已經垂垂老矣。按照正常邏輯，大家都以為錢鍾書不大可能再狂了。聖人云：「六十而耳順，七十而從心所欲而不逾矩」，錢先生應該不那麼鋒芒畢露了吧？他們都錯了，大家驚訝的發現，錢鍾書不僅寶刀不老，而且變本加厲、更勝從前。

不三不四、不明不白、不痛不癢

有幾件事能看到錢鍾書的晚狂。第一件，一九八〇年代，他家鄉無錫的某些學者，準備召開一個錢鍾書的父親錢基博的紀念會，錢基博也是一位很了不起的學者。

在溝通的過程中，不知道是哪些人、哪些事惹火了錢鍾書，他給人家回了一封非常不客氣的信，裡面有一段話犀利刻薄，幾乎比得上小說《圍城》中的妙語。他說：「一個人身後之榮名應當由歷史來裁判，根本不需要找一些不三不四的人，花一些不明不白的錢，說一些不痛不癢的話。」人家好心好意給他父親開紀念會，他卻說人家不三不四、不明不白、不痛不癢，這個紀念會也就不歡而散，沒有開成。這件事傳出來，大家說錢鍾書還真的是狂名更盛啊。本以為這就是極致了，但他們又錯了。

再過幾年，中國的中央電視臺新聞評論部成立，拳頭產品（按：指的是某一組織推出的一件或多件具有強勁市場競爭力的主要產品）叫《東方時空》，《東方時空》的拳頭產品叫《東方之子》，每天早晨播五分鐘。只有各個領域最傑出的人物才能進來露個面，所以很多人托關係、走後門、打招呼都要上《東方之子》。節目組出於對文化崑崙的尊敬，多次主動邀請錢先生，錢先生均以老醜為由，委婉而堅決的拒絕了。這件事傳出來後，大家又在傳說錢鍾書太狂了，那麼大的平臺，別人想上都上不去，他居然多次拒絕！可還有比這更狂的事兒呢！

錢鍾書去世之前，有位級別頗高的中央領導，被委派到他供職的社會科學院做院長。到了春節，新院長去給老先生們拜年。到錢先生家敲門，老先生自己來開門，卻只開了一個一尺多寬的小縫，門上的防盜鏈都沒摘。院長先生滿面堆笑：「錢老，過年了，我帶人來給您拜個年！」貴人登門，一般人當然歡欣鼓舞、熱情款待，但錢鍾書沒有。他只淡淡的說：「謝謝領導！我很忙，我很忙。」一伸手就把門推上了。這麼高級別的領導拜年，連門都沒讓人進去，就給關在門外了！這件事傳出來，大家說錢鍾書那真是狂到登峰造極了。

錢鍾書的夫人楊絳在文章中記錄過這樣一段對話，她說：「鍾書啊，現在外間都在說你狂啊！」錢鍾書笑笑，說：「他們不懂我，我這哪裡是狂啊？我這分明是狷嘛！」這段對話很有意思。別人認為錢鍾書瞧不起別人，目空一切，所以說他狂，但他說：我沒狂啊！我其實是逃避了、躲開了。人家給我父親開紀念會，我躲開了；人家要給我拍專題片，我躲開了；領導給我拜年，我躲開了，我這不是狷嗎？

他的這席話能讓我們體會到，其實狂和狷兩種形態很相似，可以相互轉化，並不是那麼截然對立。但這裡還有一層意思值得揭示出來：別人認為錢鍾書狂，而他自以為狷，這是一種更高層次的狂。我的意思是說：別人都說錢鍾書狂，錢鍾書說我沒狂，我這都是逃避，我這還很收斂呢，摟著沒放開呢！你看，這不是一種更高層次的狂嗎？

狂和狷的關係的確十分微妙複雜，但不管怎樣微妙複雜，作為中國文人的基本文化性格，這一點沒有問題。狂和狷是我們了解中國文人，和中國文化社會的兩個非常重要的概念和通道，這就是**中庸的第一層涵義——過猶不及給我們帶來的非常重要的啟示**。

08 君子和而不同，小人同而不和

中庸的第二個原則叫做和而不同。《論語．子路》云：「君子和而不同，小人同而不和。」在現代漢語中，我們把同、和二字混用，不怎麼區分，但孔子把和、同分得相當清楚。

什麼叫「君子和而不同，小人同而不和」呢？我的理解是：君子之間是一個理想共同體，大家為了一個共同的崇高神聖理想走到一起，這叫和。在實現理想的過程中，一定會有相當多衝突和分歧，這叫不同。儘管這種分歧和衝突會相當激烈，但因為君子之間是和的，那就可以求同存異，擱置或解決衝突，最終達成共同理想。

小人之間正好反過來，他們是一個利益共同體，而且他們不是為了共同利益，而是為了各自利益集合在一起。當利益比較一致的時候，大家可以稱兄道弟、勾肩搭背、燈紅酒綠、如膠似漆；但是，一旦利益分配不均，或有強大的外力要碾碎這個利益共同體，小人就會分道揚鑣、翻臉無情，甚至落井下石。

這種君子小人之辨，對我們的日常生活有著重要的指導意義，但就像我們前面所說，孔子講禮、講過猶不及，都不只是為了指導日常生活，而是有更高的哲學、政治學、社會學內涵，我們需要提高到上述層次來理解。放在國家政治層面上，明君、直臣就會形成君子共同體，打造出清平天下，而昏君、佞臣就組成小人共同體，讓國家民族走向水深火熱的深淵。

宰了那個鄉巴佬

先來說和而不同的君子共同體，第一個典型例子，是唐太宗打造的貞觀盛世。我們常說中國歷史上有三個盛世——文景之治、貞觀之治、康乾盛世。其中貞觀之治是含金量最高的。問題是，貞觀之治是怎樣煉成的呢？一般歷史書都告訴我們，唐太宗打造盛世的奧祕，很大程度上體現在他善於納諫，但是我們想補說一個細節：他的納諫並非都那麼愉快。

唐代史料中記載了這樣一件事：有一天，唐太宗下朝回到皇宮，一臉陰雲，非常不高興，一邊踱步，一邊嘟嘟囔囔：「我非宰了那個鄉巴佬不可！」長孫皇后過來問他：「皇上，這是跟誰生這麼大的氣啊？」唐太宗終於等到有人接他話了，氣呼呼的說：「誰？魏徵唄！我說一件事，他跟我擰著幹；我再說一件事，他還反對，也不知道他是皇上還是我是皇上！明天我就宰了這個鄉巴佬！」長孫皇后一看皇上跟魏徵生氣，一言不發，轉身出去了。

過了一會兒，長孫皇后換了一身只有在國家最盛大典禮時才穿的禮服，花枝招展的進來，向唐太宗盈盈下拜：「恭喜陛下！賀喜陛下！」唐太宗很納悶：「何事賀喜呀？」做了這麼多鋪墊，長孫皇后才把自己的道理講出來：「上有明君，下有直臣，就會組成和而不同的君子共同體。現在我們有了魏徵這樣的直臣，他不看皇上的臉色說話，說明皇上你是明君啊！明君直臣都有了，我大唐清平盛世指日可待，臣妾因此為陛下賀喜！」聽了這幾句話，唐太宗霽然色喜，龍顏大悅，魏徵的腦袋算保住了。其實事後想想，我們很替魏徵捏一把汗。如果沒有長孫皇后這麼富有藝術性的勸諫，說不定唐太宗一時想不開，真把魏徵殺掉了也未可知呢！

但不管有多麼重大的分歧、激烈的衝突，唐太宗最後不僅沒有殺魏徵，而且越來越了解魏徵的價值。若干年後，在魏徵的追悼會上，李世民發表了深情的講話：「人的一生應該有三面鏡子。以銅為鏡，可以正衣冠；以史為鏡，可以知興替；以人為鏡，可以明得失。魏徵一死，我失去了一面鏡子了！」這段話可謂對魏徵平生功業的至高評價。

有明君、有直臣，才有盛世

類似這樣的明君、直臣共同體不是很多，我們再來說說宋仁宗與包拯。

在前面講到柳永的時候，宋仁宗趙禎友情出演了重要配角，取消了柳永的進士資格。我們會覺得宋仁宗這種做法太過分了；但站在一個皇帝、政治家的立場上，也不能說他做錯了。其實宋仁宗在位時期，是北宋達到頂峰的一個時段，也堪稱盛世。這個盛世不是沒有來由的，下面這件事就值得我們咀嚼。

有一天，宋仁宗最寵愛的張皇后給他吹枕邊風：「我父親只是一個小軍區的司令員，你能不能提拔他做一個大軍區（按：中國人民解放軍曾經存在的一級組織軍事組織）的司令員。」我們用的是現代官職的說法，古代大軍區司令員叫做節度使。宋仁宗理所當然的答應了，第二天上朝就把這件事跟吏部尚書包拯說了。包公我們都很熟悉，儘管民間神化演繹頗多，什麼日斷陽、夜斷陰，但是總體來說，歷史上的包拯，與文學藝術中的包拯形象還是相當接近的，包拯確實以鐵面無私著稱。

宋朝流行兩句諺語：「關節不到，有閻羅包老。」也就是說，在這個世界上有兩個地方不好走後門，地下是閻羅王，人間是包公。現在宋仁宗把這件事情委派給了包拯，包拯一聽就急了，反覆和皇上說：這個人不適合當節度使。說來說去，到底把皇上都給說煩了。宋仁宗說：「包拯，你聽好了！我這個任命不是和你商量，我這是聖旨！你去執行就好了，這事兒不要再說了，退朝！」

包拯一看皇上要走，更急了：「皇上你不能走，我話還沒說完呢！」搶上兩步，一把拽住皇上的衣袖，站在對面滔滔不絕講這個人不適合當節度使的理由。講到什麼程度呢？史料上說唾濺帝面，唾沫迸了皇上一臉。宋仁宗也不擦，就站那等他說，又說了半個多小時，最後終於受不了了：「好了好了，都依你！都依你！不讓我岳父當節度使行了吧？放朕回後宮去吧，我都餓了，該吃晚飯了！」這才算脫身出來。

剛回到後宮，人家張皇后還在那等消息呢！一看皇上回來了，趕緊過來問：「我父親當節度使那事情怎麼樣了？」宋仁宗正沒好氣：「你就知道要節度使，你不知道包拯在當吏部尚書嗎？這事兒我能辦成嗎？」

這個故事，特別最後這句話，很值得琢磨。

我們仔細想一想，宋仁宗能不能辦成這件事呢？完全能啊！第一，他是皇上；第二，他下了命令，包拯不執行，他可以以違旨之罪來懲治包拯；第三，包拯失禮，拽著皇上的袖子對面而立，唾沫還噴了皇上一臉：追究他失禮之罪，把他吏部尚書職務罷免，換上一個聽話的人，這件事不就辦成了嗎？但是宋仁宗沒有這樣做。他忍受了包拯的違旨失禮，因為他知道包拯說的、做的都對。他儘管一時昏了頭，想提拔他岳父做節度使，但他知道真正的道理在哪。在這一點上，宋仁宗是不失為有道明君的。有明君，有直臣，才能打造出北宋的鼎盛局面。

國家將亡，必有小人

反過來說，小人同而不和的共同體可就好找多了，每個王朝都有。特別是每個王朝氣數將盡的時候，總會出現小人共同體，所謂「國家將亡，必有妖孽」，某種程度上來說，就是這個意思。

這樣的例子不勝枚舉，我們來講一個大家比較熟悉的，三國蜀漢後主劉禪。

劉備夷陵戰敗，病逝白帝城，臨終前將劉禪委託給諸葛亮，讓他以相父名分指導劉禪治理國家。諸葛亮秉承劉備遺志，六出祁山，多次討伐魏國。在這個過程中，諸葛亮寫下了名垂千古的前後〈出師表〉，所謂「出師一表真名世，千載誰堪伯仲間」。前後〈出師表〉洋洋灑灑數千字，我以為最核心的只有六個字：「親賢臣，遠小人」。

親賢臣，你就可以建立君子的和而不同共同體；親小人，你就會陷入小人的同而不和共同體。諸葛亮文章寫得那麼情意深切，講得那麼透徹明白，但劉禪是個扶不起的阿斗。諸葛亮一走，沒有人在眼皮子底下管著了，劉禪就和宦官黃皓等人沆瀣一氣，將蜀國上上下下弄得烏煙瘴氣、亂七八糟、離心離德、天怒人怨。

實際上，當時魏、蜀、吳三國鼎立，按照正常的歷史規律，蜀國應該是最後滅亡的一個國家，因為蜀國踞有地利之險。到大唐朝，李白還說蜀道之難，難於上青天，蜀國到處都是一夫當關，萬夫莫開的天險。

為什麼蜀國最早滅亡、國運最短呢？這個問題說起來複雜，我認為有這幾個因素：第一，關羽要負責任，因為他沒有大局觀，導致了孫劉聯盟破裂；第二，劉備要負責任，他不能審時度勢，悍然用兵，導致夷陵之敗，蜀國精銳損失慘重；第三，諸葛亮要負責任，諸葛亮沒能培養出好人才，構建梯隊，而且窮兵黷武，多次討伐魏國，掏空了蜀國的國力；最後一個，最終導致蜀國滅亡的，還是劉禪親小人，遠賢臣，形成小人共同體。可見從國家政治層面來講，君子小人之辨有多麼重要的價值。

再來看一個例子，《水滸傳》中高俅的發跡史。《水滸傳》一部大書，寫了一百零八位梁山好漢，但書不是從任何一個好漢寫起，而是從一個無賴潑皮高俅寫起的。

高俅本來沒有名，依排行就叫高二，東京城裡的小混混、浮浪子弟而已。因為踢得一腳好足球，大家稱他為高毬。古代的足球應該是毛氈製成的，所以是毛字旁。後來發跡了，嫌毛字不雅，就改成了人字旁的俅。

這個浮浪子弟是怎麼發跡的？他因為總和一些花花公子廝混，攛弄別人、敗壞家產，被官府斷了幾十脊杖，然後驅逐流放。後來遇到新皇登基，大赦天下，高俅也很高興的準備回東京了。

他在外面飄蕩的時候，有一個叫柳大郎的人很欣賞他，估計是他的球迷。柳大郎說：「你回東京也沒個安身之處，我給你推薦個人吧！我在東京城有一個叫董將仕的朋友，開了一間生藥鋪，我推薦你到他那裡找一份工作吧！」高俅帶了柳大郎的信來找董將仕，董將仕左右為難，「衝著好朋友的面子，我應該留下他；但這人不是良善之輩，孩子被他帶壞了怎麼辦？還是捧殺（按：過分的誇獎或吹捧，使被吹捧者驕傲自滿、停滯退步甚至墮落、失敗）吧！」於是跟高俅說：「舍下池水太淺，養不下閣下這條大魚，為了不耽誤閣下的前程，我推薦你去小蘇學士府謀個差使吧！」這個小蘇學士是誰呢？據說正是蘇東坡。董將仕家裡安不下高俅，找了個藉口把他支走了，但客觀上成全了高俅，使他一步步往高走。

高俅到了小蘇學士府，小蘇學士的想法跟董將仕一樣，照方抓藥吧！於是把高俅推薦給了小王太尉。小王太尉正是駙馬王晉卿，這個人是有名的玩兒家，最用得著高俅這樣的人，非常高興的把高俅收下了。到了小王太尉這裡，距離權力頂層就已經越來越近了，這叫做富貴逼人。但高俅的身分很低微，只是一個僕人而已，怎麼發跡呢？

這一天，小王駙馬的小舅子端王到姐夫這裡做客，看見一個玉雕獅子筆架，非常喜歡。小王太尉說：「好啊！我還有一個鎮紙，也是出於同一個匠人之手，我改天讓人給你送過去！」過了兩天，小王駙馬把筆架、鎮紙包好，命高俅給小舅端王送去。高俅到了端王府，請求通稟，人家說小舅端王正在後面球場踢球，你自己進去球場找吧！高俅到了球場，果然，比賽進行得十分激烈。高俅也很懂規矩，老老實實在場邊看。忽然，有人開了個大腳，球奔著高俅這兒來了。高俅一方面是福至心靈，一方面是本能反應，看見球來了，使了一個鰍子擺尾，啪的一腳踢了回去。

這腳法一露，技驚四座，小舅端王也不踢了，興奮點完全轉移到這位超級球星身上了。問明來歷，當即邀請他下場表演。高俅很懂禮數：「小的是何等樣人，敢與恩王下腳！」端王說：「沒關係，我們這兒叫齊雲社，又叫天下圓，你儘管踢！」高俅要奉承端王，使出渾身解數，球像黏在他身上一樣。端王眼睛都看直了，當即跟小王駙馬把高俅要到了自己府上，朝夕相伴。

過了不久，哲宗皇帝晏駕，小舅端王登基，是為宋徽宗趙佶。一人得道，雞犬升天，自然一力提拔高俅，讓他當了京營殿帥府太尉，相當於今天的北京衛戍區司令員（按：主要負責於和平時期拱衛首都安全）。這才有上任點名、逼走教頭王進、九紋龍史進出場等一系列事情。

在高俅的發跡史裡，天下第一會讀書人金聖歎敏銳的注意到一個問題。他說：「小蘇學士、小王太尉、小舅端王，都有個小字，這叫群小畢集。《水滸傳》一部大書從高俅寫起，從朝廷寫起，這叫亂自上作。」金聖歎非常有眼光，而高俅與宋徽宗的風雲際會，也正形成了小人共同體，最終斷送了北宋一朝。這是同而不和的另一個歷史教訓，值得汲取。

為何不遵從孔子思想的國家更發達？

中庸的最後一層涵義叫做有經有權。經，就是原則；權，就是權變。我們做事情，既要堅持原則底線，同時又要靈活通融。具體怎麼操作呢？孟子舉的一個例子，很簡潔易懂——「禮有經有權」、「嫂溺，援之以手」。

我們要從禮教的基本原則——男女授受不親說起。什麼叫授受不親？授，是把東西交給你；受就是把東西接過來，男女之間交接東西的時候，肌膚不能相碰。郭德綱講過一個很誇張的段子：孟姜女是怎麼嫁給她的丈夫范喜良的呢？因為他們兩家是鄰居，孟姜女家院子裡的蘋果成熟了，她去摘蘋果，半截胳膊露出來，被站在牆那邊的范喜良看見了。完了！不能嫁給別人，只能嫁給范喜良了。郭德綱說：「那個年代多好啊！換了我，我就二節鞭綁上三節棍，滿街上劃拉去，估計能劃拉來不少媳婦（妻子）。」

這當然是開玩笑，但是男女的禮教要求確實在叔嫂之間體現得相當嚴格。一個大家族裡，小叔子和嫂子之間是高度危險的關係，常常容易出問題。《紅樓夢》裡賈瑞和鳳姐就是一個典型例子，所以不識時務的焦大才放聲大罵：「爬灰的爬灰，養小叔子的養小叔子！」結果被人塞了一嘴馬糞。

那麼，到了什麼時候這個原則可以通融呢？就是「嫂溺，援之以手」的時候。嫂子掉到河裡面要淹死了，作為小叔子，你不能站在岸上說：「哎呀嫂子！男女授受不親啊！你自己往上游吧，我可不能伸手救你。」而必須打破禮法的規約，伸手把嫂子救上來。這不是建議，而是強制要求，因為孟子在後面還有一句話：「不援手者，禽獸也。」死守教條而坐視別人陷入生命危險，甚至喪失生命，這是禽獸才做得出來的事情。這個例子，完整解釋了什麼是有經有權，但我們還需要做進一步的延伸思考。

中庸是孔子核心理念中的最後一個，有經有權，又是中庸三原則中的最後一個。換句話說，在孔子整個思想體系中，它是處在最末一位的，但是這並不意味著它的地位不重要。第一，我們可以看到孔子思想體系中靈活變通的那一部分。孔子並不是我們想像中板著臉坐在講臺上說教的老頭，他有相當靈活的手段，能修正自己的大原則，從中可以窺見孔子思想和人格的豐富性。

第二，我們的祖先早在兩、三千年以前就領悟到，做事情既要守原則，又要有彈性，這無疑是一種智慧的體現；但同時，我們還應該提出一個問題，這種中國智慧給我們帶來的，是不是都是好處？我想應該特別強調，中國智慧也好，國學也好，其實都是一柄雙刃劍。它有很多好處，同時也會帶來一定的副作用。比如有經有權這個問題，它一方面代表了中國智慧，同時我們還不能迴避這樣的思考：「為什麼不按照這樣規則做事的很多國家，現在會比我們先進、發展得更好呢？」

例如美國人就不大懂得做事有經有權的道理，比較教條，一是一，二是二，只講經，不講權；德國人更是非常典型的教條主義者，據說他們在煮雞蛋的時候，食譜上說雞蛋要煮五分鐘，他們就會定好鬧鐘放在一邊，五分鐘一到，趕緊把雞蛋撈出來。中國的菜譜拿到歐美去，他們不會用，你說鹽、糖、醬油若干、適量、少許，他們不懂。人家都說多少克，甚至精確到小數點以後好幾位。還有日本，說得開玩笑一點，日本人幾乎不撞南牆不回頭。他們也是不講權而只講經的。為什麼這些國家不推崇有經有權，卻又在一定程度上發展得比我們好呢？我個人也給不出答案，只能來提醒大家思考一些現象。

09《論語》，最真實的言行紀錄

在前面幾章中，我們了解了孔子思想的幾個基本支點，也初步認定了孔子的第一重身分——孔子是大思想家、大哲學家。我曾經有一個講座叫〈3D孔子〉，意思是孔子形象有三個維度。第一個維度就是大思想家、大哲學家，接下來我們來談另外兩個維度。

孔子就是大教育家

第二個維度，是大教育家。這個說法非常淺顯，但有些問題需要辨析。為什麼說孔子是大教育家？要符合什麼樣的條件才能成為大教育家呢？根據我對教師這個職業的理解，教師應該分成四個層級。第一個層級叫教書匠，就是承擔教師工作的普通教師；第二個層級，我稱之為教師，指那些有理想、有追求、有能力的優秀教師；第三個層級叫教育家；第四個層級才是大教育家。

大教育家需要具備三個條件：第一，終身處在教育崗位上；第二，弟子的成材率比較高；第三，也是最重要的，就是要形成一定的教育理念，深刻影響到教育事業的建構與發展。按照四個層級和三個條件來對照一下孔子的情況，首先我們看到，孔子滿足第一個條件。他從二、三十歲開始擔任教師，此後四、五十年一直都沒有離開過這個角色。包括他做官的四年、周遊列國的十四年，孔子從來都沒有放棄過教師的責任。當然，第一層級的教書匠，和第二層級的教師也都滿足這個條件。

滿足第二個條件的，我們稱之為教育家。孔子有三千弟子，賢者七十二人，也就是說，孔子弟子的成材率是百分之二點四，他每教四十個學生，就有一個成材的，這個成材率相當驚人。就我個人的體會而言，我做教師十五、六年，我的學生早就超過三千人了，一個大階梯教室就是幾百人，一個大禮堂就上千人，但是我的弟子的成材率，肯定沒有百分之二點四那麼高，能到萬分之二點四就不錯了。所以說我只是教書匠，最多是教師，而孔子是教育家。

最關鍵的當然是最後一個層級、最後一個條件。孔子給我們留下了三個重要的教育理念。

第一，有教無類。白話文就是一個都不能少。不管你的家庭是貧賤還是富貴，不管你的基礎是深厚還是薄弱，不管你的智商是高還是低，只要你想學習，就應該獲得學習的權利。

第二，教學相長。孔子非常看重教師和學生之間的互動關係，教師可以在比較聰明的學生身上學到東西、豐富自己。前面講過，孔子曾經稱讚過顏回，他說我已經是很好的學習者了，可以舉一而反三，但顏回能舉一而反十，比我強得多，說明孔子注重從學生身上學到東西。後來韓愈寫〈師說〉，提出著名的「師不必賢於弟子，弟子不必不如師」的說法，這個理念早在孔子時已經奠定下來了。

第三，因材施教。我們前面在講仁的時候，提到孔子對仁字有多種定位，很大程度上，就是由於孔子因材施教的理念。每個來問仁的學生，他們的具體情況都不同，孔子就提供不同方案，來解決他們的具體問題。如孟懿子問孝，孔子回答：「無違。」我估計是孟懿子有頂撞父母長輩的行為，孔子說，先做到順，那就是孝；子游可能在順的層面做得不錯，所以他問孝，孔子就提出更高的要求：「今之孝者，是謂能養。至於犬馬，皆能有養。不敬，何以別乎？」不僅要順，更要敬。

這三個教育理念大家都非常熟悉，可謂老生常談，它還有沒有當下意義呢？各位可以仔細想一想，不管是有教無類，還是教學相長，或者是因材施教，我們今天的教育中真的都做到了嗎？都落實到接近完美的程度了嗎？我認為，我們距離這些目標還相當遙遠。像這樣的教育理念，不僅影響到我們過去幾千年的教育事業的發展，而且我相信它還會在未來有永恆的價值和光芒。因為有這樣的教育理念，孔子就從教育家躍升到了大教育家，這是孔子的第二重身分。

那個山東老頭

第三重身分，我還要特別強調，孔子是個普通人。我為什麼給小標題，取了這樣一個有一點調侃的「那個山東老頭」呢？一個來源是蘇東坡的詩。

前面講儒道互補，我們提到蘇東坡的人生，他晚年被貶海南儋州，一一〇〇年，宋徽宗趙佶即位，蘇軾獲得特赦，橫渡瓊州海峽回到大陸，這一天是這一年的六月二十日，蘇軾寫下了他一生最傑出的詩篇之一——〈六月二十日夜渡海〉，其五、六句云：「空餘魯叟乘桴意，粗識軒轅奏樂聲。」空餘一句，指的就是孔子晚年那句著名的「道不行，乘桴浮於海」，隱含著道不行三個字。魯叟這兩個字很有意思。什麼叫魯叟呢？翻譯過來就是那個山東老頭，也是我們用到這個小標的原因之一。

第二個原因要說到新文化運動。新文化運動我們討論甚多，如果大家比較關切文化界動向的話就可以看到，過去一段時間，有些學者認為新文化運動中的文化激進主義傾向非常嚴重，把傳統文化秩序破壞得體無完膚，甚至有人把新文化運動和十年文革相提並論。對這種看法，我個人表示不以為然。

新文化運動是一場功德無量的文化啟蒙運動，它把民主、科學、自由、平等、博愛、人權等概念輸入中國。一百年來，中國人常把這些概念掛在嘴邊，深深印在腦海。就憑這一點，就完全稱得上功德無量。

新文化運動的推進，會不會顛覆或破壞傳統文化秩序呢？答案是毫無疑問的。一套新的思想體系、潮流進來以後，必然要破壞原有的文化秩序，但同時，我也想特別指出，它對傳統文化秩序的破壞是有分寸、有尺度的，破壞性很強的同時也相當有建設性。為什麼這樣說？

新文化運動中有一個著名的口號叫「打倒孔家店」。這個口號很有趣，為什麼說「打倒孔家店」，而不是打倒孔子本人呢？

我們知道，孔子是一個平民色彩濃厚的思想家。儘管做了幾年官，但是很快就悽惶的周遊列國，最終哀嘆著道不行，告別了這個世界。同時我們又知道，從漢代董仲舒提出罷黜百家，獨尊儒術，孔子被一步一步推上神壇，不斷加封，成為大成至聖先師文宣王。每加封一次，孔子腦袋後面就多了一道光圈，臉上就塗上一層厚厚的粉。久而久之，我們到文廟去叩拜孔聖人，其實那已經不是真實的孔子了。他腦袋上的光圈太多，臉上的粉太厚，我們已經看不清孔子的真面目。數千年來附加在孔子身上的、被後人歪曲強加的這些意識形態，在新文化運動中就被稱之為「孔家店」，打倒孔家店，就是要剝掉孔子臉上厚厚的粉，鏟掉孔子腦袋後面的光圈，把孔子還原成一個普通人。

經過此還原，孔子走下了神壇，他也追求生活享受，也有七情六欲，有性格上的小毛病、小缺點，也會打打自己的小算盤，就像住在我們家對面的老先生一樣；但是這個平凡的孔子，更有血肉和性情，並不影響他的偉大。我們稱孔子山東老頭，目的就是還原這個真實的、平民化的孔子。

子見南子，孔子最窘的時刻

《論語》是最真實的孔子言行紀錄，其中有很多小細節非常耐人尋味，能讓我們看到孔子身上很多有意思的地方。比如孔子很講究生活品味。他說：「食不厭精，膾不厭細。」在這八個字後面，孔子提出了幾個不食：桌子擺歪了，不食；肉片切厚了，不食；不是當令的菜品，不食……這些要求固然是禮，但也必然包含著孔子追求生活品味的因素。開個玩笑，我覺得這些話，肯定是孔子在魯國做大官的時候說的，陳蔡絕糧的時候估計不會那麼講究了。

還有一些細節讓我們看到孔子的窘、糗時刻，比如「子見南子」事件。孔子在衛國的時候，衛靈公娶回了大美女南子作為第一夫人。南子聽說大聖人孔子在衛國，要求會見孔子。孔子礙於情面，或者出於公關的考慮，去見了南子一面。

怎麼見的面、談了什麼、談了多久，文獻沒有記載；但《論語》中寫了這麼一段：「子見南子，子路不悅。」子路武士出身，性情直爽，有什麼話藏不住，激烈的批評了孔子，最後居然把孔老師逼到死角，面紅耳赤，指天發誓。孔子說：「予所否者，天厭之，天厭之！」孔子說：我去見南子沒有任何邪念，如果有的話，老天都會討厭我，我就天打五雷轟！能想像當時孔子多麼狼狽尷尬，這和我們普通人有什麼區別呢？

說到子見南子，還應該補充一件小事，民國的子見南子風波。張鳴《民國的角落》一書有專篇談之，寫得極有趣味，應該引若干文字以便我們了解大概：

> 子見南子，是孔夫子一生中做過的一件不大不小的尷尬事……在過去的時代，科舉考試《四書》章句作為題目出了個遍，但子見南子卻很少有考官出過，如果真的出了，考生都要罵，因為實在不好演繹，一個不留神說出孔夫子「寡人有疾」來，那可麻煩大了。
>
> 到了五四新文化運動的時候……林語堂根據《論語》上的寥寥幾個字的記載，衍生成了一個獨幕話劇。只不過裡面的南子，已經變成了一個新時代的新女性，要求個性解放，主張男女同學，而且還為此跟孔子大辯其論，最後居然用一群美女唱著「鄭衛之淫聲」，且歌且舞，將夫子

師徒包圍起來，令夫子不得不落荒而逃。這樣的話劇，即使拿到今天，演給今日的讀經派人士，也許都會招來臭雞蛋的。但是在那個年代，卻有好事者在孔子的家鄉曲阜來演，還特意邀請孔門的後裔來看。

事情是這樣的，一九二九年初夏，位於山東曲阜的山東省立第二師範學校（俗稱二師）的學生會，決定排演林語堂的這齣《子見南子》……雖然已經到了一九二九年，但在山東的內地，男女同臺演戲，還是相當新鮮。況且扮孔子者，衣深衣，冠冕旒，穿著春秋時平民的衣服，卻戴著帝王的帽子；子路還佩著柄長劍；南子也是長袖飄飄，相貌俊俏；戲中的臺詞都是現代的新名詞，一時間煞是轟動……。

二師的學生為什麼要演《子見南子》？那個年代，讀師範的學生家境差的比較多，因為師範人稱吃飯學校，管吃管住，還有補助，窮孩子讀得起。師範學校連老師帶學生，思想激進的比較多。二師雖地處曲阜，但非孔姓的學生很多。這次演出說是借此反封建之類，可能有點兒拔高（按：對某些人物、作品或成績等有意識的加以抬高），倒更像是惡作劇，其中也含有小小的拿孔夫子開心的意思。儘管在那個劇本裡，有孔夫子登場，以聖人而論，固然不免略有欠穩重和呆頭呆腦的地方，然而作為一個人，倒是可愛的好人物。後來二師的校長宋還吾也強調，演孔子的學生演得極莊嚴……。

非聖裔的青年們安心要惹聖裔們不高興，他們果然不高興了。《子見南子》的歌舞聲還未消散，一封署名「孔氏六十族人」的信就遞到了教育部，狀告二師侮辱他們的祖宗，要求撤換校長。有意思的是，林語堂的劇作把子見南子現代化，讓孔子跟女性解放接上火，孔門後裔告的狀倒也沒有多少非聖、毀道的責難，而是在這齣戲的淫字上做文章，說這齣戲演的時候，「學生抹作孔子，醜末角色，女教員裝成南子，冶豔出神」，而南子所唱「雖舊劇中之《大鋸缸》、《小寡婦上墳》，亦不是過」。有意思的是，這種誅心之論，其立腳點卻是民國的道德和法律，沒有在辱聖上面糾纏。

狀子上達之後，在南京政府勢力很大的孔祥熙力主嚴辦，但主管的教育部，以及山東省教育廳卻另有打算……據奉命查案的教育部參事朱葆勤回憶，他得到了國民政府教育部部長蔣夢麟和教育家馬敘倫的明確指示，不能因此開倒車……在這個事件中，站在捅了馬蜂窩的二師學生一邊的輿論顯然要多一些……教育部的意見是，二師演戲不等於侮辱孔子，校長雖未遭查辦，但卻以另有任用為由而調走。接著教育部下令，對孔子要表示尊崇，各校不許再演《子見南子》。

兩個事件都是所謂的新派主動挑起的，但挑起後引發的反彈卻如此強勁，雙方混戰一場，各自都不滿意。文化的爭論夾雜著利益的糾葛，令政府說不清斷不明。但是事件的餘波，實際上直到今天也沒有完全消散。

為什麼把女兒嫁囚徒

另外一個場景中，我們還能看到孔子像普通人一樣有自己小計較、打小算盤的地方。

孔子有個學生叫公冶長，公冶長是孔子學生中唯一有前科、坐過牢的人，但孔子認為他不錯。他對公冶長有一個有意思的評價：「公冶長，可妻也。」就是說他會是個好丈夫，很適合把一個女孩子嫁給他做妻子。可能有人提出異議：「公冶長是囚徒啊！」孔子接著為公冶長申辯了一句：「雖在縲絏之中，非其罪也。」縲絏是綁犯人的繩子，孔子是說公冶長是個很好的人，雖然坐過牢，但他是無辜的，最後結論沒變——此人可妻也。聖人都是言行合一的，孔子不但這麼說，也這麼做了，他把自己的女兒嫁給了公冶長。

好玩的是，孔子又評價了一個叫南容的學生。孔子說，南容這個人非常有才華，而且情商非常高，「邦有道，不廢；邦無道，免於刑戮。」這是說，南容的智商和情商，足以讓他在太平盛世中實現自我價值；到了亂世，這些智慧又能讓他明哲保身，免於成為政治鬥爭的無辜犧牲品，所以說南容，可妻也；但說完這話估計孔子就犯愁了：自己的女兒已經嫁給公冶長了，沒有女兒可以嫁給南容，怎麼辦呢？於是，孔子把自己的侄女嫁給了南容。

有些問題值得思考：孔子在給自己的女兒和侄女挑選理想歸宿的時候，他為什麼會選擇公冶長、南容這兩個不太出名的學生？為什麼不選子路？子路是武士出身，好勇鬥狠，說不定哪天就被人砍死在十字路口，太危險了。為什麼不選顏回？顏回是孔子最欣賞的學生啊！顏回太窮了，一簞食，一瓢飲，在陋巷，自己的日子都過不明白，他會給妻子帶來安穩富足的生活嗎？所以，子路不能嫁，顏回也不能嫁，孔子最終選擇了公冶長和南容，因為他認準了這兩個人是好丈夫，能給自己的妻子帶來一生的平安和幸福。這種想法與普天下的父母又有什麼區別呢？這一個情節足以讓我們看到孔子普通人的一面，同時，我們還應該關注一個重要的思想史命題：大聖大賢皆有人之常情。

不近人情者，鮮不為大奸慝

王安石變法時期，出現了一篇據說是蘇洵所寫的文章〈辨奸論〉。文中提出了一個非常有意思的觀點：「凡事之不近人情者，鮮不為大奸慝[8]，豎刁、易牙、開方是也。」他說，不近人情者，很可能是大奸大惡之徒，我們摘引作家李國文的一篇文章，來看看這個歷史教訓：

西元前第七世紀，在齊國的國都臨淄，有一場關於國君用人的大辯論。辯論的甲方，是齊桓公姜小白；辯論的乙方，為他的上卿管仲⋯⋯。

甲方的齊桓公問：「將何以教寡人？仲父！」

乙方的管仲回答：「請允許我向你建言，你身邊的三位寵臣，易牙、豎刁和衛公子開方，作為陛下私底下的親近朋友，當無不可。但我還是建議你盡可能的疏遠他們，如果做不到這點，至少從今而後，切不可讓他們掌握政治權力。」

這是怎麼講呢？

因為他們的品德，不可信；因為他們的言行，不可靠；因為他們的動向，不可測。所以，對他們的未來，不放心！

8 慝，音同特，邪惡之意。《三國志》：「吏無苛政，民無懷慝。」

齊桓公哈哈大笑：「易牙，是一位烹飪方面的行家裡手，他總是在我想什麼東西的時候，端來我正好想要吃的東西。哪怕是半夜三更，我的胃口有一點點吃的欲望，易牙肯定會適時的送來美味佳餚。

「有一次，我對易牙說，天底下的東西我都吃遍了，唯一沒有品嘗過的就是人肉了。當天的晚餐桌上，就有一盤異常鮮美柔嫩的蒸肉。易牙告訴我，這就是我想吃的人肉，而且還是三歲小孩的肉。我問他，你怎麼能知道這盤肉是一個三歲孩子的呢？易牙說，那是我的兒子。我說，這怎麼可以呢？易牙說，忠臣心目中只有君王，為了君王，是不必顧惜家人的。易牙烹其子以快寡人，猶可疑乎？」

接下來，齊桓公又誇獎豎刁：「這更是一位了不起的人。之所以了不起，就是他的不惜犧牲自己，心甘情願的割掉了傳宗接代的男根。這是何等捨己為人的高尚品質啊！他為了服侍寡人，為了貼身效勞寡人，為了能進入宮廷時刻效忠寡人，自願接受宮刑，成為太監、成為宦官，這可不是誰都能做到的。豎刁自宮以近寡人，猶可疑乎？」然後，說到公子開方：「這樣一位衛國的貴族，去其千乘之太子，而臣事君，十五年來追隨寡人，連家都沒有回去一次，這樣的忠貞之士，怎麼能夠不信任、不重用呢？」

對於管仲的答辯，臺灣作家柏楊是這樣綜合起來寫的：「人性是這樣的，沒有人不愛自己超過愛別人，如果對自己身體都忍心殘害，對別人豈不更忍心下毒手！沒有人不愛自己的兒女，如果連自己的兒女都能狠心，他對誰還狠下不心？沒有人不愛自己的父母，如果十五年之久都不想見父母一面，連父母都拋到腦後，對其他的人又有誰不會拋到腦後？」

這場辯論，儘管齊桓公大不高興，但他還是在口頭上答應了管仲，將這三人逐出宮外。「管仲遂盡逐之，而公食不甘，心不怡者三年。公曰：『仲父不已過乎？』於是皆即召返。」因為管仲已死，再也無人敢於進言諫阻。而且，他完全置當年那場用人大辯論於不顧，不但將那三個奸佞找回來，還予以重用……。

……西元前六四三年，管仲死後的第三年，姜小白——這位諸侯之伯，也走完了他的人生途程。一個曾經叱吒風雲的霸主，是怎麼也想不到自己會死得這樣難看。他一斷氣，他最欣賞、最依賴的，也是最後放心將國家託付給他們的這三位親信——易牙、豎刁和公子開方，個個擁立公子，拉幫結夥，爭位相殘，內訌不已……。

……這就是說，齊桓公霸業之興，在於他用對了人；同樣，齊桓公霸業之衰，也在於他用錯了人。姜小白的一世英名，最終敗壞在他所寵倖的佞臣易牙、豎刁和公子開方身上。

在講述了這段史實之後，李國文深有感慨的說：

一個極其成功的人，最可怕的敵人其實就是他自己。在中國歷史上，有多少曾經英明過、賢明過、聖明過的君王，最後都難以倖免走向自己的反面，著實令人為之痛惜。而在製造這種命運悲劇的過程中，最常見的敗局，就在用錯了人。由於極其成功的人，也是極其自信的人，由於極其自信，自以為是，自以為老子天下第一，這樣的人通常不肯認錯，尤其不會改錯，甚至明知錯了，也要錯到底。因此，也就只好眼看著這個極其成功的人，一條道走到黑了。

我們還應該講到另一位著名的歷史人物，那就是明朝的大清官、在很多人眼中也夠得上聖賢的海瑞。

海瑞剛如山峰，固然有很多非常人所及之處，但有件事會令所有讀者都不以為然。

海瑞有個四歲的小女兒，有一天接受了家裡男僕遞過來的餅。海瑞聽說這件事情，大發雷霆，他說男女授受不親，你是女孩，怎麼可以接受男僕遞過來的餅呢？一直逼迫自己的小女兒自殺為止。這樣的做法豈止是偏執、不近人情，簡直是泯滅人性！一旦他有了可以為所欲為的權力，誰知道他能做出什麼可怕的事情來？像這樣沒有人性的聖人，我覺得不要也罷！從這一點來看，我還是更喜歡像孔子這樣有七情六欲、有自己的小算盤、會尷尬、會臉紅的聖人，他顯得更加血肉豐滿，更加平凡可親；而這種平凡可親，並無礙於孔子作為大思想家、大教育家的偉岸。

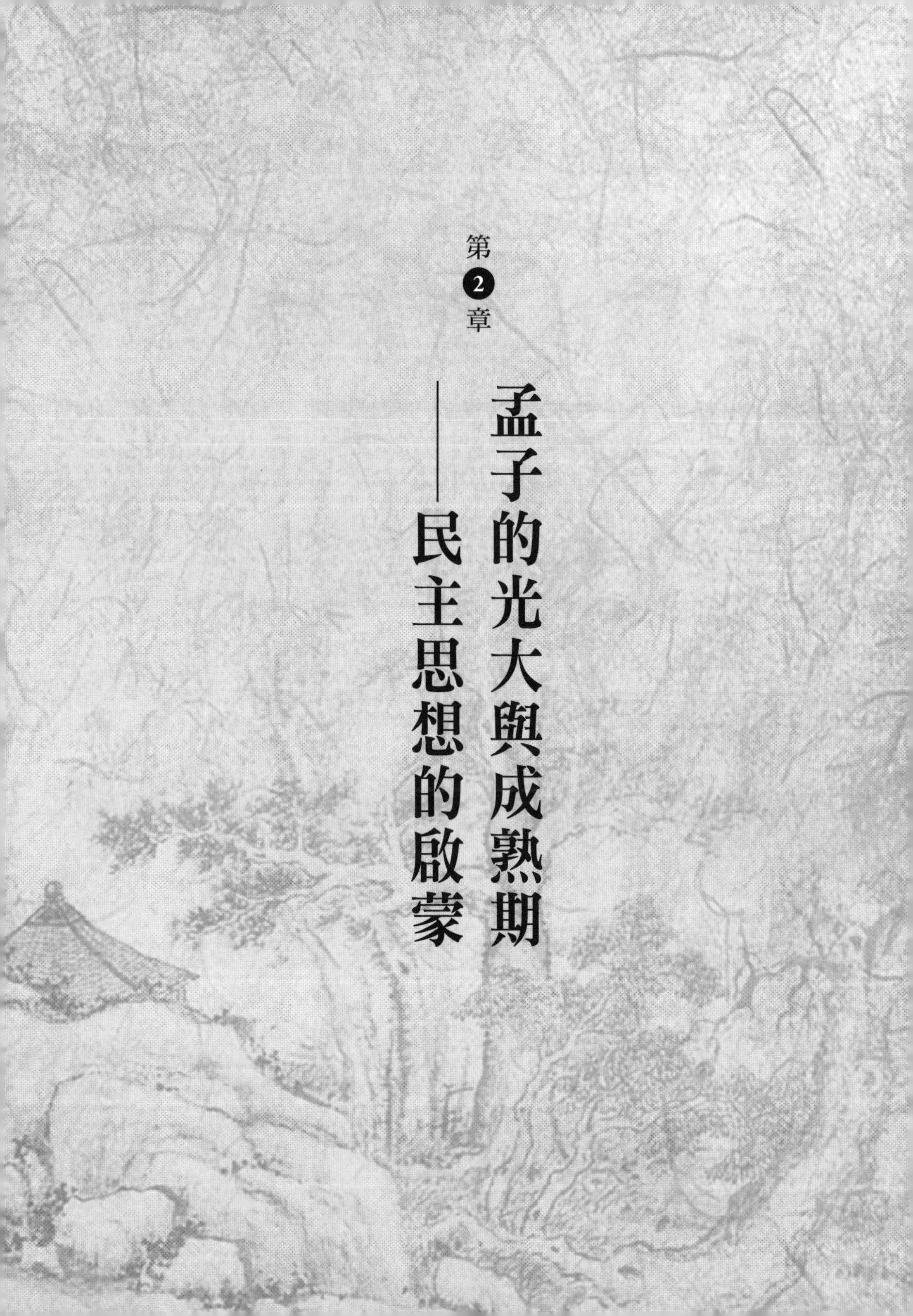

第2章

孟子的光大與成熟期

——民主思想的啟蒙

10 仁政，孔子沒提過，孟子發揚光大

從這一章開始，我們進入儒家文化史的第二個發展階段：以孟子為代表，儒家文化的成熟期和光大期。說成熟期，是因為先秦儒家文化到孟子走向成熟；說光大期，是因為孟子豐富、發展了孔子的思想。我們首先要面對的問題是：孔子和孟子是什麼關係？

孔子之後，儒家分為八門，其中思孟學派被認為是得孔子真傳的一個正統支系，代表人物有兩個：一個是孔子的孫子孔伋，字子思，還有一個就是孟子。子思應該是得到孔子很多真傳的，我們從一個比較著名的典故——過庭之訓可以看到這一點。

孔子的兒子叫孔鯉，字伯魚，得此名是因為生他的時候，得到魯國國君所賜鯉魚的緣故。孔鯉小的時候貪玩，從院子這一邊跑到那一邊，孔子很威嚴的喊住他：「學《詩》了嗎？」他乖乖的回答：「還沒有學。」孔子嚴肅的說：「不學《詩》，何以言？」於是，孔鯉退而學詩。還有一次也是類似情況，孔鯉跑著玩，又被老爸給喊住，老爸很威嚴的問他：「學禮了嗎？」「還沒有。」老爸很嚴肅的說：「不學禮，何以立？」於是，孔鯉退而學禮。

這就是孔子著名的家教典故過庭之訓。儘管孔鯉沒有留下什麼著述，但他應該傳承了孔子很多東西，孔伋也會從爺爺身上得到很多耳提面命、口口傳授的教導。所以，他撰寫的《中庸》，我們認為也反映了孔子的思想。至於孟子和子思的關係，有兩種不同的說法：一種說孟子是子思

的親傳弟子，另一種說孟子是子思的再傳弟子。不管哪一種，都說孟子得到了子思的真傳，也就是間接得到了孔子的真傳。

以雄辯的言辭，召喚你的良心

孟子是個什麼樣的人呢？和孔子相比，孟子的經歷顯得比較平淡，大家上網一搜就知道了，但關鍵問題不在於孟子的經歷，而在於他的形象。我覺得有一篇文章，很精準描繪孟子的形象，仍然是來自我們已經熟悉的李敬澤，叫〈寡人有疾〉：

寡人有疾，寡人好貨。
寡人有疾，寡人好色。
寡人有疾，寡人好勇。

——又愛錢，又好色，火氣又大，對這樣的人你還能說什麼呢？孟軻說，好啊，只要百姓吃得飽，只要街上沒有老姑娘和老光棍，只要一怒而能安天下，那麼，您就好貨、好色、好勇吧。

讀《論語》，我覺得孔子是老人，平和，看清了世間事，當然也有點老人的怪脾氣。讀《孟子》，我覺得那鏗鏘的聲音出自中年人，他威嚴、精悍，他必定長一臉絡腮鬍，他銳利的盯著你，隨時準備戰鬥，隨時準備以雄辯的言詞，考驗和召喚你的良心。

孟子是那個時代的良心。孔子生活在他所想像的落日餘暉中，而在孟子面前，茫茫長夜已降臨，「上下交征利」，「率獸而食人」——在魯迅之前兩千兩百多年，孟子就以吃人的意象斷定社會的獸性本質。也正因為暗夜當前，孟子激烈而堅定，他把一種行動的理想主義氣質，注入孔子開創的傳統：仁義不僅是源於古老記憶的價值，而且成為一種必須為之戰鬥的社會理想。

對氣大聲宏的理想主義者，我一向懷有疑慮……我真正尊敬的理想主義者為數甚少，孟子是其中之一。該先生東奔西走，見過了一連串君王，從不諂媚、從未卑怯，他永遠居高臨下。大眾欣賞和熱愛居高臨下的對他們說話的人，比如臺上的明星、螢幕上的專家，或罵人的作家，但君王們可沒有這種自我作踐的癖好，所以，孟子的居高臨下是危險的，他竟履險如夷。

這需要真正的勇氣，而孟子從不缺乏勇氣，「我善養吾浩然之氣」，這種氣，在古代儒生身上時有所見，他們是真的不怕，不僅因為他們膽大，更因為他們從孟子那裡傳承著一個根本信念：在君王的權威之上，另有道德和倫理的權威，憑依著這種權威，他們英勇無畏的捍衛人類生活的基本權利，比如不挨餓、不被欺負、不被人吃。

那些儒生已被忘掉，只有孟子，儘管我們努力忘掉他，他那機智、熱情，或嚴厲如堅金的聲音在漢語中依然迴響：「五十步笑百步」、「挾泰山以超北海」、「緣木求魚」、「君子遠庖廚」、「與民同樂」、「國人皆曰可殺」。

但響聲最大的，可能還是孟子的對話者誠懇的聲音：俺有毛病，俺好錢，俺有毛病，俺好色；俺有毛病，俺見了窮人、弱者，或者想起遠在天邊的外國人就壓不住火，怎麼辦呢？

孟子沉默。

如同〈中國精神的關鍵時刻〉一樣，李敬澤這篇〈寡人有疾〉仍然緊湊而精彩。他說孔子像個老年人，孟子像個中年人，他時刻用銳利的眼睛在盯著你，考驗你的良心。這些說法都非常符合我對孟子的想像。孟子以他氣大聲宏的理想主義氣質，為孔子思想注入了新的血液，那麼**孟子思想具體體現出哪幾個特徵呢？**

霸道不如王道

第一點是仁政。

我們前面講過，孔子一生致力於把仁的理念注入國家政治之中，但是孔子從來沒有提出過仁政，這個整體概念是在孟子手裡成熟起來的。

何謂仁政？一個簡單的現代化的理解，仁政，就是原始形態的民生主義理念。我們可以讀一讀《孟子》名篇〈齊桓晉文之事〉，這是一篇難得的好文章。從思想史的意義上講，它固然是向我們全面而詳盡的闡釋了孟子的仁政思想，就文章而言，也是非常好的典範、樣板。

我們首先要注意到，孟子文章的語體風格和《論語》時代已經不同了。《論語》大都是格言的彙集，很少長篇大論；《孟子》則是汪洋恣肆、雄辯滔滔，特別富於邏輯和感染的力量。

〈齊桓晉文之事〉的對話是從齊宣王發起的：「齊桓晉文之事，可得聞乎？」這話說得很有意思。先秦時代的人講話特別有藝術，一派外交辭令，典雅、拐彎抹角，有話不會直通通的說。

齊宣王想說什麼？春秋五霸中，宋襄公擔任霸主的時間很短，下場比較可憐，並不是大家景仰的霸主。另外兩個霸主，楚莊王是南蠻，秦穆公是西夷，都是被大家瞧不起的，所以五霸裡面，齊桓公、晉文公是最受後人肯定的兩位。這話的意思就是：先生啊，你給我講講，怎樣才能成為像他們一樣的霸主呢？

面對齊宣王的殷切探問，孟子的反應可謂相當冷漠，甚至是排斥和抗拒。他冷冷的當頭一棒打在齊宣王的腦門上：「仲尼之徒無道桓文之事者，是以後世無傳焉，臣未之聞也。」話說得冷冰冰、硬邦邦的，反駁了齊宣王。這叫做話不投機，但是孟子很講究語言藝術，他絕對不是要和齊宣王吵起來，而是欲擒故縱。他馬上用一個焦點性問題，轉移了齊宣王的興趣：「無已，則王乎？」大王你要我講霸道，我看咱們還不如來講講王道。一聽到這個新概念，齊宣王立馬感興趣了：「先生，要有何等的品德才可以推行王道呢？」孟子說：「大王，有您這樣的德行就可以推行啊！」

在戰國各諸侯國君主之中，齊宣王還算是比較英明的一個，他不會隨便被別人一句半句恭維話蒙混過去。所以他有一點質疑，甚至有點不高興的問：「何由知吾可也？」老先生，你來齊國時間不長，咱們也不太熟啊！你為什麼說我可以推行王道呢？

孟子淡淡一笑，胸有成竹的說：「我聽大王的近臣胡齕說，您坐在堂上，有一個人牽著一頭牛從堂下經過，大王你就把他叫住了，問他這頭牛要帶到哪兒去。手下人回稟：『將以釁鐘。』」釁鐘，就是把牛血塗在樂器上面，是一種祭祀儀式，「大王您說：『把牠放了吧，吾不忍見其觳觫，若無罪而就死地。』」看見牠嚇得直哆嗦，我於心不忍哪！「手下人回稟：『那我們就不祭祀了嗎？』您回答：『那怎麼可以呢？祭祀是大事，不能廢，以羊易之。』大王，此事有沒有啊？」

齊宣王回答：「有啊，就是前幾天發生的事。」孟子斬釘截鐵的給出判斷：「大王您這就叫做惻隱之心，有惻隱之心，就可以推行王道。齊國的老百姓都說大王您吝嗇，我知道不是，大王您是出於同情不忍哪！」

這話一說，齊宣王的情緒曲線明顯有點走高：「先生，你說得對，確實有老百姓以為我吝嗇，齊國雖然又窮又小，但我怎麼會捨不得一頭牛呢？」孟子說：「大王，老百姓以為您吝嗇其實並沒有錯，您以羊換牛，老百姓哪知道您是因為不忍心呢？其實那隻羊不也很無辜嗎？牠不是也會嚇得直哆嗦嗎？」

這話有一點打擊齊宣王的味道，他有點失落的搖搖頭：「是啊！我這是怎麼想的呢？這件事辦得真是……。」孟子一抑一揚，看見齊宣王有些失落，又一次大力調高他的情緒：「無傷也，是乃仁術也，見牛未見羊也！」這就是仁慈之心哪！「君子之於禽獸也，見其生，不忍見其死；聞其聲，不忍食其肉。是以君子遠庖廚也。」這就是君子應該具有的心地和品質啊！這幾句話一捧，齊宣王很是高興：「《詩》云：『他人有心，予忖度之。』夫子之謂也。夫我乃行之，反而求之，不得吾心。夫子言之，於我心有戚戚焉。此心之所以合於王者，何也？」老夫子，我自己做的事我都不知自己怎麼想的，你老先生的話真是說到我心坎裡了！

想不得天下都不行

我們回顧一下齊宣王的情緒曲線變化軌跡：從一開始話不投機，到應付敷衍，到質疑反問，現在是興致勃勃，大感興味。到這裡，孟子可以展開論述王道了。

他乘勝追擊，繼續提問：「有人跟大王回稟：『我是個大力士，可以力舉千鈞，可舉不起一根羽毛；我眼力非常好，可以明察秋毫，但是看不見一大車柴草。』大王，您覺得這樣的事情可信嗎？」齊宣王說：「當然不可信。」

「對呀！」孟子說，「這就是『不為也』，『非不能也』。大王，您做的事也是如此。恩足以及禽獸，而功獨不至於百姓。您看見一頭牛可憐，就放了他，齊國那麼多可憐的百姓，您為什麼看不見呢？為什麼不去幫他們一把呢？」比喻生動，循循善誘，儘管問題尖銳，但齊宣王還是心悅誠服的接受了，而且語氣更加謙恭：「先生，我這個人比較笨，不一定能達到您說的目標啊！希望您好好教導我，我願意去試一試。」

在這樣的情況下，孟子全面且深入的闡述了仁政思想。他首先說：「無恆產而有恆心者，惟士為能；若民，則無恆產，因無恆心。苟無恆心，放辟，邪侈，無不為已。及陷於罪，然後從而刑之，是罔民也。焉有仁人在位，罔民而可為也？是故明君制民之產，必使仰足以事父母，俯足以畜妻子，樂歲終身飽，凶年免於死亡。然後驅而之善，故民之從之也輕。今也制民之產，仰不足以事父母，俯不足以畜妻子，樂歲終身苦，凶年不免於死亡。此惟救死而恐不贍，奚暇治禮義哉？」

這就是說：安貧樂道、追逐理想，只有精英知識分子可以做到。普通老百姓如果沒有充足的生產、生活，就不可能向善，就會胡作非為；把老百姓逼到胡作非為的地步，然後再說他觸犯了法律，處以刑罰，這叫做坑陷百姓。哪有仁人君子做這種事情？所以明君第一件事，就是保證百姓有充足的生活、生產手段，對上，可以養活父母；對下，可以善待妻子兒女。豐收年過得很寬裕，災荒之年保證不餓死。如果做不到的話，大家活命都不容易，誰還能顧及禮義廉恥呢？

孟子說到這，長嘆一聲：「盍反其本矣。」大王，咱們還是從根本問題做起吧！房前房後，五畝地的地方可以種桑樹，養蠶織布，市場布匹供應就會比較充足，五十歲的人就可以穿上細布衣服了；家禽家畜按時交配繁殖，市場肉蛋奶供應就比較充足，七十歲的人就可以隨意吃肉了；一百畝左右的田地，按時播種、收穫，不誤農時，八口之家就可以溫飽！能治民之產，再來「謹庠序之教，申之以孝悌之義」，開辦學校，教孩子們孝悌的道理，那就可以做到「頒白者不負戴於道路矣」。老年人背著包袱走在路上，就有人幫他去背包袱，而不是讓他孤獨疲倦的自己走了。到這一步，「然而不王者，未之有也」，你想不征服這個天下，那都不可能啦！

從這篇〈齊桓晉文之事〉我們可以看到孟子仁政的民生主義思想的閃光，這些思想光芒不僅在古代有著非常重要的意義，對現在、今後也有著非常強烈的警示意義，它還遠遠沒有過時。

11 民主思想的萌芽，民貴君輕

孟子思想的第二個亮點，在於民貴君輕的民主思想，它當然也是比較原始、剛萌芽的狀態，但是相當可貴。

我們來看孟子的幾處重要表述，第一句話叫做「民為貴，社稷次之，君為輕」。在孟子的思想格局中，國家、社會是由三個元素組成的：老百姓是一個，江山社稷是一個，君王又是一個。如何進行價值排序？孟子毫不含糊的把老百姓排在第一位，江山、社稷次之，誰來做統治者最不重要。他把君主的地位遠遠排在老百姓的後面，這和他的民本、仁政思想是有一定的關係，這裡就能看到民主思想的萌芽。

對這個地位並不太重要的君主，應該持什麼態度？孟子的第二個重點概念叫做「君有大過則諫，反覆之而不聽，則易位」。君主犯了錯誤，臣民的義務就是勸諫他改正，但勸諫並不是沒有限度的。如果勸諫了好多次他還不改，那這個君主就無可救藥，我們就要換一個人來當。

怎麼個換法？孟子在這裡說得比較含糊，但是從其他表述來看，他並不排除採用暴力革命的手段。梁惠王問過孟子：「儒家講君君臣臣、父父子子，武王伐紂的事情怎麼解釋？這不是以臣弑君嗎？」孟子說：「賊仁者謂之賊，賊義者謂之殘。殘賊之人謂之一夫。聞誅一夫紂矣，未聞弑君也。」我只聽說殺了一個殘賊獨夫叫做紂的人，沒有聽說過弑君這回事。孟子在這裡用了偷換概念的詭辯術，所謂顧左右而言他，並沒有正面回答問題，但從中我們能看到，他是肯定暴力革命的合理性的。

第三個重點是一段排比句，揭示了君民間的對等關係：君主怎樣對待臣民，臣民就可以同樣對待君主。孟子說：「君之視臣如手足，則臣視君如腹心。」君主對臣民如手足一般愛護，臣民就會愛戴、景仰君主；「君之視臣如犬馬，則臣視君如國人。」君主對臣民如犬馬一般輕賤，臣民對君主就如同沒有感情的陌生人；「君之視臣如土芥，則臣視君如寇讎。」君子對臣民如土塊草籽一般踐踏，臣民對君主就如同強盜、仇人，用暴力把他推翻。這話是說得極其犀利、鋒銳。

在戰國時代，孟子能講出這話是很了不起的，同時我們也應該看到，當時群雄爭霸，沒有形成統一的中央集權態勢，人才爭奪戰極其劇烈，士階層可以憑藉智力優勢笑傲王侯，君主不會對他們形成巨大壓力，所以孟子有條件講出這些話。講出來以後也不會太聳人聽聞，誰聽了不高興，也拿孟子沒什麼辦法。

但是到了後代，隨著君權神授的觀念日益深入人心，在很多專制欲望極強的君主那裡，孟子這些民主思想就愈發顯現出鋒芒，會刺痛他們內心那些最脆弱、最柔軟、最怕傷害、最怕觸碰的部分。我說這話是有所指的，那就是明太祖朱元璋。朱元璋殺了孟子，我這麼說，大家可能覺得有點奇怪，他們兩個相隔幾千年，為什麼朱元璋能夠殺了孟子呢？這是孟子思想被接受的進程中，很有名的一件事。

拍馬屁拍到馬蹄子上

朱元璋是中國歷代皇帝中家庭出身最好的一位，所謂苦大仇深，根紅苗正。小時候沒有受過好的教育，用他自己的話講，是淮右布衣。

朱元璋憑藉自己的智慧，在元末亂世中脫穎而出，趕走了元朝統治者，建立了大明朝。打天下的時候，朱元璋還是比較英明果斷的；但坐天下的時候，早年的貧苦經歷在他內心裡積聚的自卑，漸漸釀成了一種變態心理。特別到了執政晚年，面對著誰來繼承江山的難題，朱元璋的變態行為越演越烈，一直隱藏得很深的流氓惡棍本質完全爆發出來，從而在洪武王朝演出了一場驚悚的歷史大戲，其矛頭指向的就是知識分子階層。

我們都知道清代有許多文字獄，其實朱元璋洪武王朝的文字獄也非常嚴重，而且非理性的程度遠遠超過清朝。比如有一位府學教授上奏章歌功頌德，其中有「光天之下，乃生聖人，為世做則」之語。按正常人的思維，這都是好得不能再好的吉祥話，但朱元璋勃然大怒。

首先，光天的光他不喜歡，因為朱元璋當過和尚，這就是諷刺他剃過光頭；其次，生和聖他都不喜歡，因為這兩個字和僧諧音，還是諷刺他當過和尚；再次，則與賊是同音字，諷刺他當過強盜。十二個字裡有四個字朱元璋看了不高興，遂把這位府學教授就地斬首。這是我看過最慘的拍馬屁拍到馬蹄子上的事了。

還有一個例子：有一位法號來復的印度和尚，元朝時來到中國傳播佛教，朱元璋對他也很敬仰，經常邀他進宮講說佛法。有一天，來復上人（按：對出家人的一種敬稱）向朱元璋辭行，準備回國。朱元璋大張筵宴，為他送行，非常隆重。這位大和尚一激動，說：「皇上，我給您寫首詩吧！」大家看，會寫詩有什麼好？你走了不就完了嗎？非要寫首詩惹禍。

來復惹禍的詩這麼兩句：「金盤蘇合來殊域，自慚無德頌陶唐。」詩中的金盤蘇合，大約指的是佛教的法器，袈裟、禪杖、缽盂之類，來殊域，是指從異國他鄉來到中國，殊域就是異域、異鄉的意思；自慚無德頌陶唐，是說我受到大皇帝這麼隆重的禮遇，自慚沒有什麼美德可以配得上大皇帝的英明仁厚。這話沒問題吧？當然沒問題，因為我們是正常人。但在朱元璋的眼裡就覺得有問題。他認為，殊字拆開，就變成歹、朱兩個字，這不是辱罵他嗎？一道聖旨下來，來復和尚從座上客變成階下囚，不久就死在監獄之中。

洪武朝智商之冠

還有一件事更能說明問題。元明之際，有一位著名的詩人叫袁凱，很有才華。大明朝初建的時候，袁凱年紀已經不小了，六十歲上下，因為名聲在外，朱元璋徵召他出來做官。袁凱雖然不願意來，但在朱元璋嚴厲的督促之下，還是被迫出山。朱元璋授予他五品監察御史的職位，品級雖然不高，但地位很重要，經常在朱元璋身邊從事祕書工作。袁凱小心翼翼的伺候，雖然伴君如伴虎，但還是度過了一段很平靜的時間。就在他冷不防的時候，突然大禍臨頭了。

有一天，朱元璋正在勾決死刑犯的名單。什麼叫勾決？古代司法制度規定，刑部每年把準備處以死刑的犯人名單交給皇帝最終審閱，皇帝審閱的時候筆蘸朱砂，覺得這個人應該執行死刑，就在名字上打個勾，這個人當年秋天就會被處決。如果看到案件還有一些疑點，或者可以從輕的情節，就把這個案卷放在底下，今年先不勾，這個人還可以再活一年。這一年可能趕上老爺子心情不好，拿起紅筆從頭到尾幾百份案卷一個不漏，全都打上勾了。當時袁凱正好在身邊伺候，朱元璋回頭交給袁凱一個工作：「你去把這個案卷送到太子朱標那，讓太子再勾一遍，以太子的決定為最後決定。」

朱標這個人比較善良，跟他爸爸性格很不相同。他審查了這些案卷以後，覺得有一些可以從輕的，就勾回來了，袁凱又捧著這些案卷回來向朱元璋交差。大家都看得出來，在整個事件當中，袁凱就是一個跑腿的，他沒有任何責任、沒有提出任何意見。但是，朱元璋冷不防的給袁凱出了一道生死攸關的選擇題。選擇題很簡單，只有兩個選項，但怎麼答都錯。

朱元璋問：「袁凱，你說這件事情是我做得對，還是太子做得對？」

只有兩個選擇，但你回答哪一個都不對。你說太子對，那就說明皇上不對，皇上現在就可以翻臉處置你；你說皇上對，那就是太子不對，太子明天就可能當皇帝，照樣可以處置你。

我對袁凱有過一個評價：袁凱是大明洪武朝智商最高的人。袁凱是哪裡的人呢？明朝時叫華亭，就是今天的上海。我還開過一個玩笑，上海人不是從今天才開始聰明的，古代就聰明。

袁凱面對這樣的難題，他即興回答得非常精彩，我們想了幾百年了，都沒有想出來比他當時更好的答案。袁凱說：「陛下執法之正，太子乃心之慈。」這話越琢磨越有意思：「陛下您沒有錯，因為您是以事實為依據，以法律為準繩；太子也沒錯，太子是法外開恩哪！」

聽了這麼一個回答，一個正常人會怎麼看待袁凱呢？我會認為袁凱是個人才，現在給五品官太小了，應該大力提拔，這是正常人會有的反應。但朱元璋不是正常人，他給了袁凱八個字的評語：「老奸巨猾，首鼠兩端。」當即把袁凱下了大牢。

過了幾個月，可能趕上有一天朱元璋心情好，又想想人家袁凱確實沒犯什麼錯，就又把袁凱放了出來，官復原職。袁凱本來就不樂仕進，經歷這次無妄之災，更是體會到了伴君如伴虎的滋味。怎樣才能從朱元璋的魔掌中逃脫出來？前面講唐伯虎的時候我們講過，這種困境不是他一個人的困境，而是無數文人在面對險惡政治漩渦時共有的困境。無數文人遇到這種險惡的政治漩渦時，都英雄所見略同的選擇了同一個方案——裝瘋！

袁凱是文人裝瘋史中非常傑出的一個。怎麼裝呢？袁凱一定有精心設計過。首先，要選擇眾目睽睽的場合，你自己在家裝得再好也沒用；其次，是要算好跟朱元璋的距離，太近了不行，容易被看出破綻，太遠了也不行，看不清楚就白裝了。所以，他選擇了所有官員上朝的時候，走到離朱元璋幾十公尺的距離，突然倒在地上，四肢抽搐、口吐白沫。這叫羊角風，學名癲癇。

袁凱躺在地上抽風，朱元璋神色不動，站在臺階上看了袁凱半個小時，然後告訴身邊的衛士：「我聽說羊角風病人都沒有痛感，你們拿錐給我去戳幾下。」這裡說的錐，不是我們日常用的錐子，而是武士佩戴的匕首。衛士奉旨，到袁凱身上就捅了幾刀。裝瘋不是件簡單的事情，你光有智慧還不行，還得有毅力。袁凱意識到這是生死關頭，以絕大的毅力忍痛不動，做出完全沒有疼痛的樣子。捅完了以後，朱元璋又站那看了袁凱半個小時，真的沒看出什麼問題，不得不相信袁凱已經瘋了，只好批准袁凱退休，放他回老家。

朱元璋溫情脈脈，袁凱裝瘋到底

就這樣，袁凱從朱元璋的魔掌裡逃了出去，但真的逃出去了嗎？恐怕還沒有。袁凱離開朝廷以後，朱元璋老惦記他。惦記什麼呢？惦記袁凱是不是騙我，怎麼能讓袁凱跑了？於是，朱元璋派了一個欽差到華亭，給袁凱傳了一道溫情脈脈的聖旨。確實是溫情脈脈，聖旨開頭就說：「袁愛卿啊！自從你離開以後，朕經常惦記你。」這話倒沒錯，確實是惦記袁凱來著，但惦記什麼呢？惦記你的身體是不是痊癒了。如果你身體好一點的話，還歡迎你回到朝廷裡面來做官，我這裡虛席以待；如果你身體還沒有完全恢復，那就在地方上做個教官，為朝廷培養一點人才。確實是溫情脈脈，非常動聽。但前面我們說過，袁凱是大明洪武朝智商最高的人，他對朱元璋這點小心思洞若觀火：「這哪裡是關心我，不就是來看我到底真瘋還是假瘋，是否欺騙了皇上嗎？」

袁凱現在只剩下一個選擇——裝瘋裝到底。問題是欽差進了門，你還像上次一樣發羊角風，不一定騙得過去。不僅要裝瘋裝到底，還得拿出裝瘋系列的必殺技，升級成二．〇版。於是，袁凱弄了一盆麵粉，加上紅糖和一堆雜七雜八的染料，拌和在一起，和了一盆黏糊糊、黑乎乎的東西，又把它捏得一坨一坨的，做了一盆假的狗屎，灑得滿院子都是。欽差來袁凱家裡傳聖旨的時候，看到的是這樣一個場景：袁凱蓬頭垢面，衣衫襤褸，趴在地上撿這個東西吃呢！欽差差點沒吐出來，他哪敢撿一個嘗嘗啊？只好回去跟朱元璋稟報，說袁凱的確瘋了，比原來瘋得還厲害，這才最終騙過了朱元璋。

袁凱憑藉裝瘋必殺技，最終逃出生天，可能連他自己也沒想到，他付出的這些代價是非常超值的。據我的考證，袁凱最終騙過朱元璋的時候是六十多歲，他自己肯定也沒想到，此後他又多活了三十年上下。袁凱是明朝最長壽的詩人，一直活到九十四歲以後才去世，那時候已經是永樂年間了。看來有時候不必計較和別人的恩怨，只要你比他活得長，你就贏了。正如李國文在〈司馬遷之死〉中所說的那樣：

> 後來，我明白了，這固然是中國文人之弱，但也可能正是中國知識分子之強。
>
> 連我這等小八臘子（小人物），在那不堪回首的右派歲月裡，還曾有過數度憤而自殺的念頭呢！因為那些王八蛋作踐得你實在不想活了。那麼，司馬遷，這個關西硬漢，能忍受這種度日如年，生不如死的苟活日子嗎？他顯然不只一次考慮過引決自裁，但是，真到了打算結束生命的那一刻，他還是選擇了中國大多數知識分子在無以為生時所走的那條路，寧可含垢忍辱的活下去，也不追求那死亡的霎時壯烈。一時的轟轟烈烈管個屁用？
>
> 因此，我想：第一，他不死，「所以隱忍苟活，幽於糞土之中而不辭者，恨私心有所不盡，鄙陋沒世，而文采不表於後世也」，他相信，權力的盛宴只是暫時的輝煌，不朽的才華，才具有永遠的生命力。
>
> 第二，他不死，一切都要等待到「要之死日，然後是非乃定」。哪怕像孫子、像臭狗屎那樣

活著，也要堅持下去。勝負輸贏，不到最後一刻，是不見分曉的。你有一口氣在，就意味著你擁有百分之五十的機率勝出，幹嘛那樣便宜了對手，就退出競技場，使他獲得百分之百呢？

第三，他不死，他要將這部書寫出來，「藏之名山，傳之其人，通邑大都，則僕償前辱之責，雖萬被戮，豈有悔哉」，很明顯，他早預計到，只要這部書在，他就是史之王，他就是史之聖；他更清楚，在歷史的長河裡，漢武帝劉徹者也，充其量，不過是眾多帝王中並不出色的一位。而寫出「史家之絕唱，無韻之《離騷》」（魯迅語）的他，在歷史和文學中的永恆地位，是那個宮他的劉徹，再投胎十次也休想企及的。

所以，他之不死，實際是在和漢武帝比賽誰活得更長久。

孟子差一點兒被逐出孔廟

在朱元璋這種極度變態的心理之下，不僅同時代的活人遭遇不幸，連跟他相距將近兩千年的孟子也受到波及。

朱元璋當了皇帝，需要文官給自己講聖賢之道。講著講著，就說到《孟子》的「民為貴，社稷次之，君為輕」。朱元璋一聽之下勃然大怒，憤憤的說：「此非臣子所宜言！」一氣憤的把《孟子》啪的摔在地上。文官們趕緊把書撿起來放在皇帝手裡，苦口婆心的講：「皇上，人家孟子是大聖人，人家講這個東西是不會錯的，您應該好好聽。」勸了半天，朱元璋終於妥協了。

又講了幾天，講到「君有大過則諫，反覆之而不聽，則易位」。怎麼換君主呢？不排除採取暴力革命。聽到這話，朱元璋更火了，啪的一下又把《孟子》摔在地上，講了一句狠話：「使此老今日尚在，寧可免耶？」這個老傢伙，如果今天還活著的話，我非宰了他不可！文官們又一次撿起書，苦口婆心勸了半天，朱元璋終於按住自己的暴脾氣，接著往下聽。又聽了幾天，聽到「君之視臣如土芥，則臣視君如寇讎」這句了，朱元璋這次大火特火，第三次把《孟子》摔在地上，這一次誰勸都不撿了。不僅不撿，而且連續下發兩道聖旨。第一道聖旨：把孟子塑像從文廟中給我搬出來，取消孟子的聖人資格；第二道聖旨緊跟著第一道聖旨發出去，他說：我知道我取消孟子的聖人資格會有許多人求情，但是我警告你們，剛才那道聖旨不是一時衝動，是深思熟慮的結果。我已經忍孟子很久了！誰敢為孟子求情，殺無赦！

氣勢洶洶，鋒芒畢露。但他畢竟還是低估了孟子的影響力。聖旨明明發出去了，可是以刑部尚書錢唐為首的一百多位官員，整齊的跪在朝堂之上為孟子求情。史書記載，這些人袒胸受箭，「皇上，我們就是要為孟子求情，您可以隨時讓弓箭手放箭射死我們，我們為孟子而死，死得光榮！」朱元璋是什麼人呢？心特狠，手特辣，殺人不眨眼。但是這一次，在如此強大的輿論壓力之下，他破例收回成命，保留了孟子在文廟陪孔老先生享受香火的位置。

但是朱元璋也沒饒了孟子。他回頭跟這些文官談判：我不取消孟子的聖人資格，但是孟子文章中有很多大逆不道的言論得刪除，不能讓它傳播天下，流毒無窮。他讓文官刪掉了八十五條自己覺得不滿意的孟子言論，形成了《孟子》的刪節本。我們只知道《金瓶梅》有刪節本，想不到《孟子》也有吧？這個刪節本的名字叫做《孟子節文》，將其頒布天下，作為讀書人的標準化教材，被刪掉的部分老師不許講，學生不許聽。這個版本的《孟子》使用了一百年左右，直到明武宗正德年間才恢復全貌。

我們講述這事，目的是為了說明孟子的民主思想的可貴。和他的仁政思想一樣，孟子的民主思想對於政治史、文化史也產生了極其深遠的影響，而且對現在、未來都有著重要的警示價值。

12 性善說與浩然正氣

孟子思想的第三個基本點是性善說。

我們可以從一部家喻戶曉的啟蒙讀物——《三字經》的開頭，來了解孟子的觀念。所謂「人之初，性本善。性相近，習相遠」，這幾句話已經把性善說的本質交代得相當清楚。

何謂「人之初，性本善」？一個小嬰兒，咿呀學語，蹣跚學步，這時候他沒有任何後天灌輸給他的知識，他的是非善惡觀念是從裡哪來的呢？比如他看見小動物餓了、殘疾了，或者流浪貓、流浪狗在外面冷了，他會自動生出一種憐憫同情之心，他會抱抱這些小動物，甚至有心地善良的孩子，會把牠抱回家裡養。這些善的心念顯然不是透過後天習得的，而是本性。

人性善、性惡？都有

既然人的天性都是善良的，為什麼這個世界上還有善有惡？那是因為「性相近，習相遠」。後天環境會泯滅掉人性善的部分，所以我們要千方百計保持天性中的善，盡可能減少後天環境對善良本性的影響，世界就會變得完美和諧。這就是性善說的基本思考方式。

性善說本身不必說太多，應該說兩個相關的問題。

第一，性善說其實是一個相當於哲學本體的問題，是古今中外所有哲學家，在構建哲學體系的時候，都必須交代的關於人性的問題。這個問題，孔子在建構思想體系的時候，並沒有給予明確的交代。我們一直說孟子是孔子思想的發揚者和光大者，先秦儒家文化到他手裡變得成熟，性善說是一個最主要的標誌。

第二，荀子的性惡說。同屬儒家的荀子，對人性的思考和孟子正好相反，他認為「人之初，性本惡」。有趣的是，他的邏輯思考方式與孟子完全相同。

他說，還是那個咿呀學語、蹣跚學步的小孩，同樣看見外面流浪的小動物，並不是每個孩子都表現出善良的一面。有的孩子會上去踢幾腳，有的孩子會拿棍子把小動物打一頓，甚至還有更殘忍的行為。荀子問：他們的惡是從哪來的？難道是後天教化他們的嗎？顯然不是，那就是人的天性中所具有的。因為人性本惡，所以荀子特別講求後天的修養，從而抑制人性中的惡，走向完美和諧的大同社會。

這裡我們看到了一個非常有趣的哲學場景，**孟子和荀子處在同一個時代，他們對人性的理解卻完全不同，但最終卻殊途同歸，走向了完全一致的目標，這也是一種君子和而不同吧！**

那麼，對人性的看法，誰更正確一點？我想，經過對幾千年人類文明史的審視與思考，我們已經初步達成了共識：人性是善惡兼具的，每個人都是天使和魔鬼的混合體，每個人的雙腳都踩在光明與黑暗的交界線上。單純強調人性善和人性惡恐怕都並不全面，都犯了以偏概全的毛病。

對於這種複雜、黑暗、深刻的人性，我們應當給予客觀的認識，建構一套好的制度來抑制惡、弘揚善。

一套好的體制，會把人往天使和光明的方向推進一步；一套惡的體制，會把人往黑暗和魔鬼的方向推進一步。從這個意義上講，任何一套政治、經濟，以及其他體制的建立，本質上來說都是哲學命題，都是基於對人性的認識而產生、調整和改進的。

天地有正氣

孟子思想的最後基本點，是他提出的修身法——浩然正氣，也就是說，有擔當的精英人群應該如何修養情操，達到治國平天下的崇高目標。

關於浩然正氣，孟子在著述中頗多經典表述，綱領性的一句叫做「我善養吾浩然之氣」。浩然之氣就是浩然正氣，氣雖無形，但充斥於天地之間，也充斥於高尚的心靈。有了這種浩然正氣，我們就可以做到一些常人不能為、不敢為的偉大事情。比如三不能：「富貴不能淫，貧賤不能移，威武不能屈。」再比如「自反而不縮，雖褐寬博，吾不惴焉；自反而縮，雖千萬人，吾往矣。」縮在這裡是正確的意思，孟子這兩句話是說：我做了一件事情，如果我反思了以後認為它是不正確的，即使對方是穿著破爛衣服的弱勢群體，我也不會透過恐嚇的手段，來強迫他們接受我的想法；我做的事情反思了以後，我覺得是正確的，即便有千萬人攔住我的去路，我也會勇往直前，絕不退縮。

孟子這些表述，是在儒家文化史上第一次明確提出的理想化修身目標，使後來的精英群體，產生了強大的精神動力和思想動力，甚至鼓舞他們在很多情境下，犧牲自己無比寶貴的生命。信仰情操所能產生出的巨大威力，在浩然正氣的理念下是完全可以體現出來的。

文天祥就是一個好例子。文天祥是科舉考試的幸運兒，他在進士考試最後排名的時候本來不是第一名，但皇帝翻閱卷子，喜歡上了文天祥的名字，天祥這倆字本身就很吉祥，關鍵是他表字宋瑞，更讓皇帝開心了，於是，他一躍成了狀元。從科舉的角度講，這應該是幸運的；但就夕陽西下、日暮途窮的大時代而言，就不好說是幸運還是悲劇了。

文天祥本來不乏紈綺習氣，現在本著浩然正氣和家國天下的擔當感，投身到抗元鬥爭當中去。抗元鬥爭失敗，文天祥被捕，被關押在大都（今北京），忽必烈花了三年時間軟硬兼施，但文天祥凜然不屈，寫下了著名的〈正氣歌〉：

余囚北庭，坐一土室。室廣八尺，深可四尋。單扉低小，白間短窄，汙下而幽暗。當此夏日，諸氣萃然：雨潦四集，浮動床几，時則為水氣；塗泥半潮，蒸漚歷瀾，時則為土氣；乍晴暴熱，風道四塞，時則為日氣；檐陰薪爨，助長炎虐，時則為火氣；倉腐寄頓，陳陳逼人，時則為米氣；駢肩雜遝，腥臊汙垢，時則為人氣；或圊溷、或毀屍、或腐鼠，惡氣雜出，時則為穢氣。疊是數氣，當之者鮮不為厲；而予以孱弱，俯仰其間，於茲二年矣，幸而無恙，是殆有養致然爾。然亦安知所養何哉？孟子曰：「吾善養吾浩然之氣。」彼氣有七，吾氣有一，以一敵七，吾何患焉！況浩然者，乃天地之正氣也，作正氣歌一首。

天地有正氣，雜然賦流形。下則為河嶽，上則為日星。於人曰浩然，沛乎塞蒼冥。
皇路當清夷，含和吐明庭。時窮節乃見，一一垂丹青。在齊太史簡，在晉董狐筆。
在秦張良椎，在漢蘇武節。為嚴將軍頭，為嵇侍中血。為張睢陽齒，為顏常山舌。
或為遼東帽，清操厲冰雪。或為出師表，鬼神泣壯烈。或為渡江楫，慷慨吞胡羯。
或為擊賊笏，逆豎頭破裂。是氣所磅礴，凜烈萬古存。當其貫日月，生死安足論。
地維賴以立，天柱賴以尊。三綱實繫命，道義為之根。嗟予遘陽九，隸也實不力。
楚囚纓其冠，傳車送窮北。鼎鑊甘如飴，求之不可得。陰房闃鬼火，春院閟天黑。
牛驥同一皁，雞棲鳳凰食。一朝蒙霧露，分作溝中瘠。如此再寒暑，百沴自辟易。
哀哉沮洳場，為我安樂國。豈有他繆巧，陰陽不能賊。顧此耿耿在，仰視浮雲白。
悠悠我心悲，蒼天曷有極。哲人日已遠，典型在夙昔。風檐展書讀，古道照顏色。

〈正氣歌〉長序說得很清楚，這首詩產生的理論源頭，就是孟子的浩然正氣說。文天祥在詩中列舉了天地、歷史、人間的各種正氣形態，用以表達和勉勵自己三不能、雖萬千人吾往矣的大丈夫人格，構成了浩然正氣說的最理想範本。

每個時代中，為了理想信仰而犧牲生命的仁人志士，齊太史、董狐、張良、蘇武、諸葛亮、張巡、顏真卿……他們身上無不有孟子標舉的浩然正氣，例子很多，我們不再多舉。

喬峰大戰聚賢莊

還有值得說的一點，就是浩然正氣說對俠文化的影響。俠的概念有多層面的解釋，主持正義是核心關鍵的要素。司馬遷的《史記．遊俠列傳》就特別提到：「為了正義的目標，犧牲生命也在所不惜，浩然正氣是撐起這一特質的主要支柱。」我們舉《天龍八部》中，喬峰大戰聚賢莊為例，這是喬峰出場以後，最讓人心潮澎湃、熱血賁張的一場大戲。

喬峰已經失去了令人敬仰的丐幫幫主身分，成為人人欲殺之而後快的無恥異類。武林豪傑在聚賢莊召開英雄大會，目的就是要剷除這個禍端喬峰。喬峰明知他們的意圖，但為了拯救阿朱的性命，還是單身闖莊。大家注意，這時他對阿朱還談不上愛情，只是覺得花朵一般的生命被自己誤傷、生命垂危，無論如何要把這個女孩子救活。

喬峰為什麼必須來？因為莊上有一位薛神醫，有起死回生之能。所有人都覺得不可思議，懷疑他有什麼陰謀詭計，喬峰則是自反而縮，泰然自若。薛神醫又好氣又好笑：「我們開英雄大會就是想除掉你，你憑什麼要求我救這個女孩子的命？」喬峰說：「我有一個交換條件，今天我喬某人來了，也沒打算活著回去。一會兒大戰起來，我饒你的命，你和這個女孩子一命換一命！」

數百人圍在四周，聽了這話，群情激奮，但又被喬峰的英雄氣概所懾，面面相覷，居然沒有人敢先向喬峰出手。接下來金庸寫了這麼一段：

喬峰說道：「兩位游兄，在下今日在此遇見不少故人，此後是敵非友，心下不勝傷感，想跟你討幾碗酒喝。」眾人聽他要喝酒，都是大為驚奇。游駒心道：「且瞧他玩什麼伎倆。」當即吩咐莊客取酒。聚賢莊今日開英雄之宴，酒菜自是備得極為豐足，片刻之間，莊客便取了酒壺、酒杯出來。喬峰道：「小杯何能盡興？相煩取大碗裝酒。」兩名莊客取出幾隻大碗，一罈新開封的白酒，放在喬峰面前桌上，在一隻大碗中斟滿了酒。喬峰道：「都斟滿了！」兩名莊客依言將幾隻大碗都斟滿了。喬峰端起一碗酒來，說道：「這裡眾家英雄，多有喬峰往日舊交，今日既有見疑之意，咱們乾杯絕交。哪一位朋友要殺喬某的，先來對飲一碗，從此而後，往日交情一筆勾銷。我殺你不是忘恩，你殺我不算負義。天下英雄，俱為證見。」

眾人越看越是駭然，眼看他已喝了四、五十碗，一大罈烈酒早已喝乾，莊客又去抬了一罈出來，喬峰卻兀自神色自若。除了肚腹鼓起外，竟無絲毫異狀。眾人均想：「如此喝將下去，醉也將他醉死了，還說什麼動手過招？」殊不知喬峰卻是多一分酒意，增一分精神力氣，連日來多遭冤屈，鬱悶難伸，這時將一切都拋開了，索性盡情一醉，大鬥一場。

他喝到五十餘碗時，鮑千靈和快刀祁六也均和他喝過了，向望海走上前來，端起酒碗，說道：「姓喬的，我來跟你喝一碗！」言語之中，頗為無禮。喬峰酒意上湧，斜眼瞧著他，說道：「喬某和天下英雄喝這絕交酒，乃是將往日恩義一筆勾銷之意。憑你也配和我喝這絕交酒？你跟我有什麼交情？」說到這裡，更不讓他答話，跨上一步，右手探出，已抓住他胸口，手臂振處，將他從廳門中摔將出去，砰的一聲，向望海重重撞在照壁之上，登時便暈了過去。這麼一來，大廳上登時大亂。

喬峰躍入院子，大聲喝道：「哪一個先來決一死戰！」群雄見他神威凜凜，一時無人膽敢上前。喬峰喝道：「你們不動手，我先動手了！」手掌揚處，砰砰的兩聲，已有兩人中了劈空拳倒地。他隨勢衝入大廳，肘撞拳擊，掌劈腳踢，霎時間又打倒數人。

這樣一個場面，讀起來令人血脈賁張，蕩氣迴腸，極具陽剛之氣、大俠風範。值得注意的是這一回的回目——雖千萬人吾往矣。孤身一人的喬峰能產生那麼大震懾力，除了他武功高，更重要的是他身上的浩然正氣。可見孟子的浩然正氣說，深深影響了俠文化的構成。

李逵算大丈夫嗎？

因為說到三不能、俠文化，我還想附帶談一個人物：《水滸傳》中的黑旋風李逵。

金聖歎評《水滸轉》時，曾經列出一個英雄排行榜，第一名是武松，第二名是魯智深，第三名是黑旋風李逵。金聖歎為什麼把銅牌頒發給李逵？他說：「《孟子》的『富貴不能淫，貧賤不能移，威武不能屈』，正是他的批語。」這有點驚世駭俗，三不能，是無數儒家門徒都沒有做到的大丈夫境界，金聖歎居然用它稱道梁山強盜，觀點確乎叛逆。這裡我們想追問的問題是，從現代人文立場上看，李逵真當得起大丈夫的稱許嗎？

多年前，南京大學苗懷明教授寫過一篇文章〈李逵：一頭失控的江湖怪獸〉。這個說法很有意思，李逵身上有很多優點：英勇善戰，快人快語，純樸孝順……但他身上有一種東西是我們無論如何都不能接受的——嗜血。李逵殺人，已經到了沒有任何功利性的行為藝術境界，對生命的輕賤令人髮指。

我們來看李逵的三場殺人大戲。第一場是江州劫法場。當時宋江、戴宗被推上法場要殺頭，梁山好漢在晁蓋率領下展開營救。他們帶著宋江、戴宗往梁山撤退的路上，看見一條黑凜凜大漢，光著上身，只穿了一條直裰，手裡攥著兩把車輪大小的板斧，往江邊趕著看熱鬧的閒人排頭砍過去。你看，李逵實際上對能不能劫出宋江、戴宗兩位哥哥沒怎麼往心裡去，而是在江邊砍那些看客。魯迅也說看客很討厭，好像被人提著脖子的鴨一般。討厭歸討厭，但是罪不至死啊！這兩把車輪大小板的斧排頭砍過去，會砍死、砍傷多少看熱鬧的無辜者呢？

第二場，三打祝家莊。這場戲裡，原本是扈家莊、李家莊、祝家莊形成掎角之勢，互相支持。後來李家莊首先和祝家莊翻了臉，處於中立地位。一打祝家莊的時候，扈家莊和祝家莊組成聯軍，扈家莊的女將一丈青扈三娘連續戰敗梁山幾員大將，後來被林冲生擒活捉。他哥哥扈成擔憂妹妹的安危，帶著禮物上梁山求宋江饒命，宋江提出條件，要求扈家莊保持中立，扈成同意了，這說明扈家莊已經不是梁山的敵人。可三打祝家莊的時候，李逵殺祝家莊的人沒過癮，一拐彎就到了扈家莊，把扈家莊上上下下百八十口人全都殺了個乾乾淨淨。其實我覺得這是《水滸傳》的一處敗筆，我們沒有辦法理解，這樣的血海深仇，扈三娘怎麼可能在梁山上坐一把交椅、跟李逵變成同事呢？

李逵回來，找宋江報功。宋江大怒：「你不知道扈家莊跟我們已經不是敵人了嗎？你違抗軍令有罪，但殺祝龍有功，功過相抵吧！」大家看李逵聽了這話什麼反應，李逵笑著說：「雖然沒有了功勞，也吃我殺得快活！」李逵殺人到了什麼境界不是很清楚嗎？

第三場，最無法接受的是美髯公朱仝上山。朱仝出於義氣，私放了好友插翅虎雷橫，因此犯罪，流配滄州。知府見他一表人才，頗為愛惜，加上知府四歲的小兒子特別喜歡朱仝，撲到朱仝懷裡：「我要這個鬍子抱。」知府非常高興：「既然如此，你就給我當個保姆，幫我哄這個小兒子吧！」朱仝巴不得如此，整天抱著小孩東遊西逛，拿出錢來給孩子買東西吃，他自己的日子好過了嘛！

有一天晚上，朱仝領著小公子看燈，身後有人拍了拍自己肩膀，回頭一看，大驚失色，正是自己私放上了梁山的雷橫。雷橫說：「我一直惦記著感謝哥哥，有幾句話想跟你說。」可這個四歲小孩怎麼辦？作者這個細節處理得很符合生活邏輯，四歲小孩有什麼特點呢？第一，你說他不懂事吧，他有點懂事，聽了你的話以後他可能跟別人說；第二，你說他懂事吧，他又不太懂事，他不知道事情的輕重緩急。所以，朱仝跟雷橫說話不能讓這個孩子聽見，於是把小孩放下來：「小公子，你在這等我，千萬別走，幾分鐘我就回來。」

他和雷橫到僻靜之處，三言兩語，趕緊回來找小公子，已經蹤影皆無。朱仝心慌，連忙沿著雷橫剛才來的方向追趕，追來追去，看見一片松樹林，一個人站在對面。一看相貌，再看兩把車輪大小的板斧，正是江湖上傳說的黑旋風。朱仝趕緊問：「李逵！你把我那小公子怎麼樣了？」李逵說：「沒事啊，好好的，在前邊松樹林裡睡覺呢！」朱仝三步並做兩步趕進樹林，果然，月光照耀之下，小公子躺著睡覺呢！到跟前一抱，壞了，腦袋被大斧子劈作兩半。到了這個地步，朱仝徹底斷了退路，也只好被逼上梁山了。但他對李逵恨之入骨，要先殺李逵，才能上山。

李逵說：「笑話！我是奉晁蓋哥哥、宋江哥哥將令，把這個小公子殺了斷你的後路，關我什麼事！」這是真話，主謀確實是晁蓋、宋江；但還是值得我們想一想：晁蓋、宋江為什麼要派李逵來執行這個任務，而不是派別人？恐怕就是要殺掉一個四歲的無辜小孩，只有李逵能毫無顧忌、下得了手吧！從這個意義上講，李逵確實是一臺嗜血的殺人機器，是一頭失控的江湖怪獸。所以，我也常說這句話：李逵在小說裡你喜歡，他要住你家對門你再試試看！他要跟你生活在一個屋簷下，你能睡得著覺才怪呢！

這裡我是想說，不管浩然正氣說，還是受它影響的俠文化，我們學習傳統文化，應該有一種現代人文立場的反思。這是我們應該具備的重要意識。

第3章

董仲舒的兩漢經學期

——罷黜百家，獨尊儒術

13 朝廷像菜市場，怎麼治？

從這一章開始，我們準備進入以董仲舒為代表的第三個階段：兩漢經學期。在此之前，我們還要解決一個重要的問題：從孟子的戰國，到董仲舒的漢武帝時期，中間經歷了怎樣的歷史契機和文化選擇？**中國為什麼最終選擇了儒家站在最前端，任爾東西南北風而巋然不動，一站就是兩千年？**

法家過氣，道家登臺

我們已經了解了孔子和孟子的思想，我們也同樣知道，不管是孔子還是孟子，他們的思想在當時，從來沒有被統治者採納過。孔子周遊列國、顛沛造次，最後兩袖清風、一無所獲；孟子脣焦舌敝、苦口婆心，但大家認為他泥古迂闊、不切實用。春秋戰國的諸侯國君或選兵家，或選縱橫術，或選法家，最後還是管仲、商鞅、韓非、李斯為代表的法家思想以較大優勢勝出，成為有效的治國之術。

西方邊陲的秦國用了商鞅、李斯的法家思想，最終滅掉了東方六國，一統天下，建立了威風赫赫的大秦帝國。秦王嬴政自以為德邁三皇、功高五帝，所以給自己創設了一個新的尊號「皇帝」。他自稱始皇帝，繼承人就稱為二世、三世、四世……代代相傳，以至於萬世。與皇帝尊號配套的還有其他一些講究，比如皇帝有了一個專屬的自我稱謂「朕」。其實先秦時代，朕是非常普通的第一人稱，誰都可以用。我們讀屈原的《離騷》，開頭就說「朕皇考曰伯庸」。那時候早晨起來，見面跟鄰居打個招呼：「二哥，哪兒去啊？」「朕上廁所！」可見朕這個詞普通人都可以用，現在則變成了皇帝的專有稱謂。凡此種種，都能看到秦始皇嬴政的強烈自信，和對大秦王朝能夠傳之萬世的強烈期望。

但是，結果和他的願望背道而馳，甚至還很諷刺，大秦帝國不過十幾年的壽命，二世而絕，成為中國歷史上最短命的大一統王朝。為什麼秦朝二世而絕？原因非常複雜，但不得不考慮一個非常重要的因素：法家思想用來打天下是好用，坐天下可就未必。

大秦帝國建立以後，嚴刑峻法充斥天下，導致各個階層對此產生了強烈的不滿和反感，從而忍無可忍，點燃了起義的烽火。《史記．陳涉世家》寫得非常清楚，陳勝、吳廣兩個小頭目——相當於連長和副連長吧，帶領著五百戍卒調防，趕上天降暴雨，道路泥濘，不能按照預定日期趕到目的地。秦法規定失期當斬，也就是說不管什麼原因，只要你耽誤了日期，五百人全部殺掉。

這種情況下，我們任何人都會知道怎麼選擇，造反也是死，坐以待斃也是死，但造反有可能不死呀！所以，我常常懷疑，《史記》的記述是司馬遷文人好奇，加了很多文學性的筆法。什麼從魚肚子裡弄出一條絹帛呀，什麼學狐狸叫，「大楚興，陳勝王」呀，我看完全沒必要這麼裝神弄鬼，大家當然知道走哪條路。

後來劉邦攻入咸陽，出榜安民，第一句話就是「天下苦秦法久矣」，大家已經被殘酷的秦法禍害得苦不堪言，所以我只保留三條，把其他的都廢除掉：殺人者死，傷人及盜抵罪。這就是成語約法三章的來歷。

這些場景讓我們看到，完全以法家思想治國，並不能取得成功。但是問題還沒有結束，接下來，劉邦作為西漢王朝創始人，應該選擇什麼思想作為自己的治國方略？劉邦選擇的是黃老之術，也就是道家思想。為什麼？法家思想首先不行了，從自己的選擇項裡去除，同時，剛剛建立的西漢王朝還有一個非常嚴峻的問題，經過連年戰亂，國力已經凋敝到了非常可怕的程度。漢高祖劉邦的登基大典上，需要四匹純色白馬，堂堂大漢王朝居然找不出來，最後只好以四匹雜色的花馬來代替。

王朝強烈需要休養生息，使道家清靜無為的治國思想，幾乎成了必然的選擇。什麼叫休養生息？用現在的話說就是不折騰，給老百姓充分的自主權，不去干涉他們的經濟生活、社會生活，你喜歡種玉米就種玉米，喜歡種高粱就種高粱。國家只要做一件事就夠了，那就是輕徭薄賦。大家一起勒緊腰帶，過點苦日子，讓老百姓的經濟能量逐漸釋放出來，讓國家慢慢富強起來。

儒家文化站上了舞臺

我們需要回過頭來講一個小插曲，在這個時期，儒家思想也有可能成為治國方略的一個選項，但是，它只在歷史舞臺上閃過一點短暫的微光，就消失了。這個情況，我們要從漢高祖劉邦說起。

我們知道，劉邦是基層小幹部亭長出身，身上一大堆流氓無產者的惡習：不拘小節、遊手好閒、好酒貪色等。別人不了解他的底細，覺得皇帝坐在寶座上，威風赫赫，神聖有加，但是跟劉邦打天下的這一批老兄弟清楚劉邦的底細啊！當年我們不是一起喝酒罵人、偷雞摸狗嗎？現在你只不過換了一個座位來坐著，有什麼了不起的？

劉邦雖然當上了皇帝，但他坐在寶座上處理政事，手下的大臣完全沒有規矩，常常是你說你的，我說我的，不但大聲喧嘩、隨便爭吵，甚至一言不合揮拳就打、拔刀就剁，把本該肅穆莊嚴的朝廷，弄得像菜市場一樣亂哄哄的。劉邦聲嘶力竭大叫：「Order! Order!」完全沒人理睬，劉邦也很苦惱。這時候有位儒生叔孫通向劉邦建議：請皇上下聖旨批准，讓我舉辦一個上朝禮儀培訓班吧，我把上朝應該遵守的規矩教給文武百官，以後朝廷就有秩序了。劉邦求之不得，就把這個任務交給了叔孫通。

他的培訓果然不錯，過了一段時間，劉邦再上朝一看，情況不一樣了。現在文官在左，武官在右，按照品級高低排列得整整齊齊，魚貫而入。不鬧了，不吵了，不打架了，想說話先舉手，皇帝批准才能發言。劉邦非常高興，嘆口氣，往寶座後面一靠，說：「吾乃今日知為皇帝之貴也。」可見在說這句話之前，劉邦這個皇帝當得是相當苦惱。這個場景就是我們說的那一點微光，距離成為治國方略還很遙遠。

就這樣，從高祖劉邦到惠帝劉盈，再到文帝劉恆、景帝劉啟，西漢初年四朝皇帝，都運用清靜無為的道家之術作為基本國策，漢帝國的國力不僅逐漸復甦，而且走向富強，出現了中國歷史最為人稱道的盛世之一——文景之治。

到了第五任皇帝劉徹即位的時候，國力已經相當可觀。文獻記載，中央儲備糧庫太倉儲藏的糧食都已經溢出來了；國庫裡穿銅錢的繩子都已經爛了，儲備金多年沒有動用過。對於漢武帝劉徹而言，一方面，他雄才大略，不甘心做守成之主；另一方面，他確實有兩個難題需要解決。

一個是內憂，也就是中央集權的問題。劉邦即位之初，仿照封建制分封諸子，諸多皇子到外地去做親王，親王手裡有軍隊，有收稅權，儼然國中之國、獨立王國，埋下了內亂的根源。在劉徹的爸爸漢景帝劉啟時，就爆發了一場吳王劉濞為首的七國之亂。如果不是出了一代名將周亞夫，說不定西漢王朝早就全盤顛覆了。漢武帝需要把最高權力緊緊抓住，集中在自己手裡。

第二個問題是外患，也就是匈奴的問題。作為中國北方邊地少數民族，匈奴從戰國時期，就和中原處於戰爭狀態。當年大秦鐵騎縱橫天下，但是仍然拿刀利馬快的匈奴沒有辦法，只好下血本修築萬里長城，防禦態勢極其明顯。漢高祖劉邦也曾討伐匈奴，結果被困白登山，簽訂了城下之盟，好不容易才全身而退。多年以來，漢朝從來不敢對匈奴動過心思。一方面作戰能力比較差，更重要的是國家太窮，打不起仗。現在國家終於富強了，有條件解決匈奴問題了。但必須先調整國家理念，理論造勢，實踐才能邁開步子。

漢武帝劉徹為了達到上述目的，下詔求言，希望把相對消極的理念，向積極方向大幅轉換，這就是我們多次強調的歷史文化選擇。歷史和文化的雙重選擇聚焦到一個人身上：大儒董仲舒。董仲舒應劉徹的需求，做《天人三策》，提出了「君權神授，天人感應」、「罷黜百家，獨尊儒術」等主張，**中國從此開啟了國家層面的儒家時代，儒家終於正式站上了歷史的前臺，而且一站就是兩千多年，沒有動搖過。**

14 儒家思想徹底轉化成為帝王術

我給董仲舒為代表的儒家文化新變期，取了一個孔孟無間道的標題，意思是說，董仲舒對孔孟思想既有繼承又有新變，有點像埋伏在孔孟思想裡的臥底。對他的思想及其效應，我們可以從以下三點來梳理。

儒家一站頂端兩千年

第一，罷黜百家，獨尊儒術。這八個字所帶來最直接的效應就是，儒家著述全面上升成為經典。之前諸子百家都有自己的著述，這些著述是平等的，可以互相批駁論戰。什麼名家、兵家、農家、縱橫家，相互辯難、往復不休。現在儒家一枝獨秀，上升成為經典，意味著儒家著述不可以再被批評駁難，經典只能是被闡釋的物件。儒家故老相傳的幾部經典《詩》、《書》、《禮》、《易》、《樂》、《春秋》，除了《樂》失傳，其他幾部現在都加上了一個經字，《詩》上升為《詩經》，《易》上升為《易經》，諸如此類。

朝廷在制度層面與之配套，設立五經博士等官職。能通曉一種或數種儒家經典，朝廷就會給你一個相當體面的地位，這就進一步加固了儒家信徒「學而優則仕」的信念。更重要的是，透過這些手段催生了一門新的學問，那就是經學。

經學這個詞大家不一定很熟悉，但是我們可能知道，古典文獻有一個基本的分類法，叫做經、史、子、集，其中排在第一位的經，就是特指經學，儒家經典的闡釋學。它構成了兩漢時期的一代思想潮流，對後來的中國思想學術也有極其深遠的影響。透過罷黜百家，獨尊儒術，儒家終於正式登上了中國政治舞臺的前臺，而且一站就是兩千年，沒有動搖過。

說一站就是兩千年，難免會有朋友提出疑問：真的兩千年都沒動搖過嗎？比如元朝怎麼解釋呢？提出這個問題很有眼光，我們就以元朝為例，做一點分析。

元朝是蒙古族入主中原，整體上接受漢文化比較淺，對儒家文化也不怎麼感冒。元朝不重視科舉制度，有學者統計，元朝統治的九十多年間，總共只開過七次科舉，而且還不是有規律的開，全靠心血來潮。今年想起來了就開一次，明年想起來再開一次，以後二、三十年想不起來就不開了。因為缺乏學而優則仕的穩定體制，知識分子階層很難藉由科舉制度實現自我價值、社會價值，只好跑到娛樂圈裡廝混，寫寫散曲、雜劇，這就是所謂書會才人。

元朝那麼多大戲劇家，關漢卿、王實甫、馬致遠、白樸……在其他朝代都可能透過科舉來大展宏圖。唯獨在元朝，他們看不見這樣的前途，只好淪落到娛樂圈裡去。當年的娛樂圈很被人瞧不起，不像我們今天這樣瘋狂追捧，這是元朝不重儒學產生的一個文化效應。

另一個例子也可以說明問題。元朝有一種社會階層的等級分布，所謂一官、二吏、三僧、四道、五醫、六工、七獵、八娼、九儒、十丐，儒的地位還不如娼妓，僅比乞丐稍強一點。

這麼多事實都能說明元朝對儒學的輕視，難道我們還能說，元朝的儒家也是站在前臺，沒有動搖嗎？我想說，是的。第一，元朝儘管對儒學態度輕慢，但它也沒有創造另外一套治國方略，比如拿道家、法家或蒙古族的什麼理論來代替儒學。非要給它找一套系統的治國思想，儒家仍然是最有地位的，只不過所占的比例比其他王朝要少而已。第二，儒家思想在元朝也有緩慢的發展，比如確認朱熹的地位。

朱熹的學說集宋代理學之大成，但在宋代並沒有得到特別高的評價，也沒有得到官方的承認，真正確立朱熹聖人地位是在元朝。

元皇慶二年（一三一三年）復科舉，詔定以朱熹的《四書集注》為標準化教材。這對明清兩代科舉都產生了極大的影響。所以，我們可以看到，儒家在元朝仍然是站在最前臺的。如果對儒學最輕慢的元朝尚且如此，其他朝代就更不用說了。這就是罷黜百家，獨尊儒術，對中國文化產生的深遠影響。

儒家思想，打開皇權奴隸的大門

有這樣一種說法，董仲舒透過罷黜百家，獨尊儒術，**讓儒家思想徹底轉化成為帝王術**，也就打開了中國人兩千年身為皇權奴隸的大門。奴隸的大門這個典故，是從魯迅處得來的。他說過：「中國歷史那麼多眼花撩亂的王朝都是騙人的，看穿了，中國歷史其實只有兩個時代，一個是暫時做穩了奴隸的時代，也就是所謂太平盛世；另一個是想做奴隸而不得的時代，那就是無道亂世。[9]」如何認識這樣一種說法呢？我們來分析董仲舒的第二個理念：君權神授，天人感應。

我們前面講過，漢武帝首要解決的難題是加強中央集權，董仲舒自然要貢獻出相應的理論。他把讖緯之說等神祕文化加入儒家學說，提出君權神授的理念：君主的威權是由上天授予，他的統治具有無可置疑的合法性，任何人都不可以挑戰。從這個意義上講，我們說董仲舒打開了中國人身為奴隸的大門，並沒有冤枉他。為什麼？我們看到，在君主的威權，沒有達到這樣的神授高度時，還是有很多人，比方說知識分子群體，可以憑藉知識、智商的優勢，來挑戰君主的權威。

前面我們講過孟子和齊宣王的對話，齊宣王也是雄霸一方的諸侯國君，但孟子面對他是什麼姿態？簡直像老師教小學生一樣胸有成竹、予奪在手嘛！一點都沒有後代文人見到皇帝那種小心翼翼、戰戰兢兢的畏縮。而齊宣王面對孟子，也像小學生見到老師一樣，非常恭敬謙遜：「老夫子啊！我這人很笨，你能不能教教我怎麼做啊？我雖然笨，但是願意努力去做。」這個時候，知識分子就表現出強烈的主體精神，和獨立的人格形象。但自從君權神授的概念深入人心之後，君主的權威不可以受到任何挑戰。那麼，包括最精英群體——知識分子在內的所有階層，從此面對君主的時候，個頭就慢慢矮下去，膝蓋就慢慢軟下去，骨頭就慢慢酥下去，就只剩下三跪九叩、山呼萬歲的份兒了。

從民主意義上來看，君權神授可說是起了負面作用。但是話還要說回來，如果只用君權神授

9 出自魯迅的《燈下漫筆》。

作為罪證，來嚴厲批評董仲舒的話，他可能還會覺得委屈。他會說：「我不光是樹立皇帝的權威，我還用『天人感應』四個字限制他胡作非為了呀！」這也是有點道理的。

其實董仲舒也有這樣的擔憂：「君主有了不受任何約束的權威，他胡作非為怎麼辦？誰能管得了？看來只有那個授權的上天的意志，能承擔這個任務了。」所以他提出了天人感應說：上天會透過某些徵象來表示對君主統治的評價。你統治得好，上天會降下一些徵象提出表揚；你統治得不好，上天也會降下徵象給予警告。孔孟思想本來是有著很濃郁的無神論色彩，現在董仲舒用其他學說摻入儒學，就在一定程度上改變了儒學的基調和顏色。我們說他是孔孟思想的臥底，主要指的就是這一層意思。

祥瑞與災異

那麼到底會降下什麼樣的徵象，來提出表揚或予以批評，約束君主的權力呢？自從天人感應說盛行以後，史書就開始多了兩項之前沒有過的記載，一項叫做祥瑞，一項叫做災異。

祥瑞就是上天對君主的統治提出表揚，比如什麼地方發現了白虎、白鹿、千年靈芝之類，還有較為普通的祥瑞叫嘉禾。一棵正常的禾苗可能結四個穗，如果有一株禾苗結了六個穗或者八個穗，它就會被稱為嘉禾，地位馬上不一樣。它被採摘下來以後，要小心翼翼放在盒子裡包裝起來，送到皇帝那裡去報喜。

這些祥瑞多半不可信，比如白虎，現代生物學認為可能是白化症導致，嘉禾則是植物基因變異造成的，清代的康熙皇帝就曾經檢驗過進呈給他的嘉禾，發現其中沒有米粒，都是空殼而已。但是古人沒有這些概念，只要發現它有吉祥的涵義，就可以去跟皇帝報喜報功了。

反過來說，災異當然就表示君主的統治出了問題，上天用各種現象給予警告。最可怕的災異是地震，地震是我們至今也無法克服、無法預防的巨大自然災害。古人更不能理解地震的發生原理，所以一旦發生地震，那就是頭等大事，舉國驚悚。再往細裡說，地震也要分發生在什麼地方，警告程度是不一樣的。

山東泰安地區的地震，是普天下最可怕的地震。

泰山是一座和王權緊密結合的政治之山，君主封禪的第一站總是要到泰山。如果泰山地區發生地震，對君主內心的震撼會非常強烈。比如明成化二十一年（一四八五年），明憲宗朱見深想要廢太子，太子呼天無門、告地無術。就在廢太子的聖旨頒布之前，老天幫了太子一個大忙：泰山地區突然發生大地震，朱見深聽到這個消息非常害怕，立刻停止了廢太子朱祐樘的舉動。朱祐樘因此渡過了人生最大的難關，後來成為明代少見的明君，那就是明孝宗弘治皇帝。

次一等的災異是太廟失火。太廟是皇帝供奉列祖列宗的地方，如果太廟失火，就意味著先祖對君主的統治表示強烈不滿，古人敬天法祖，對此也會非常重視。其他的表現還有人妖物怪，比如有個男的突然變成女的、一條大蛇盤踞在皇帝寶座上、有一條狗突然穿上人的衣服去逛街，還會說人話。我沒有開玩笑，史書上是有這樣的記載。越是到某個朝代的末世，人妖物怪就越多，所謂國家將亡，必有妖孽。

董仲舒認為，他的天人感應在一定程度上限制了君權。實際效果怎麼樣？我覺得是有效果，但很有限。我們舉了上面的諸多例子，是想說明董仲舒思想的各個層面，並提醒大家很多簡單的判斷背後，事實其實並沒有那麼簡單。

夫為妻綱，開啟了女性的苦難大門

董仲舒的第三個觀點，我們也需要略說幾句，那就是大家最熟悉的三綱五常。

三綱的前兩點君為臣綱，父為子綱，和他的君權神授理念有一定吻合之處，同時也繼承且擴大解釋孔子「君君，臣臣，父父，子子」的禮思想。夫為妻綱的提出則相對複雜一些。

一方面，這裡有孔孟的影響。孔子云：「唯女子與小人為難養也。」現在有很多人重新闡釋這句話，但似乎都沒有辦法掩飾孔子對女性的輕蔑和傲慢。其實孟子的夫妻關係也不是很好。

有一次，孟子進入臥室，看見妻子箕踞，就是兩條腿打開伸平，很隨便的坐在那。孟子大怒，認為這是非禮之舉，馬上要和妻子離婚。後來還是賢明的孟母比較講道理，她說：「你回家了不說一聲，直接闖進臥室，人家都來不及整理一下，這叫『不教而誅』。你怎麼可以因為這件事，就跟人家離婚呢？」孟子這才停止了這種極端行為。

另一方面，會提出夫為妻綱，也是中國社會發展到男權中心形態的必然結果。換句話說，沒有董仲舒，也會有張仲舒、王仲舒站出來說這些話。夫為妻綱確立了男權社會的性質，同時也造成了嚴重的副作用，它束縛了女性的生存空間，打開了中國古代女性的苦難之門。關於這個問題，我們在後面的宋代理學部分還會做進一步分析。

第4章

宋代理學期——濂、洛、關、閩四個學派

15 為什麼是宋朝，不是唐朝？

從這一章開始，我們進入儒家文化發展的第四個時期：宋代理學，但在此之前，我們還有一個問題需要解決——為啥偏偏是宋朝？

我想提出的問題是：從漢代到宋代，經歷了漫長的時間、複雜的朝代更迭，兩漢、三國、西晉、東晉，之後是大分裂的南北朝，然後是短命的大一統隋朝，接下來是大家最熟悉的唐朝。唐朝滅亡以後，又經歷了一個紛亂的五代十國時期，這才到了相對統一的宋朝。

這麼長的時間，這麼多的朝代，為什麼沒有出現一個儒家文化發展的高潮呢？特別是在非常鼎盛的唐朝，為什麼沒有出現儒家文化的高峰？

政治太黑暗，來學玄學吧

隨著董仲舒提出一系列學說，經學創設，大批虔誠的儒家信徒被培養出來。他們以修身、齊家、治國、平天下為己任，信奉浩然正氣、世界大同的最高理想。然而，這些理想在東漢中後期開始四面碰壁，遭遇低潮。

東漢是中國歷史上，一段政治比較黑暗的時期，中後期大部分時間皇帝都是傀儡，最高權力淪落在兩大集團手中，一個是皇帝的姻親權力集團，也就是皇帝的岳父、大舅子、小舅子等，史稱外戚；另一個是宦官集團，元朝以後稱太監。這兩個集團輪流坐莊，皇帝大權旁落，政治一天比一天黑暗糜爛。這種情況下，被儒家理想陶冶出來的知識分子集團，一直努力和宦官、外戚集團殊死鬥爭，甚至是一種自殺式的、雞蛋碰石頭式的對抗。

東漢歷史上有一個著名的黨錮之禍，外戚、宦官囚禁並殺害了一大批著名的知識分子。儒家信徒付出了青春、鮮血和生命，卻沒有看到光明和希望，信仰必然開始動搖。正是從這一時期開始，儒家文化走向低谷，到了魏晉時期，最終演變成了另外一種思潮——魏晉玄學。

玄學是一門什麼樣的學問呢？簡單說，玄學是儒道互滲，但遠儒而近道。魏晉玄學的突出代表，大家最熟悉的應該是竹林七賢。那麼，竹林七賢這些人對於社會、現實政治到底是什麼態度？我們從幾個典型事例中可以看得出來。

比如酒聖劉伶，傳說他走到哪，身上都背著一個酒葫蘆，身後還跟著一個扛著鋤頭的小童。他說，我這麼喝酒，早晚有喝死的那一天。不管我什麼時候喝死了，都千萬不要挪動，就讓這童兒就地刨一個坑，把我埋起來就可以了。

一個人喜歡喝酒到這種程度，他夫人也非常擔心，乾脆把劉伶的錢都收起來，看他拿什麼去買酒。劉伶實在耐不過酒癮了，去跟夫人談判：「我可以戒酒，但是有個條件，你得給我點錢，讓我買些酒回來，好好喝一場，然後我就戒酒了。」夫人覺得還算公平，也就同意了。結果劉伶喝暢快了，端起酒杯發誓說：「天生劉伶，以酒為名。婦人之言，慎不可聽。」酒還是照喝不誤。劉伶為什麼這樣做？

我們懂得，人的心靈逃遁和隱居可以有很多途徑。孔子說「道不行，乘桴浮於海」，是想到大海上去隱居，劉伶則是隱於酒，把自己的心靈釋放在酒精當中，麻醉自己。類似劉伶的這種情況，在竹林七賢中相當普遍，很多大文人都好酒。比如阮籍，因為他名氣大，司馬氏集團想籠絡他，派媒人上門求親，想迎娶阮籍的女兒。阮籍不願意答應這門親事，又不能正面衝突，在這樣的關鍵時刻，酒成了他逃脫現實迫害的有力武器。於是就出現了這種戲劇性的場面——司馬氏的媒人來到門口一問：「阮先生在家否？」「在呢，但是喝得爛醉如泥，沒有辦法談任何事情。」媒人在他家等了一天，阮籍硬是不醒，只好告辭。第二天媒人又來了，「阮先生今天怎麼樣？」「哎呀！你來得太不巧了，昨天你剛走，阮先生就醒了，但是醒過來之後又喝了一夜。現在爛醉如泥，不能談事情啊！」連續兩個月天天如此，司馬氏明白了阮籍以這種溫柔方式傳遞的資訊，也只好付之一笑，婚事作罷。阮籍常常喝醉了策馬狂奔，一直跑到岔路口才停下，對著曠野夕陽大哭一場。這就是著名的阮籍哭窮途的典故。

竹林群體在我們心目中，常常是天天除了喝酒，什麼都不幹的清高飄逸形象，實際上，他們的內心非常苦痛。魯迅當年就說得很明白，其實他們才是儒家思想的虔誠信徒，只不過自己的信仰與現實衝突得如此劇烈，所以才用各種辦法逃遁、躲藏。所以說，魏晉玄學的興起，一定程度上顯示出儒家文化的低潮。

不像出家像綁架

到了南北朝時期，儒學持續低迷，佛教崛起成為一時熱潮。我們一般認為，佛教傳入中國是在西元前一世紀，具體來說，是西元六十四年到西元六十七年，即漢明帝永平七年到永平十年。

永平七年的一天，漢明帝做了一個怪夢，夢見西方有十二金人。有人認為這個夢，預示著西方將有聖人出現，漢明帝於是派使團西行尋找聖人，以應夢兆。三年以後，使團回來，帶回來兩個新新人類——兩個印度和尚，一個叫迦葉摩騰（也譯作攝摩騰），一個叫竺法蘭。

這是中國大地上第一次有和尚出現，同時還帶來一部佛經，那就是《鹿鼎記》裡韋小寶到上書房去偷的《四十二章經》，這是第一部傳入中國的佛經。為了安置這兩個和尚，漢明帝下令在東漢都城洛陽建一座寺廟。因為這個使團中白馬居多，所以稱白馬寺，這是中國的第一座寺廟。這三個第一，意味著佛教正式傳入中國。

但是，佛教傳入中土以後，並沒有馬上大行其道。其實皇帝也只是一時心血來潮而已，一看這兩和尚長得奇形怪狀，說話嘰裡咕嚕，講的道理也聽不大明白，也就沒太當一回事。其後的兩百年間，佛教一直處於一種自生自滅的狀況。直到魏晉玄學興起，佛教的態勢才迅速上升。

玄學的玄字，是從《道德經》中「玄之又玄，眾妙之門」這一句來的，因為要逃避現實，大家更關心宇宙、時間、生命等玄遠的問題，而佛教在這些問題上，有著非常獨特高妙的看法，於是，一批有相當話語權的高級知識分子開始推崇佛教。到了南北朝，出現了佛教傳入中土以後的第一個發展高峰。

說到南北朝佛教的興盛，我們很容易想起杜牧的絕句〈江南春〉：「南朝四百八十寺，多少樓臺煙雨中」，有很多人說南朝四百八十寺一句，運用了誇飾法，極言其多。實際上，我們查看一些文獻就會發現，杜牧一點都沒誇張，完全是現實主義的寫法。文獻顯示，僅南朝都城建康（今南京）一地，就有佛寺五百餘座，僧尼十餘萬眾，且都過著相當豪奢的生活。

問題是，作為佛教徒，他們沒有經濟來源，不能創造社會財富、促進GDP（按：國內生產毛額，Gross domestic product）增長，為什麼能過上如此堂皇奢靡的生活呢？主要是因為貴族階層對佛教的推崇和供養，其中非常典型的例子是梁武帝蕭衍。

蕭衍信奉佛教，虔誠到不可自拔的程度，古語稱為佞佛（按：譏人盲目奉佛以求福）。他曾經三次捨身出家，而且每次出家都沒有計畫安排，比如朝政怎麼過渡？交給哪個接班人？這些事情一概不管，就憑心血來潮，跑到寺廟裡剃度當了和尚。大臣們第二天上朝才知道皇帝失蹤，四處尋找，最後在寺廟裡找到了。請蕭衍回來當皇帝，他說：「那不行，你們非想讓我當皇帝，只有向寺廟大量布施捨身錢，贖買我不能當和尚的罪孽。」這種方式，我們怎麼聽都不像出家，像綁架。因為蕭衍三次捨身出家，大梁朝財政共支出捨身錢高達十億以上，掏空了國家的腰包和朝廷的財政。

跟南朝相比，北朝的狂熱程度有過之而無不及，但表現方式不同。北朝熱衷於開石窟、造佛像，我們熟悉的敦煌莫高窟、雲岡石窟、龍門石窟等都是在北朝時開始開鑿，後又歷經數百、上千年完成。佛教如此興盛，儒家文化當然持續走向低迷。再到隋唐時期，儒家文化逐漸復興上揚，但是也沒有達到高峰的程度。隋朝比較短，可以忽略不計，我們只說唐朝。

儒佛道，輪流受唐代統治者支持

唐朝三教並重，儒、釋、道三者在官方意識形態中，處於相對均衡態勢，但是忽上忽下，變幻多端。李唐王朝初建的時候，道排在第一位。為什麼？李唐王朝出身於西北地方，和鮮卑族等少數民族有比較密切的血緣、文化關聯。現在他要確立政權的合法性，需要在文化上給自己找一個後臺，老子李耳和自己同姓，用來抬高門第，無疑是最佳選擇。於是，李唐王朝奉老子為祖先，追認他為太上玄元皇帝，道當然就排在第一位了。

過了幾代，到了武則天時期，佛超越了道，排上了第一位。為什麼？我們知道，武則天是中國歷史上唯一的女皇帝，女人可以當皇帝這件事，在中國所有經典中，包括儒道經典，都找不到任何理論依據，但是佛經裡講過女兒國的存在，女人可以當國王，這就給武則天提供了一個有效的理論武器。出於這樣的考慮，佛被排在道的前面，在這一時期幾乎成了國教。

儒家儘管是唐代意識形態的三分之一，但這種情況下，仍處在相對被忽視的地位，遲遲沒有出現一個應有的高峰。儒家迎來大幅度上升的契機，是在由盛轉衰的盛唐、中唐之際。

西元七五八年，安史之亂起，數年戰亂，唐王朝元氣大傷，山雨欲來風滿樓，黑雲壓城城欲摧，儒家信徒心頭都在迴蕩著一個共同問題——拿什麼拯救你，我的大唐？大文豪、大思想家韓愈寫出名作〈原道〉。原道，就是追根溯源，梳理儒家道統。他把儒家道統追溯到上古的堯、舜、禹、周公，然後是孔子、孟子，孟子往下就是自己（韓愈）了。

韓愈對董仲舒很反感，他譴責董仲舒是孔孟思想的叛徒，所以只能由自己來接續儒家道統。作為韓愈的戰友，柳宗元提出了比較系統的明道說，以為「文者以明道」、「聖人之言，期以明道」，對韓愈作了有力的呼應。

這些文章、言論的出現，在一定程度上釐清了儒家文化的脈絡，推進了它的重振。但是因為時間關係，暫時還達不到發揚光大的程度，它只是為未來的高潮打下厚實的基礎。經過中晚唐、五代十國，到了承平繁盛的宋代，新一波儒家文化高潮終於到來了，那就是宋代理學的興起。

16 濂學、洛學、關學，三大學派

進入宋代理學，我們首先梳理所謂的四大正宗，即濂、洛、關、閩四個學派。**第一個，濂學。濂學的代表人物我們並不陌生，那就是〈愛蓮說〉的作者周敦頤。**〈愛蓮說〉標舉蓮花的品格，說它「出淤泥而不染，濯清漣而不妖」，這恐怕是古往今來，寫蓮花最適切的兩句話了。

周敦頤是湖南人，因為長時間在濂溪講學，後人稱之為濂溪先生，其學說也相應被稱為濂學。作為宋代理學的開創者之一，周敦頤在哲學上有不少出色的見解，我們在這裡不做太多闡述，而要著眼於他的文化影響。首先是他這篇〈愛蓮說〉，他標舉的出淤泥而不染、濯清漣而不妖的精神，和孔子的君子概念、孟子的大丈夫概念，其實是一脈相承的。所謂出淤泥而不染，難道不就是孟子所說的「富貴不能淫，貧賤不能移，威武不能屈」嗎？當然，濯清漣而不妖，那是君子謙遜不自滿的品格的表現。

周敦頤還有一個文化觀點對後來影響比較大，叫做文以載道。這裡涉及一個非常重要的文學（哲學）命題——文與道之間的關係，即文采和思想之間的關係。孔子講過「言之無文，行而不遠」，意思是如果沒有一個跟思想相配合的、有條理的表達方式，道理講出去也不會長久廣泛。所以孔子強調「文質彬彬，然後君子」，文采和思想應該是相得益彰的。

這種看法到周敦頤這裡，有了一定程度的調整。文以載道，也就是說，文章辭藻只有一個功能，是為了傳播聖賢之道，這樣就把文的地位大大下降，大幅提高了道的地位。我們可以把這個觀點，和柳宗元的明道說做一個對比。

柳宗元也提出，做文章的目的是為了道，但是他沒有特別降低文的地位——道是要講的，但文采也要講究。周敦頤把明字換成了載字，那就更進一步削弱了文的地位，甚至否定了它的獨立審美品格。這種看法，我們學中文的人是不大喜歡，但不能否認它的巨大影響和重要地位。

第二個值得我們關注的，是宋代理學另一位開創者——比周敦頤小三歲的張載。張載是關中人，就是今天的陝西人，所以他的學問被稱為關學。張載有兩個觀點帶來巨大的影響，第一個是著名的橫渠四句。橫渠是張載的號，這四句話就是「為天地立心，為生民立命，為往聖繼絕學，為萬世開太平」。

為天地立心，就是要為天地宇宙尋找一個精神上的支點；為生民立命，就是要為天下百姓尋找一個安身立命的地方；為往聖繼絕學，就是要替聖人接續將要斷絕的道統；最終達到一個總體目標——萬世開太平。

張載這四句話，儘管在之前的孔子、孟子、董仲舒，乃至韓愈，柳宗元，都有過不同程度的表達，但是那些表達從來沒有像張載這樣，提煉濃縮到一種精煉，而又使人熱血賁張的地步。所以，橫渠四句歷經千年，至今仍然具有鼓舞人心的巨大魅力，值得大家深深品味。

如何能做到這麼崇高、對普通人來說遙不可及的目標呢？接續這四句話，張載提出了一個很切實的方法論：「民胞物與。」簡單解釋，就是以萬民為同胞，以萬物為朋友。這裡涉及了古漢語常用的一個句法，民胞，就是以萬民為同胞，物與，就是以萬物為朋友，名詞作動詞用。

以萬民為同胞，這是對孔子仁思想的昇華性闡述，把對同胞手足的感情都用到普通人身上去，這就是仁，是普通人能成為聖賢的要素；以萬物為朋友，則吸收了道家重自然萬物、重天人關係的思想，從這個意義上講，張載也是儒道互補的一個典型。

弘揚士大夫氣節，卻變成女性的枷鎖

這裡我們重點講一下第三個學派——以程顥、程頤為代表的洛學。程氏兄弟是河南洛陽人，所以這個學派被稱為洛學。他們在哲學上建樹頗多，但這裡我們只談他們的一個著名說法：「餓死事小，失節事大。」在文化史上，這兩句話一直被認為是套在古典時代女性身上的沉重枷鎖，在這八字真言底下，壓著無數女性的青春和淚水，造成了無數人間悲劇。因為這樣的說法，我們對兩位程先生的印象一直都不太好。這樣的判斷有沒有道理？我們需要推本溯源，把這件事情的來龍去脈講清楚。

首先我們應該看到，二程提出這八個字，原本是針對士大夫的氣節而言，節，指的是士大夫的氣節。為什麼二程會有感而發、特別強調這八個字呢？

宋代以前是一個非常混亂的時期——五代十國。五代十國的一個特點是政權多，另一個特點是政權都比較短命。這樣的亂世中，知識優勢的士大夫很難選擇是否為新的君主做事。當然也有人在這種情況下如魚得水，把自己的小日子過得有滋有味，比如馮道。馮道一生仕四姓十君，人家走馬燈一樣換政權，他就走馬燈一樣換主子。馮道到了晚年反思自己一生的時候，居然厚顏無恥的聲稱自己忠孝節義樣樣俱全，給自己起了一個別號，叫長樂老人。理學家們對此感到非常不齒，所以提出失節事大的口號。

這裡我們要加一個小花絮。亂世中的馮道雖然在氣節上有虧欠，但他功業還是不錯的，很切實的做過一些好事情。對於這樣的情況，用非黑即白的思考方式是不太好理解的；加上身處承平，不能體會亂世選擇的艱難——歐陽修、宋祁修《五代史》的時候，就已經對馮道的行徑大加鞭撻，二程又在這個基礎上，提出失節事大的口號，目的是提醒、弘揚士大夫的氣節。初衷當然是好，但問題是，原本很好的兩句話，為什麼一轉手，成了套在女性身上的嚴酷枷鎖了？

這裡我想提出一個概念，叫做「本店擁有最終解釋權」效應，這個說法有點囉唆，什麼意思呢？我們肯定都收到過一些傳單、廣告，美容院、健身房、飯館發的居多，傳單上常常列出一些優惠政策，但是為了避免爭議，一般都在下面印上一行小字：本店擁有最終解釋權。二程提出「餓死事小，失節事大」，本來是針對士大夫而言的，問題是誰來解釋、傳播這句話呢？恰恰是被提出最嚴厲要求的士大夫，而這些士大夫又擁有了最終解釋權，把這個枷鎖套在自己身上，顯然不適合，所以大家就有意無意的開始曲解這句話，施展了乾坤大挪移神功，把它一轉手，套到女性身上來了。從此以後，這個「節」字的涵義就逐漸狹隘化，開始專指女性的節操、貞操，這八字真言的背後，就開始逐步浸透了女性的青春、淚水，甚至生命，造成了許多難堪的人間悲劇。

哪個守寡時機最好？

我們可以看一看《明史》中的《列女傳》。《列女傳》，即各種女性的合傳。是列女傳，而不是烈女傳。因為當時的環境下，女性沒有機會站在社會前臺，要想被後人記錄下來，那就需要在烈的方面做出非常傑出的成績，她才有資格被收進這個沒有四點火的《列女傳》。

《列女傳》一共收錄了三百零八人，這個數字我們聽起來不是很多，明朝歷經兩百七十多年，平均每年才一個左右。但應該提醒一句，這個數字沒有那麼簡單。我們都有這樣的體驗，比如在校讀書，想評班級三好學生（按：中國對優秀學生的一種榮譽稱號。三好是指思想品德好、學習好、身體好），你要和幾十個人競爭；成功了以後，你要和整個年級幾百個同學競爭，再和全校上千同學競爭，才能獲得校級三好學生。上面還有市級、省級、國家級呢！那就意味著你可能要跟幾百萬人，甚至幾千萬人競爭，最終只有極少數的幸運兒能夠脫穎而出，成為國家級優秀學生。《列女傳》也同樣，明朝兩百七十多年歷史，只選擇了這三百零八個人寫進來，她們就屬於戰勝了上百萬、上千萬人之後，才被載入國家級正史的人物。

現在我們可以在大腦中虛擬一個金字塔圖形。金字塔尖上是三百零八人，往下再劃一個臺階，省級的《列女傳》會有多少人呢？恐怕就要平方一下吧？省級下面還有市級，市級下面還有縣級呢！每往下擴大一級，這個數字都可能是平方級延伸的！可是，縣級下面還有哪一個官方級別都進不去的私人著述呢！三百零八這個數字看似很小，但最底下的這個基數，一定是個非常可怕的數字。那麼，這樣觸目驚心的數字我們有沒有看到底呢？恐怕還是沒有。我們上面所說的數字不管有多大，那都是需要白紙黑字寫下來有據可查的數字。會不會有很多人也這樣做了，但是最終事蹟沒有被記錄下來的情況？顯然，這底下掩蓋了一個更加龐大得讓人覺得恐怖的數字。

我們來盤點一下，一個女人要具備什麼樣的條件，才有可能被私家著述，乃至被任何一級官方正史記錄下來。我們就以最平常的守寡為本，來做一個邏輯推演。

一個女人想透過守寡來獲得任何一種承認，至少得具備兩個條件，第一，守寡要早。一個女孩子嫁了人，如果跟丈夫一直生活了很多年，丈夫才去世，你守寡這沒什麼了不起的。丈夫死得越早越理想，你要是剛嫁過去丈夫就去世了，這就很理想了。特別是你還沒嫁，丈夫就去世了，這叫望門寡，那就更理想了。第二是守寡時間要長。比如說有一個女孩子十八歲嫁人，十九歲丈夫就死了，第一個條件倒是很理想，但問題是，她自己活到二十多歲就死掉了，一共也沒守幾年，那就不會得到高級別的肯定，所以，最理想的情況是早早過門，丈夫早早去世，而自己從青春妙齡一直守到白髮蒼蒼，時間越長，就越有可能贏得表彰。我們說得調侃了一點，但這種調侃的分析背後，真的是掩埋了無數女性的青春、血淚和她們燦爛如花的生命。

以理殺人，其誰憐之

《儒林外史》有個角色叫王玉輝，是二程的虔誠信徒，堅決相信餓死事小，失節事大。她女兒嫁了人，沒過幾年，丈夫去世了。這個女孩子從小被父親灌輸了很多節烈思想，於是做出了一個極端決定，要自殺殉夫。即使是餓死事小、失節事大的思想深入人心，但還有另外一個樸素的真理是永遠占上風的：人的生命只有一次，沒有重來的機會。做出這種決絕舉動的畢竟還是極少數。女孩的媽媽、朋友、親戚都堅決反對女孩的決定，但是王玉輝理欲熏心，堅決支持女兒殉節：「女兒，你只有這樣做了，才不愧我的良好家教，才對得起父親的管教養護之恩哪！」於是，在親生父親的支持、慫恿、教唆之下，這個女孩終於完成了心願，絕食殉夫。

在這裡，吳敬梓寫了一個細節，體現出王玉輝身上最後一點沒有泯滅的人性。他聽到女兒絕食自殺的消息之後，當著別人的面仰天長笑：「好！好！好！光我門楣啊！我老王家祖墳都冒青煙啊！」但是背轉身來自己一個人的時候，他還是忍不住流下兩行渾濁的老淚。這樣的人間悲劇，吳敬梓把它寫進《儒林外史》中，的確給人相當大的震撼。

和吳敬梓同時稍晚一點的思想家焦循，在《孟子正義》中講過一句非常尖銳的話：用刀子殺人，猶有憐之者；以理殺人，其誰憐之？從這個意義上講，我們確實應該對餓死事小、失節事大之類的真言，造成的人間悲劇具有清醒認識，同時也給予嚴厲批判。二程的初衷是好，但作為始作俑者，他們把這樣的教條極端化、絕對化——動輒責人以死，也是難辭其咎的。

《河南程氏遺書》記載，有人問他們，寡婦不嫁必然寒餓而死，怎麼辦？程頤堅決回答：「哪有怕寒餓就再嫁的道理？」可見，後人宣導的對女性貞操的嚴苛、變態要求，其實和二程原意也相去不遠。所以說，對於種種人間悲劇和女性背負的沉重枷鎖，雖然全部責任不在二程，但他們也應當負相當大的責任。

17 朱熹的閩學，存天理、滅人欲

這一章我們談**四大正宗的最後一個——閩學**，代表人物即宋代理學的集大成者，地位遠比周敦頤、張載、二程要高的聖人朱熹。

大家回想一下，朱熹在你腦海中是什麼形象呢？毫無疑問，首先會想到朱熹是個大儒，古代尊稱他為朱子，孔孟以後幾乎沒有人能跟他相比；但是，再搜羅一下你的腦海，有沒有可能，朱熹是一個小人呢？這讓我們想起李汝珍的《鏡花緣》。

《鏡花緣》中寫了一個很有意思的兩面國，其人生相奇特，露在外面的一張臉非常和藹、滿面春風，但頭巾蓋住的另一張臉則十分醜惡猙獰、令人驚悚。這當然是這部想像力優異的小說，對世態人情的一種諷刺，可是，朱熹會不會是這樣一種兩面人、偽君子呢？

聖人朱熹是小人嗎？

繼續盤點，為什麼我們腦海中出現的朱熹，有可能會是小人的印象？很大程度上恐怕是從《二刻拍案驚奇》中的名篇〈硬勘案大儒爭閒氣，甘受刑俠女著芳名〉中來的。這篇小說寫道，朱熹在浙江做官的時候，對一個同僚唐仲友非常反感，想找一點罪名羅織陷害。他打聽到唐仲友和一個妓女嚴蕊過從甚密，就要求她編造罪名誣陷唐仲友。沒想到，嚴蕊雖然身分低賤，但是人格高尚，不說唐仲友一句壞話。朱熹惱羞成怒，對嚴蕊施以酷刑，嚴蕊氣節凜然，仍然不改口供，把朱熹弄得丟人現眼，萬眾聲討。這就是所謂「硬勘案大儒爭閒氣」。硬勘案就是有逼供的舉動，但爭的是閒氣，而嚴蕊成了俠女，芳名流傳。小說中還記載了嚴蕊的一首詞〈卜算子〉：

不是愛風塵，似被前緣誤。花落花開自有時，總賴東君主。去也終須去。住也如何住。若得山花插滿頭，莫問奴歸處。

這首相當不錯的詞，更進一步坐實了嚴蕊的俠女芳名，和朱熹的小人形象。

朱熹是不是小說裡寫的這樣一個小人，我們需要一步一步破解這個學術公案。講到破解學術公案，我有一個看法：破解學術公案，省略掉限定的程序，那就是破案，這和司法機構偵破、判斷某個刑事案件的原則都是有共同性的。比如證據鏈條原則。人證、物證、旁證互相咬合，形成一條完整的證據鏈。如果證據鏈充分，就可以在犯罪嫌疑人零口供的情況下定罪。與此相關的，還有一條原則叫做孤證不能成立。只有一個證據，沒有其他旁證，一般來說，不能當作可採信證據。第三條，無罪推定原則。當證據不充分的時候，我們寧可相信他無罪，也不能把罪名強加給他。那麼，我們就可以應用這些司法原則，來偵破朱熹這樁公案。

首先應該追溯一下這個硬勘案大儒爭閒氣的故事，最早是從哪裡傳出來的。透過文獻考查，我們不難找到源頭，它出自和朱熹同時代的一部著名筆記小說——洪邁的《夷堅志》。

洪邁為什麼要在小說當中塑造這樣一個朱熹形象？原因很簡單，洪邁也是著名學者，他和朱熹的學術觀點存有分歧，矛盾深，所以他會傾向於把朱熹寫成小人。《夷堅志》記載比較簡單，到周密的《齊東野語》，就花了很大篇幅，來渲染朱熹拷問嚴蕊、嚴蕊堅貞不屈之類的細節。再經過長時間的流傳加工，最終被淩濛初整理寫進《二刻拍案驚奇》當中。

透過以上的考察，我想說明的是，這件事情只有一個來源——洪邁的《夷堅志》，同時代其他文獻中都沒有類似記載。從破解學術公案的基本規則來講，第一，沒有形成完整的證據鏈條；第二，孤證；第三，應該本著無罪推定的原則判斷朱熹無罪，沒有做過這件事。其實事情真相，學者們已經尋繹得相當清楚，朱熹彈劾唐仲友確有其事，當時他作為浙江地區的監察官員，彈劾同事是一種很正常的職務行為。朱熹不光彈劾了唐仲友，同時還檢舉了另外一些行為不妥的官員，其中唐仲友的名氣最大。

唐仲友不是凡夫俗子，他是當時儒家事功派的代表人物，做事情有魄力，注重實際，明顯缺點是膽大妄為、立身不正。從這個意義上講，朱熹告發彈劾唐仲友沒有私人恩怨的成分，並不像小說中渲染的那樣，是一種閒氣。還要附帶辨析一點，一般都傳說是嚴蕊寫下這首〈卜算子〉，其實它真正作者是唐仲友的表弟高宣教，這又從另外一個層面說明，不存在爭閒氣這件事。

幾乎完美的朱聖人

既然朱熹沒有做過小說裡面所寫的這些事，那麼他到底是個怎樣的人？我想，朱熹有這幾個方面的形象。首先，朱熹是一個品性高尚的官員，在關切民生、勤勞為政這些方面做得相當不錯。其次，朱熹是一個非常淵博執著的學者，留下了不少治學的佳話。南宋淳熙二年（一一七五年），他和同時代的另外一位哲學大師陸九淵，在鵝湖古寺舉行了一場哲學辯論會。朱講格物致知，陸講發明本心，兩個人就不同的教人之法，辯論了三天，意猶未盡，給陸九淵送行的路上仍然你來我往，爭討不休。

本來已經到了水邊，陸九淵應該登船啟程了，兩人還是興致勃勃，朱熹乾脆上了陸九淵的船，繼續辯論。到了對岸，陸九淵應該上岸出發了，但他們把船又划了回去。這條船在河上划來划去，如是者三，不知不覺到了黃昏時分，突然聽到岸邊一聲虎嘯，兩個人這才如夢初醒，相視一笑。這就是中國古代思想史著名的鵝湖之會。

再次，朱熹是非常了不起的教育家。南宋時期，中國的書院教育已經相當發達，白鹿洞書院、嶽麓書院、石鼓書院都和朱熹有著密切關係，或由他創建，或由他主要參與，他在教育方面的成就和魅力，應該說「孔子之後，一人而已」。很多學生都長時間追隨他，幾年、十幾年，甚至終生。朱熹被判為偽學、逆黨，遭受各種打壓迫害的時候，很多學生也不離不棄，共相患難。在朱熹去世的前兩年，他的得意門生蔡元定被朝廷拘捕，朱熹召集百餘位學生為他送行。余秋雨在〈千年庭院〉中敘述了這次生死道別：

席間有的學生難過得哭起來了，而蔡元定卻從容鎮定，為自己敬愛的老師和他的學說去受罪，無怨無悔。朱熹看到蔡元定的這種神態很是感動，席後對蔡元定說，我已老邁，今後也許難得與你見面了，今天晚上與我住在一起吧。這天晚上，師生倆在一起竟然沒有談分別的事，而是通宵校訂了《參同契》一書，直到東方發白。蔡元定被官府拘捕後杖枷三千里流放，歷盡千難萬苦，死於道州。一路上，他始終記著那次餞行、那個通宵。世間每個人都會死在不同的身分上，卻很少有人像蔡元定，以一個地地道道的學生身分，踏上生命的最後跑道。

既然學生死得像個學生，那麼教師也更應該死得像個教師。蔡元定死後的第二年，一一九八年，朱熹避居東陽石洞，還是沒有停止講學。有人勸他，說朝廷對他正虎視眈眈，別再召集學生講課了。他笑而不答。直到一一九九年，他覺得真的已走到生命盡頭了，自述道：「我越來越衰弱了，想到那幾個好學生都已死於貶所，而我卻還活著，真是痛心，看來支撐不了多久了。」果然這年三月九日，他病死於建陽。

這是一位真正的教育家之死。他晚年所受的災難，完全來自於他的學術和教育事業，對此，他的學生們最清楚。當他的遺體下葬時，散落在四方的學生都不怕朝廷禁令，紛紛趕來，官府怕這些學生議論生事，還特令加強戒備。不能來的也在各地聚會紀念：「訃告所至，從遊之士與夫聞風慕義者，莫不相與為位為聚哭焉。禁錮雖嚴，有所不避也。」（《行狀》）

作為大教育家的朱熹留下這一幕，千百年之後還是讓我們很感動。朱熹還有一個身分不能不提：他是一位成就不小的詩人。朱熹很多詩寫得不錯，特別是寫自己治學心得的那些篇章。比如〈觀書有感〉：

半畝方塘一鑑開，天光雲影共徘徊。
問渠哪得清如許，為有源頭活水來。

還有一首詩值得一說，那就是最有名的〈春日〉：

勝日尋芳泗水濱，無邊光景一時新。
等閒識得東風面，萬紫千紅總是春。

這首詩的主題是什麼呢？我小學的時候學這首詩，老師說這首詩是寫朱熹尋春踏青，看見春光爛漫，萬紫千紅，於是有感而發，表達了對中國大好河山的熱愛。我們的國文課在面對這種詩的時候，常常找不到主題，一般都會加上一句「抒發了對中國大好河山的熱愛」。從小學、國中一直到大學，幾乎所有人都在講這是一首寫春天的詩，對不對？

我們看第一句「勝日尋芳泗水濱」，這句詩相當淺近，唯一需要注釋的就是泗水。這條河是什麼情況？我們查一下相關文獻，泗水發源於魯中山地新泰南部太平頂山西麓，西南流經泗水、曲阜、兗州、鄒城、任城、微山等縣市。古代的泗河為淮河的大支流，流經山東、安徽、江蘇三省，流向從東往西，是全中國最大的倒流河（按：中國地勢西高東低，一般河流由西向東流，而有些河流因地勢原因，流向恰好相反，則稱作倒流河）。

《論語》云：「子在川上曰：『逝者如斯夫，不舍晝夜。』」川就是指泗水。查到這些資訊以後，我們就覺得很有意思了，說朱熹春天要去踏青，他去哪裡不好，為什麼非要到一個自己沒有去過的地方踏青？朱熹是南宋時人，南宋只有半壁江山，它和北方的金國劃淮而治，淮河以北都是金國的地面。朱熹要踏青，為什麼不在自己的家鄉江西，或者自己講學的福建，而要到淮河以北的泗水？為了謹慎起見，我們再查一查，朱熹有沒有到過淮河以北？《朱文公年譜》記載得很清楚，朱熹連短暫的出差、公幹（處理公事）都沒有到過淮河以北。那麼，這首詩應該怎麼解釋呢？

其實，這仍然是一首朱熹講治學體會的詩。泗水作為一個文化符號，我們現代人已經比較陌生了。但在古代，讀過幾天書的人都知道泗水代表著什麼。孔子家門口有兩條河，一條叫洙水，一條叫泗水，清代崔述所著《洙泗考信錄》，就是辯證孔子生平事蹟的。所以，詩中的泗水，指的是孔子為代表的儒家聖賢。

「勝日尋芳泗水濱」，就是說到這些聖人的著作當中，去尋找精神糧食和動力。找到精神糧食以後，「無邊光景一時新」，自己的眼前打開了一片非常開闊的世界。朱熹感慨道「等閒識得東風面」，只要你學到了聖人思想的精髓，「萬紫千紅總是春」，人生的一切茫然、困惑都會消散無蹤，從而變得充實絢爛。某種意義上，這首詩的主旨和〈觀書有感〉是相通的。

為啥變成偽君子

透過上面的論說我們可以看到，朱熹是不錯的政治家、合格的官員、淵博執著的學者，又是有特色的詩人，聖人朱子這個形象是完全可以成立的。但是我們的問題還沒有完全解決，這樣一個幾乎完美的聖人，為什麼會被醜化成像岳不群（按：金庸武俠小說《笑傲江湖》中最大的反派角色）一樣的偽君子，做出這種硬勘案大儒爭閒氣的、為人不齒的舉動呢？這裡還有一些文化原因值得講一講。

第一點，朱熹的閩學儘管在當時沒有得到官方認可，甚至一度被宣判為偽學，受到嚴重迫害。但從元朝開始，朱熹的學說就開始成為官方意識形態的一部分。元仁宗把朱熹的《四書集注》欽定為教科書，到了朱元璋建立大明王朝之後仍沿用。也就是說，所有讀書做官的人都得從《四書集注》學起。

我們知道，如果一個東西被定為教科書，就必然給學習者帶來巨大壓力。並不是每個人讀了朱熹的書，最後都能獲得一個如意前程。考中秀才的可能百裡挑一，考中舉人的可能千裡挑一，考中進士的可能是幾萬裡挑一，這就出現了大量的科舉失意者。他們讀了《四書集注》，最後學業不理想，沒有獲得很滿意的仕途，必然就很反感這個教材的作者朱熹，就算嘴上不敢說，心裡也不高興。從心理學的補償效應來講，他們當然很樂意看到這個大聖人出點醜，用來平衡自己受傷的心靈。所以，一旦有人說「哎呀！朱熹原來是個偽君子、偽道學，還做過這種事情」時，就會有一大批人由衷的感到快慰，樂於相信、也願意傳播這樣的事情。

《二刻拍案驚奇》的作者凌濛初也是一個科舉不太得意的人，他五十多歲才以優等秀才身分（優貢），當上了上海縣縣丞，六十多歲任徐州通判，屬於沉淪在社會底層的一個九品芝麻官，他也會有類似的心理，所以，他很敏感的抓到了這個題材，經過編輯、整理、再創作，最終寫進了自己的小說集當中，從而產生了相當深遠的傳播效應。

第二點，不管哪個時代，哪怕朱熹講了「存天理，滅人欲」，哪怕朱熹自己是了不起的聖人，也阻擋不住儒家信徒中存在著大量的偽君子，表面上道貌岸然，背地裡男盜女娼。像岳不群式的「偽君子」還是有的，大家也都看在眼裡、恨在心裡。於是，結合著上面講的那一點原因，朱熹就陰差陽錯充當了靶子。

關於朱熹的多面形象及其文化成因，我們暫且講到這裡，宋代理學四大正宗之外，還有一個學派需要做一點簡單交代，那就是陸九淵的心學。上面我們講到了朱陸的鵝湖之會，他們爭辯的焦點在哪呢？主要是終極價值，理究竟存在於何處的問題。

朱熹有非常著名的六字真言——「存天理，滅人欲」。在朱熹的主張裡，理是天理，存在於宇宙的某個地方，非常遙遠，可望而不可即，而陸九淵則是以他的大智慧另闢蹊徑，提出一個非常深刻的哲學主張——心即理，理不在天上，它就在你自己的心裡。就一般哲學概念來說，朱熹的理學，被稱為客觀唯心主義，而陸九淵的心學，被稱為主觀唯心主義。陸九淵的哲學判斷是極其深刻的，在當世也造成了不小的影響；但是由於他的學說本身有不成熟的地方，也由於一種學說的傳播和接受需要時間，陸九淵的心學在宋代並沒有真正發揚光大。使之成為一代風潮，進而影響到一個時代的社會文化變遷，那還要等到陸九淵身後兩百多年的王守仁來完成。我們也就從這，進入儒家文化史的第五個階段——陽明心學。

第5章

明代心學期——王陽明的天泉四訣

18 孔、孟沒辦到的事，王陽明辦到了

講一代大儒王守仁，也就是王陽明，我們可以從著名通俗歷史讀物、作者為當年明月的《明朝那些事兒》說起。

提到王陽明的時候，當年明月先提到了于謙。于謙這個人不僅有才幹，個人操守也非常好。在土木堡之變中，于謙指揮了北京保衛戰，保全了大明天下，但英宗朱祁鎮回朝之後鬧了一場奪門之變，在別人的陷害之下，于謙被斬首抄家。

書裡寫了這樣一個場景：「當那些如狼似虎的錦衣衛來抄家的時候，發現堂堂兵部尚書、臺閣重臣于謙家徒四壁，非常清寒。失望之餘，他們忽然發現有一間屋子鎖得很緊。他們喜出望外，覺得奇貨可居，可是砸開鎖頭、衝進屋子一看，裡面只是供奉了一把皇帝賜給于謙的寶劍而已。那些囂張的錦衣衛全都沉默了，他們垂下頭，默默離開了于謙的家。」對此，當年明月有評述：「于謙這個人論才幹論品格，全都非常了不起，如果不是還有一個人出現，那麼他完全可以稱為明代第一偉人；但非常可惜，于謙要委屈一些了，因為在明代還有一個人，他的光芒比于謙還要強烈，這就是王陽明。」

開始質疑朱子之學

王陽明不僅是明代第一偉人，從某種意義上來說，**他甚至可稱千古第一偉人，他所擁有的三不朽的傳奇人生，在中國歷史上應該是獨一無二的**。什麼叫三不朽？這個說法來自《左傳》，「太上有立德，其次有立功，其次有立言」，相聲大師馬三立，他的名字就是從這裡來的。

這三不朽說起來簡單，但我們衡量一下古代的偉人，還真的沒有誰全都能做到。就算孔子、孟子這樣的大聖大賢，做到了立德、立言，但也沒有做到立功。嚴格一點衡量，大概三立能集於一身的，也就王陽明一人而已，所以我們要從王陽明的三不朽傳奇人生說起。

王陽明的傳奇人生可以簡單劃分成三個階段，第一個階段，我們稱之為陽明格竹。

王陽明是浙江餘姚人，出生在一個書香仕宦門第，父親王華是狀元出身。王陽明從小天資聰穎、思維活潑，缺點則是太淘氣。王華給他請了不少老師，結果他把這些老師都氣走了。比如他十二歲就寫過一首很玄妙的詩：「山近月遠覺月小，便道此山大於月。若人有眼大於天，當見山高月更闊。」表面上看，是首打油詩（按：富於趣味性的俚俗詩體），但包含的道理很高妙。他說，如果有人站在山前看月亮，山近而月遠，看起來山大月小，便認為這山比月亮大很多。但如果有人站在宇宙的高度看月亮，就應當發現山雖然高，但月亮要比山還大得多。在自然科學不發達的古代，王陽明用他幼稚而天才的心靈想到這一點，確實讓人驚奇。

這樣的打油詩一做出來老師就傻眼了：這個學生太古怪了，我教不了啊！把這事情跟他父親王華說了以後，王華有所觸動，儘管還不太明白兒子到底在想什麼，但是他本能的覺得這個孩子不一般。他沉思了許久，領王陽明出了居庸關。在明朝時，那裡就是邊境，很多個少數民族部落縱橫馳騁，威脅著大明朝的邊疆安全。王陽明跟著父親來到居庸關外，眼看這種荒涼混亂的景象，跟父親請求，準備向朝廷上書，撥給他幾萬兵馬，他必然能蕩平邊疆之亂。說出這番豪言壯語的王陽明，那一年只有十五歲。

王華被兒子弄得無可奈何，只好呵斥他一頓，要求他認真讀書，不要胡思亂想、口出狂言。王陽明回來以後，苦心讀了幾天書，便去找父親承認前段時間的錯誤：「我想蕩平邊疆之亂，這個想法有一點太不切實際了……。」聽到這前半句的時候，王華很開心，覺得自己的教育有成效了。結果聽到後半句，這位老爸差點吐血。王陽明說：「我有了新的理想，就是做、聖、賢！」蕩平邊疆之亂是立功，現在可倒好，還要跨上一個等級，要立德了！王華徹底被這個熊孩子給打敗了。

這個看似玩笑的小細節，其實是王陽明走上哲學之路的開端，所謂聖賢之道，要從格物致知做起。《大學》有三綱八目之說，三綱是明明德、親民、止於至善；八目是格物、致知、誠意、正心、修身、齊家、治國、平天下，其中格物致知，是成就大事業的基礎。格物，就是探尋事物發展的規律。

儒家認為讀書人「恥一物之不知」，所以什麼東西都要懂一點。朱熹也講過「物有表裡精粗，一草一木皆具至理」，今天格一物，明天格一物，久而久之，必然能找到理之所在。王陽明就按照朱子的說法去格一草一木了。

有一次，王華發現兒子失蹤了，找了好幾天，才在離家很遠的一個寺廟門口找到了王陽明，他在那對著一叢方竹，聚精會神的格呢！七天七夜下來，竹子蘊涵的至理沒有格出來，倒是格了一場重感冒回來。這個著名的場景，就叫做陽明格竹。它說明了兩個問題：第一，王陽明有聖賢之志；第二，格了物但沒有找到至理。這實際上代表了王陽明內心的迷茫，從此，他對朱子之學產生了質疑，但還沒有找到適合自己的道路。

精心偽造的自殺現場

王陽明傳奇人生的第二個階段，我們稱為龍場悟道。王陽明二十七歲高中二甲第七名進士，被授予工部、兵部主事之職，大概相當於現在的公務員。他踏入仕途的時候，正值大太監劉瑾當朝。曾經有一種說法，中國歷史上有三個太監的黃金時代，第一個是東漢，第二個是晚唐，第三個，也是含金量最高的一個，就是明朝。從明英宗時候的王振開始，到汪直、劉瑾，直至太監這個行業中空前絕後、爐火純青的九千歲魏忠賢，一個比一個權勢熏天。

現在劉瑾當國，有立皇帝之稱，很多人但知有劉瑾，不知有皇帝。一大批文官看不過眼，聯名上奏彈劾。王陽明不僅在聯名奏章上簽了名，還買一送一，額外送了劉瑾一頂權奸的帽子。

這個詞把劉瑾惹火了。當他瘋狂反撲、收拾這批文官的時候，便格外關照了這個小處長王陽明，把他的官職一擼到底，分派到貴州的龍場驛任驛丞，也就是龍場招待所所長。王陽明原來擔任的主事是正六品，這個所長是什麼品級呢？沒有品級，直接從官降為吏，已經不在國家公務員編制裡了。

表面上，劉瑾處置得很溫柔，實際上他是把王陽明當成眼中釘、肉中刺，必欲除之而後快。他派殺手埋伏在路上，準備刺殺王陽明。但大哲學家的智商，顯然不是劉瑾這樣的市井無賴所能相比的。王陽明看起來呆頭呆腦，實際上絕頂聰明，他早就料到劉瑾不會輕易放過自己，所以走到某條江邊時，故意偽造了一個自殺現場。他把衣服和鞋子都脫在江邊，還像模像樣的寫了一封哀哀切切的遺書。這場戲演得非常成功，騙過了殺手，也騙過了當地官員，到江邊來為他祭奠招魂。

就這樣，王陽明帶著幾個隨從，跋山涉水，千難萬險，終於來到了貴州龍場驛。此地在現在貴陽西北七十里，修文縣境內。本以為要和前任驛丞交接工作，結果發現這個招待所此前根本沒有所長，只有一個不知道待了多少年的老兵把守。

老兵見了這位王所長非常高興：「終於有人可以接替我了，我終於可以離開這個鬼地方了！」臨走之前，老兵告訴王陽明一句話：「王大人啊，在這你能遇到兩種人：你能聽懂他們說話的人，就是漢人；你聽不懂他們說話的人，那就是苗人。如果你遇到的是漢人，那你千萬要小心了，這個地方窮山惡水，如果不是那種被追緝得無處可逃的江洋大盜，誰會跑到這裡來呢？至於苗人反而不用擔心，他們和你語言不通，有事情都會自己解決，不會來麻煩你。」王陽明差點沒暈過去，他終於知道，自己來到的是一個什麼樣的地方。

但荒涼偏遠也有它的好處。孟子云：「故天將降大任於斯人也，必先苦其心志，勞其筋骨，餓其體膚，空乏其身，行拂亂其所為，所以動心忍性，曾益其所不能。」這話蘇軾經歷過，現在輪到王陽明。這個龍場驛，恰恰特別適合苦思冥想的哲學家，它這麼荒涼，幾十里、上百里見不到個人影，不想點哲學問題你能幹嘛呀？

王陽明在龍場苦思冥想，透過格物能不能獲得真理？有沒有別的辦法獲得真理？在一個天啟般的晚上，王陽明心智大開，眼前一片光明，他終於明白了什麼是天理——天理不在天上，天理就在人心之中！空山無人，水流花開，萬古長空，一朝風月，王陽明放聲長嘯，他的心學精義已經燦然大備。從這裡開始，陸王心學正式誕生。在近千年的儒家文化史上，只有陸王心學能與程朱理學抗衡，成為與之並行的一大思想流派。

此心光明，夫復何言

龍場貶謫幾年之後，劉瑾終於在權力鬥爭中落下馬來，王陽明的冤案也得到平反昭雪，不僅官復原職，而且連續升遷，短短幾年就被任命為都察院左僉都御史，巡撫南（安）、贛（州）、汀（州）、漳（州）等地，簡稱贛南巡撫。

我們或許會替王陽明感到高興，但了解內情的人看來，這事非但不值得高興，反而比被貶龍場更加糟糕。為什麼？王陽明駐節贛州，北邊不遠就是南昌，南昌是寧王朱宸濠的封地。這個名字大家應該有點印象，因為在前面講到唐寅的時候，我們提到過此人。

朱宸濠眼看正德皇帝只知遊樂，不理政事，就動了造反作亂的心思。除了皇帝，幾乎所有人都知道朱宸濠包藏禍心，而王陽明去的恰恰就是這個虎口的邊上，那不是比貴州龍場還要危險得多嗎？

寧王亂起，王陽明本來以為自己能做點什麼，結果發現自己只能做一件事——逃跑。巡撫是朝廷派到地方的巡視文官，手裡沒有兵符，一兵一卒都不能調動，除了逃跑還能做什麼？一口氣跑出了幾百里，跑到吉安，他發現自己不用跑了。吉安知府伍文定很有膽略和遠見，為了防備寧王之亂，他事先訓練好了一支幾千人的民兵部隊。以這幾千人為班底，王陽明在很短時間裡就招募了八萬軍隊，對戰朱宸濠蓄謀已久、戰鬥力強盛的十萬大軍。儘管實力較弱，但王陽明詭詐專兵，僅用了三十五天，就平定了寧王之亂，而且生擒活捉朱宸濠。王陽明的大軍事家形象就此樹立起來，同時也完成了三不朽中最難的立功。

到了這個地步，王陽明已經被朝野上下奉為消防隊隊長，但凡大小叛亂都需要他出馬救火。長年戎馬倥傯，王陽明的身體也開始急劇衰弱。嘉靖六年（一五二七年），他去世的前一年九月，王陽明來到住處附近的天泉橋，跟兩位大弟子王畿、錢德洪說：「我預知自己命不久長，現在還有很多變亂需要我去奔波平定，那麼就在這天泉橋頭，我把心學的精髓，總結幾句話教給你們……。」**這就是著名的天泉證道，王陽明傳奇人生的第三個階段。**

他教給學生的四句話即天泉四訣，所謂「無善無惡心之體，有善有惡意之動。知善知惡是良知，為善去惡是格物」，構成了陽明心學的精華。王陽明認為，人性本身是沒有善惡的，人間有善惡，是因為後天的心意之動。我們需要用良知來區分善惡，格物致知是有效的法門。天泉證道之後一年多，嘉靖七年十一月二十九日（一五二九年一月九日），王陽明病逝於江西南安府大庾縣（今江西大余縣）舟中。臨終之前，他指著自己的胸口說：「此心光明，夫復何言。」這是他留給這個世界的最後一句話。

王陽明之死，舉國震悼，隆慶帝朱載垕（按：音同記）稱他「兩肩正氣，一代偉人；具撥亂反正之才，展救世安民之略」，這是很恰當的。後人對之評價也非常高，梁啟超說：「他在近代學術界中，極具偉大，軍事上、政治上，多有很大的勛業……陽明是一位豪傑之士，他的學術像打藥針一般令人興奮，所以能做五百年道學結束，吐很大光芒。」余秋雨說：「中國歷史上能文能武的人很多，但在兩方面都臻於極致的卻寥若辰星……好像一切都要等到王陽明的出現，才能讓奇蹟真正發生。」《明朝那些事兒》的作者當年明月，則在書裡引用了孔子形容老子的一段話來點讚：「鳥，吾知其能飛；魚，吾知其能游；獸，吾知其能走……至於龍，吾不知其能，其乘風雲而上天……老子，其猶龍耶。」王陽明也像老子一樣，是夭矯在中國歷史上千古難見的一條神龍。

19 陽明心學的主要觀點，天泉四訣

上一章我們簡單分析了王陽明的天泉四訣，但對於陽明心學的主要觀點，**天泉四訣說得還不夠清楚，繼續分拆明確來講，可以從以下三點來體會。**

百死千難見良知

第一點，心即理。心即理，是陸九淵提出的重要思想命題。但是陸九淵闡述得沒有王陽明那麼成熟精細，也沒有產生那麼大的影響。

我們看王陽明的表述——他在浙江紹興期間，與學生遊南鎮，有學生指著破岩而出的滿樹鮮花問道：「老師您經常說，心外無理，心外無物。天下一切物都主宰於心。可這朵花在山間自開自落，難道您的心讓它開，它才開的？您的心讓它落，它才落的？」王陽明的回答很有味道：「你未看此花時，此花與汝心同歸於寂；你來看此花時，則此花顏色一時明白起來，便知此花不在你的心外。」這是非常高妙的哲學表達，王陽明用這樣的例子，最簡潔直接的告訴了我們什麼是理，什麼是道，什麼是終極價值，一切都在你的心中，只要有聖賢之心，人人皆可為聖賢。這樣的表述顯然比陸九淵更加透徹成熟，自然會產生更大的影響。

但是，我們還要提出一個合乎邏輯的質問：難道所有的心都是理嗎？心是有區別的，就像王陽明自己表述的那樣：「無善無惡心之體，有善有惡意之動。」用什麼樣的心，才能感受到這個理呢？為了回答這個問題，王陽明提出第二個觀點：致良知。他深有感慨的說：「某於良知之說，從百死千難中得來，非是容易見得到此。」就王陽明的傳奇人生而言，百死千難並不誇張，我們普通人一般是不會有這樣的經歷的。但是，良知二字值得在任何時候、任何人、任何一顆心裡被牢牢記取。有良知，才能辨是非；有良知，才能明善惡；有良知，才能有風骨；有良知，才能有底線。我在給博士生上課的時候，提出過一個「六有」的目標：做有文化、有思想、有生命的學術；做有情懷、有良知、有定力的學者。前三個有是關於學問的，後三個有是關於做人，有良知，是其中的重中之重。

二〇一三年，中國政法大學叢日雲教授在畢業典禮上演講，我認為可以為今天的良知敲響一記警鐘：

> 如果中國再來一次義和團或紅衛兵運動，如果重慶模式成為中國模式，你們能不能清醒的說不？如果你沒有這個見識或勇氣，能不能至少做個無害的逍遙派？
>
> 面對滾滾而來的濁流，如果你不能總是抗爭，你是否可以選擇偶爾抗爭？
>
> 如果你不敢積極的抗爭，你還可以選擇消極的抗爭；如果你不能勇敢的表達，你可以選擇含蓄的表達；如果你也不敢含蓄的表達，你可以選擇沉默。

如果你沒有選擇沉默而是選擇了配合，但你還可以把論調放低一些。在你主動或被迫的幹著壞事時，能不能內心裡還殘留一點不安和負罪感。這一點不安或負罪感，乃是人性未泯的標記。即使你不去抗爭，但對其他抗爭者，要懷著幾分敬重，即使沒有這份敬重，也不要在背後放冷箭、使絆子，助紂為虐。

我希望，你們在大潮襲來時，選擇站在理性一邊、文明一邊，選擇站在人民一邊。

人人都有一點這樣的良知，世界會變得不一樣。

當然，那種卑鄙、汙濁、邪惡的心，是找不到這種終極真理的，要靠一顆善良、透明、純淨的心才能找得到。這個良知先天就有，但容易被後天所汙染，所以王陽明特別強調，要透過學習、體悟、修行來獲得這顆善良、純淨、透明的心。

如何能夠致良知呢？王陽明又提出第三個觀點：知行合一。要把良知和實踐結合在一起，不分先後。在這之前，有的思想家提出來知先行後，有的思想家提出行先知後。王陽明則是在綜合前人觀念的基礎上，創造性的提出了知行合一，他自己的傳奇一生，其實就是知行合一的非常好的落實和證明。

從這幾個基本觀點來看，王陽明的理念也是合邏輯、成系統的，它所引起的巨大的社會文化思潮的變動絕不是偶然，這跟他哲學上的高度成熟、他的個人魅力、傳奇經歷等綜合性的因素，都有很大關係。

一介布衣開創的思想，卻大大影響當代

王陽明的哲學理念我們只做簡單闡述，重點是他的王學，對於社會文化潮流的深刻影響。首先需要提出王學左派，與王學右派的概念。陽明學說在其身後形成兩大支流：左派和右派。這裡的左和右是以地域來劃分。右派是指江右學派，江右就是今天的江西。王陽明長期在江西擔任地方官，所以他的幾個學生主要在江西講學。接受王陽明天泉四訣的兩位——王畿和錢德洪——是王學右派的代表人物。左派就是江左學派，即今天的安徽南部到江蘇南部一帶，以江蘇為核心，代表人物是王艮。因為王艮是泰州人，所以王學左派也叫泰州學派。王學右派在義理方面比較深入，但王學左派在社會文化潮流的影響方面，遠勝王學右派。所以，我們的核心問題是：王學左派與晚明人性解放思潮。

王艮是出身平民階層商人家庭的一介布衣。布衣這個詞大家常常看到，那什麼叫布衣呢？布衣就是不光沒有現任官職，而且也沒有任何功名在身。只要進入了科舉考試序列，哪怕是最低一級的秀才，那就不是布衣了，與普通人就劃開界線。

這個界線不光是在社會價值認知的層面，同時也體現在現實生存層面。比如，秀才可以在一定範圍內免除租稅，面見官員時，可以不用行大禮，在犯罪之後要先由教育部門處理，剝奪功名後才能移送司法機關等。王艮是布衣，也就是說他沒有官職、沒有任何功名，他是來自商人家庭的一個普通平民。

王艮對於哲學有很高的天賦，同時由於自己的出身，也不可避免的有一點自卑，所以經常做一些奇怪的舉動來聳動別人，比如穿戴古式衣冠，拿著笏板招搖過市。王艮聽說王陽明是大哲學家，慕名前來拜師。

王陽明見他第一面就尖銳的指出：「欲顯爾！」你不過是想出名而已。王艮被王陽明這種尖銳所折服，於是拜在門下。王陽明其實並不看好王艮這個學生，總覺得他對自己的思想理解得不像王畿、錢德洪那些弟子那麼深入。但恰恰是這個王艮開創了王學左派，成為王學陣營中影響最大的一股思潮，這恐怕是智慧絕頂的王陽明生前沒有預料到的。

那麼王艮對陽明心學的發展，體現在什麼地方？我們剛才講到，陽明心學最終完善了心即理的哲學命題，有著重大的哲學史和文化史意義，自此出現了將人欲、人性同天理融合，而不是對立起來的傾向，這就等於給宋元以來，程朱理學覆蓋了幾百年的一塊鐵板上，揭開了一道縫隙。王艮在這個維度上深翻細挖，將這個縫隙越發擴大。他進一步發揮說，不光心即理，而且百姓日用人倫、穿衣吃飯都是理。

何為百姓日用人倫呢？對財富的追求，對愛情的追求，甚至單純對性愛的追求，這都是百姓日用人倫。王艮提出，這些對於財富、愛情，甚至對於性愛的追求，都具有合理性的。不難看出，這樣的說法同程朱理學之間，有著相當大的差異，甚至可以說是針鋒相對。

即便你富可敵國，窮秀才還是比你強

這裡我們要思考一個問題：為什麼這個重要的哲學觀點，和它所引起的社會文化思潮變動，偏偏出現在王艮身上？其實我們一直在問類似的問題：為什麼偏偏是儒家？為什麼偏偏是董仲舒？為什麼偏偏是宋朝？我們想說的是歷史、文化的選擇問題。為什麼歷史、文化選擇王艮這個普通的商人，成為這個思潮的代言人？

這要從商人階層的崛起說起。從社會發展史的角度來說，這與明代中期以來資本主義萌芽有關。這個說法現在有些陳舊了，很多學者——比如龔鵬程——反對這種說法，認為這談不上是資本主義萌芽，其生產力和生產關係不是資本主義的。這裡我們姑且借用這個稍微陳舊的概念，我們想要說明的是，在明代中期以後，確實出現了自由市場需求、經濟槓桿調控社會運行的情況。這個情況產生了一種效應：商人階層的崛起，即商人階層的社會地位，和大家對商人的價值判斷產生了根本的變化。

商人階層的崛起說來話長。中國上古有四民之說，即四種主要的行業：士、農、工、商。士、農、工、商是有嚴格的排序，代表社會的最高階層到最低階層。第一個階層是士，所謂「萬般皆下品，唯有讀書高」。我一直有一個判斷，中國古代社會從一定意義上來講，就是中國古代文人社會。把文人看明白了，中國古代社會也就看得差不多了。第二個階層是農，中國一直是農本主義國度，農耕文化占據絕對優勢，所以儘管農沒有過上多少好的日子，但是這個群體的社會地位一直比較高。第三個階層是工，作為同農業配套的手工業，他們排在農業之後，成為第三個階層。社會的最底層就是商。一個商人有可能富可敵國，但一個家徒四壁的窮秀才，照樣可以看不起你。人家站在第一階層，是士，你是第四階層，是商啊！

重文抑商、重農抑商，是中國古代的基本政策之一，商人歷來遭受嚴重歧視。比如明初法律規定，商人要穿黑色衣服，從服飾上同其他階層區分開來；商人不得與社會其他階層通婚；商人不得參加科舉考試等。這些措施後來不一定都嚴格落實，但已經充分說明了商人地位之低下。

仙女開始嫁商人

明代中期以後，這些束縛開始大幅鬆動。這種鬆動既表現在社會現實層面，同時也折射在我們要講的一些古典名著，特別是小說當中。我們先從社會現實層面舉例說明。

明代中期，蘇州有位富商張沖，特別喜歡各種新奇款式的服裝。久而久之，每天他出門都有很多人圍觀。十天半月之後，蘇州城就開始流行張沖穿的新款時裝。蘇州是當時的經濟中心，其地位相當於今天的上海。再以蘇州為中心擴散出去，兩、三個月之後，大江南北都會流行張沖的新款時裝。

由此我們可以分析出兩點。第一點，時尚潮流的話語權，已經從文人階層開始向商人階層大幅度傾斜與轉移。我們剛剛說過，文人一直處在社會各階層的頂端，所以時尚潮流一直都是由文人引領。比如宋代中後期是誰引領時裝的潮流呢？我們前面講過，大文豪蘇軾嘛！有一年汴梁東京城天氣非常寒冷，蘇軾就裁剪了一種新款式的、禦寒效果更好的氈帽戴著上朝。用不上三天，沒有人組織，沒有人號召，文武官員都戴著蘇軾同款氈帽上朝，而且名之曰子瞻帽，誰要是不戴這種新款的氈帽那就落伍了。但是現在，處在社會最底層的商人，開始有這方面的話語權，這意味著商人的形象和地位發生了改變。他們已經獲得比較多的社會認可，就必須在文化層面發出自己的聲音。

第二點，從社會心理學的層面來看，對張沖新款時裝的競相效仿，也說明大眾對商人的形象認知產生了變化。拿今天來說，年輕人也有喜歡的明星。當你喜歡一個明星，你要弄和他差不多的髮型，跟他穿差不多的衣服，這說明這個明星在你的心目中是值得敬佩的、正向的，甚至是完美的，你才願意去學他的打扮穿著。明代也是如此，大家都去學商人張沖，說明商人是正面形象，他們已經從社會最底層脫穎而出，某種程度上可以和第一階層，也就是士階層平分秋色了。

這些社會心理層面上的巨大變化折射到文學創作當中，我們也看到了相應的變化。明代中期之前，文學作品中的商人是什麼形象？百分之九十甚至百分之百都是負面的。比如白居易的〈琵琶行〉，裡面對商人的基本定性：「商人重利輕別離，前月浮梁買茶去。」文學作品中幾乎沒有塑造任何商人的正面形象。不光是精英文人階層的文學創作，就是通俗小說、民間傳說、神話故事中也是如此。

大家可以回想一下神話故事、民間傳說，仙女或精怪要到人間來找個好男人嫁了，她們首先會選擇什麼人？百分之九十以上會選擇書生和秀才。第二選擇是什麼人？農民。七仙女下凡嫁給董永，董永是農民；織女下凡嫁給牛郎，牛郎也是農民。我們沒有看到過一位仙女或者精怪，哭著喊著要嫁給商人的吧？但是到了明代中期以後，仙女嫁給商人的事情就出現了。

《二刻拍案驚奇》當中有一篇〈疊居奇程客得助〉，一個姓程的商人路遇一位美女，美女哭著喊著非要嫁給他。結婚之後，他慢慢發現自己的妻子有超能力，這才盤根問底，知道了事情真相，原來妻子是海龍王的女兒。

由於龍女可以預知未來，比如明天哪個東西漲價，後天哪樣貨品賺錢，她就可以幫助程客囤積居奇、牟取暴利。這樣的情節在明代小說中並不少見，商人開始被刻畫成正面形象。大家既承認商人追尋財富的合理性，也把高尚品德、真摯感情、奇異運氣賦予商人。

大家可能聽過一首流行歌曲，歌名叫〈找個好人就嫁了吧〉，我在這談這個中國文化史上出現的新情況，改一個字，就叫〈找個商人就嫁了吧〉。

接下來，我們講兩篇小說作為證據，一篇出自「三言」（《喻世明言》、《警世通言》和《醒世恆言》的合稱）的〈賣油郎獨占花魁〉，一篇出自《初刻拍案驚奇》的〈轉運漢遇巧洞庭紅〉。

〈賣油郎獨占花魁〉是「三言」中的名篇，被選入著名選集《今古奇觀》以後，更是廣為人知，各地戲曲曲藝舞臺上幾乎都有這齣戲，而且經常是壓軸大戲。從情節來說，這是一個魯蛇逆襲娶女神故事的古代經典版。

多情重義賣油郎

先解釋一下花魁。花魁不是人名，是指花中魁首，也就是掛頭牌的名妓。這個女孩的名字叫莘瑤琴，北宋末年汴梁人氏，因為金兵入侵，二帝蒙塵，兵荒馬亂，她隨家逃難，路上被鄰居拐賣到妓院。但莘瑤琴非常美麗、品性貞烈，不肯從事這個齷齪的行當。

小說在這裡有一段描寫很有意思，妓院的老鴇請了一個專業的老太太來開導莘瑤琴，講妓女從良，居然把從良分成了八種情況：有真從良、假從良、苦從良、樂從良、趁好的從良、沒奈何的從良、了從良和不了的從良，從頭到尾，像一篇很嚴謹的學術論文一樣，終於把莘瑤琴說動了，同意掛牌接客。

老鴇給她起了一個花名叫王美娘，一時之間，臨安城都知道有這麼一位絕色美人，跟她春風一度，要付纏頭（送給歌伎或妓女的財物）錢紋銀十兩，這在當時是天價呀！花魁娘子這個名字就是這麼來的。莘瑤琴流落風塵，操持賤業，社會身分相當低下，但是因為交往的都是達官貴人、王孫公子，生活狀態肯定也是錦衣玉食、富麗堂皇。她和一個賣油的小販本來不應該有什麼交集，結果居然賣油郎獨占花魁，這到底是怎麼回事呢？

提醒大家注意賣油郎的名字——秦重，秦重諧音情重，或者情種，這說明在創作這個故事的時候，首先把他這個人重情義的特質放在了第一位。這就是我們上面說的，商人在文學作品中開始成為正面人物，他們被賦予了很多優秀特質，這在明代中期以前的文學作品中是看不到的。

秦重也是汴梁人，因為躲避戰亂，一個人漂泊到南方，被一個姓朱的老頭收養為義子。這個朱老頭在臨安開了一間油坊，秦重跟著在油坊裡忙活，結果被油坊裡另一個夥計進了讒言，因此被他義父攆了出去。但朱老頭也沒完全斷情絕義，給了秦重三兩銀子，讓他自己出去活命。

於是，秦重成了一個走街串巷、挑著挑子賣油的一個小商販，創了個小品牌叫做秦賣油。其實我們稱他商人是抬舉他了，他這樣的小商販放在現代，就屬於見了警察扔下油挑子掉頭就跑的那種。這麼一個小商販，生活非常拮据，他是怎麼和當紅名妓莘瑤琴產生交集的呢？和他工作性質有關。

秦重挑著油挑子四處走，有一天路過妓院門口，遠遠看見一乘小轎，兩個丫鬟攙扶下一個如花似玉的美女。秦重遠遠看了莘瑤琴一面，如中雷擊，當場就愣在那，想不到世界上居然有這麼美的女孩子！這感覺就像什麼呢？就像《天龍八部》裡段譽看見王語嫣時那種感覺——驚為天人啊！從這裡開始，秦重就對花魁娘子動上心思了。

花魁娘子和王語嫣有一點不同：花魁娘子是有身價的。秦重一打聽，想和花魁娘子有一點親密接觸的話，得花十兩銀子。十兩銀子對秦重來說是天文數字啊，一天下來掙那麼一錢八分銀子，十兩銀子得什麼時候能湊上啊？但是樂觀一點，每天攢一分銀子，一年就是三兩多，三年不就湊上十兩銀子了嗎？從此開始，為了自己的愛情辛勤工作，節衣縮食，一年多下來，秦重一算，居然賺了十六兩銀子，這就夠給花魁娘子的纏頭之資了。秦重買了一身斯文的衣服，好好打扮了一下，帶著銀子來到妓院。

當然，想見當紅的花魁娘子沒那麼容易，好不容易趕上花魁娘子有空，把他安放到花魁娘子的閨房裡面，結果莘瑤琴是回來了，但因為之前到一個大戶人家去陪酒，喝得酩酊大醉，倒在床榻上人事不省。

我剛才為什麼說秦重對花魁娘子的感情，就像段譽對王語嫣的感情呢？大家看《天龍八部》裡，段譽對王語嫣的感情最真摯動人的部分，就是當王語嫣問段譽：「段公子，你對我這麼好，甚至不惜性命救我，你對我有什麼要求嗎？」段譽回答：「我只要每天看到姑娘臉上有笑容，那就是對我最大的回報了！」這其實有點像秦重對莘瑤琴的感情——敬若天人。能有機會看見女神躺在自己眼前睡覺，那是多麼美的享受啊！一點褻瀆的念頭都不敢有。

莘瑤琴睡到半夜，酒力不支，嘔吐狼藉。秦重一看，閨房裡這麼漂亮的被子，女神身上這麼漂亮的衣服，嘔吐上去多煞風景，趕緊拿自己的衣襟把莘瑤琴嘔吐的東西接住，收拾起來，又給莘瑤琴倒了茶水，服侍她安歇。就在這裡美美的、滿足的看了莘瑤琴一夜，盼著這一夜永遠過不完才好。這種真摯的情感不光莘瑤琴感動，我們聽了也很感動。

世人對商人的印象轉為正面

莘瑤琴第二天早晨醒了，迷迷糊糊，不知昨晚發生了什麼，怎麼房間裡有個人呢？秦重老老實實把情況說了：「我就是經常來這裡的那個賣油郎秦重，姑娘你昨天喝醉了，嘔吐狼藉……。」莘瑤琴想起來了，心裡非常感動，也非常不是滋味。這個小夥子真是至誠君子，可他這個賣油郎賣的是食油，不是石油啊！一天下來攢一點零錢，十兩銀子得攢多久啊！本來是希望昨天晚上跟我親熱一點，結果你看人家這倆錢花的！一時間，兩個人相對無言。

秦重一看天色大亮了，跟莘瑤琴說：「姑娘！我要走了。」莘瑤琴忍不住問了一句：「那你什麼時候還來呀？」秦重心裡一酸，最快也得明年了！心裡想：這十兩銀子我攢了一年多，要再攢夠，最快還得一年多呀！

莘瑤琴也明白了，把秦重叫回來，從自己私人的小箱子裡，拿出了二十兩銀子：「你辛辛苦苦買了件好衣服，我喝醉了，嘔吐狼藉，這點錢就算賠你的衣服吧！」莘瑤琴是怕秦重不收，故意說賠他的衣服錢。秦重哪裡想到會這樣啊！自己攢了一年的錢，就是為了來看看心目中的女神，就算自己風餐露宿，雨雪奔波，那也都值了，哪能料想到自己還賺了十兩銀子！千推萬推，一直到莘瑤琴假裝大怒，這才嚇得他趕緊把錢收了起來。

這個細節說明莘瑤琴對秦重的人品、心術已經有了非常好的印象，但還談不上愛情，更不會想到在他身上寄託自己的歸宿。秦重畢竟是個小商販呀，跟自己交接的土豪、白領、官二代、富二代不知有多少，還是得從他們裡頭找從良的對象！

作者把莘瑤琴這段心理活動，描寫得相當細膩清晰，接下來又在交際場廝混了一段時間，莘瑤琴慢慢發現了，官二代、富二代的山盟海誓不可靠，白領、文藝青年的甜言蜜語也不可靠，土豪、財閥的花言巧語就更不能信了。特別是有一次，一位姓吳的知府公子非要見這位花魁娘子，莘瑤琴早就聽說這位公子粗俗霸道，想方設法躲避，結果被硬生生綁架到西湖遊船上。莘瑤琴抵死不從，吳公子勃然大怒，命人把莘瑤琴的鞋脫下來，讓她光著一雙小腳自己走回去。無巧不巧，秦重挑著香油從那路過，看見女神被人欺負成這個樣子，非常心疼，便僱了頂暖轎將她送了回去。

到了這個地步，莘瑤琴明白了，什麼達官貴人、王孫公子、文人秀才，論有情有義，都不如眼前這個賣油的小商販。她終於下了決心要嫁給秦重。

可怎麼嫁呢？作為當紅名妓，她的贖身銀子會是一大筆錢。但是我們看「三言」名篇〈杜十娘怒沉百寶箱〉，杜十娘愛上李甲，逼著李甲借錢替自己贖身，其實那是為了考驗李甲對自己的愛情，她自己百寶箱裡的每件東西，都比贖身錢不知貴重多少倍。

杜十娘、莘瑤琴這個級別的名妓，她們的私房錢都是相當可觀的。在〈賣油郎獨占花魁〉裡，莘瑤琴沒有必要考驗秦重了，她把自己的箱子打開，拿出一大筆錢給自己贖身。從此以後，她換下綾羅綢緞、華美衣裳，穿上荊釵布裙，嫁給了這個小小的賣油郎，然後，他們像童話裡面說的那樣，幸福的生活了一輩子。

〈賣油郎獨占花魁〉的故事不算複雜，但歷史文化意涵非常豐富。它可以說明商人階層崛起以後，社會價值觀相應發生了巨大的變動，把商人當成正面形象來書寫開始變成常態。我們把之前從來不肯賦予商人的美好品德——真摯厚道、重情義、懂感情等——現在都賦予了商人，秦重的形象和白居易詩中「商人重利輕別離」的定位完全不同。商人的社會地位大幅提高了，就必然要找到自己的文化代言人，在文化思潮層面發出自己的聲音，這個代言人就是王艮。

這個時期商人還有什麼奇遇？百姓日用人倫，不只是愛情，單純對金錢財富的追逐，大家也表示格外寬容和欣賞，而不是純文人視角那麼清高。下面我們來說一個財富故事，來自《初刻拍案驚奇》的〈轉運漢遇巧洞庭紅〉[9]。

我們就從轉運漢三個字說起。這故事的主角姓文，名實，字若虛，我們就簡稱他文先生吧。他現在的外號叫轉運漢，但之前叫倒運漢。為什麼？

生意運不好，買點兒橘子充商人

這位文先生原本也是讀書人，讀書不成，轉而從商，做些投機生意。結果幾年下來，做了不少行業，趕上的全是些倒楣事。比如開個肉鋪賣點豬肉，豬肉開始大幅度跌價；羊肉漲價了，那趕緊做羊肉生意吧，結果豬肉漲價，羊肉又跌價。再比如聽說什麼地方糧食價格高，趕緊弄一些糧食趕去賣，結果遇到天降暴雨，把道路給沖斷了，等到半個月以後趕到市場，價格大跌，賠得血本無歸。又聽說扇子好賣，弄了好幾車扇子，又是趕上大雨，扇子都潮了，只好扔掉。

這位老兄做了若干種生意，一分錢沒賺不說，還把本金都賠光了。想創一個這樣的紀錄也不容易呀，大家就給他起了個外號，叫倒運漢，就是倒楣鬼的意思。

文若虛沒有了本錢，做不成生意，只好五湖四海飄來蕩去，這一天來到福建泉州。把故事的發生地設在泉州，這是有真實社會背景的。

明中期以後，有幾大對外貿易出海口，泉州是當時規模最大的一個。文若虛在泉州街頭閒逛，遇到了自己當年做生意時結識的一個商人朋友。文先生做生意運氣不好，但是人品好，心地厚道，所以圈子裡的人儘管知道他倒楣，但也都願意跟他交往。所謂他鄉遇故知，兩個人噓寒問暖。朋友問文若虛：「一別數年，老兄近況如何呀？」「這不是嘛，上次見面時候自己本錢還有一半，這幾年經過艱苦努力，已經全都賠光了。你怎麼樣啊老兄？」這位商人朋友說：「哎呀，我的情況有點變化。之前我一直做國內貿易，現在轉做海外貿易了。我組織了一個商團，幾十個商人，每人出一筆錢，租了一艘大海船，將貨物裝船之後，在海上航行十天半個月的，就可以到達東南亞的某個島國。從中國販賣貨物到那邊，能有五倍左右的利潤。老兄你既然賠光了本錢，無所事事，不如就坐我這艘大海船出趟國，旅旅遊，散散心算了，一應費用我來支應。」

人家一番好意，想請文若虛免費坐船，厚道的文若虛一開始還拒絕了。他說：「你看，你們各位都出了錢租船，我沒有本錢，不做生意，我心裡過意不去，臉上也不好看啊！」那位商人朋友想想也對，問文若虛：「你身上還有多少錢哪？」「還有一兩銀子吧。」「那你用這一兩銀子到街面上去買點東西，買一些便宜的、體積大的東西，比如爆米花什麼的。雖然不值錢，但看著很充數，說明你也是出去做生意的，這樣不就好看了嗎？」

文若虛想想也對，道了謝，上街買東西去了。在一家水果店看到一種青色的橘子：「這橘子叫什麼名字呀？」老闆說：「這種橘子叫洞庭紅。」文若虛聽了不大高興：「老闆你做生意怎麼能騙人呢？這橘子叫洞庭紅，怎麼都是青色的，一點紅色都沒有呢？」老闆說：「這個客官你就外行了，我們不能等橘子全紅了才賣，那樣幾天賣不掉就都爛了。橘子現在是青色，再放十天半

9 書中涉及的故事均為課堂口述，與原著略有出入。

個月橘子就全紅了。」文若虛一聽有理：「那一兩銀子能買多少呢？」老闆一算：「那能買不少，幾十斤吧。」文若虛買了一筐橘子，帶上了船。

文若虛為什麼要花錢買這個橘子呢？我們剛剛講過，這位文先生人品厚道，他覺得自己不花錢、蹭人家海船坐，自己哪能真的買一兩銀子的貨物，出去換幾兩銀子呢？海上航行淡水緊缺，買這一筐橘子，大家路上口渴的時候吃了就算了，就當是還人家一個人情吧！文若虛想法不錯，可是幾十個商人，幾百種貨物，大海船上下好幾層，搬來擺去，他這橘子就不知道放哪去了，一路上誰也沒想起來吃，連他自己都把橘子的事給忘了。

十天半個月之後，海船到了東南亞島國，靠岸卸貨。卸到一半，就聞到一股撲鼻異香。誰帶的貨物這麼香啊？大家翻來翻去，在一間船艙的角落裡邊發現了這筐橘子。打開一看，果然像水果店老闆說的一樣，橘子完全成熟了，紅彤彤的像彩霞一樣，而且香氣襲人。大夥說：「文先生，你的心意我們領了，這橘子現吃也來不及了，那就搬到岸上賣了吧，賣多少算多少。」文若虛一想覺得也對，把橘子搬上岸往地上一倒，紅彤彤的一大片，離著大老遠都能看見，真不愧洞庭紅的好名字。

一點也不黑心，才怪

這個島國的居民沒見過這種又紅又香的橘子，都圍上來問：「這個多少錢啊？」文若虛是厚道人，做生意也不黑心，如實告訴人家：「一兩銀子——一個。」這還不黑心呢！文若虛懂得做生意的規矩，物以稀為貴呀，這叫奇貨可居。這個島國的居民也比較富裕，看見海外來的新奇貨物，也有買三個的，也有買五個的，還有人吃了覺得不錯回來又買。沒過多久，橘子就賣出去了三分之二，算一算銀子也賺了二、三百兩。這是文若虛做生意以來第一次賺錢，看到這麼多的錢，樂得嘴都合不上了。同船的商人都說：「還得是人家讀書人，就是眼光獨到，知道什麼東西好賣賺錢。」

文若虛正賣到興頭上，突然遠處跑來一騎快馬，馬上一個官府打扮的人高聲喊叫：「國王有旨，不准再賣啦！」文若虛一聽，心裡漏了一拍：這回又趕上什麼倒楣事啦？搞不好賺點錢又要出問題。

馬上人走近下馬，表明身分，原來是王宮裡採買東西的宮人。這位宮人剛才已經買了幾十個橘子帶回到王宮，國王、王妃吃過都覺得味道不錯，於是派他來把剩下的洞庭紅都買回來，所以剛才才說不讓文若虛再賣了，可以多給錢，把剩下的洞庭紅全包了。

可是談到多出錢又有話要說啦，這個島國也用白銀作為貨幣，但是幣值的規定和中國不同。他們銀子的價值不完全看重量，還要看銀子上刻的花紋。剛剛文若虛的橘子一兩一個，是刻水草紋的。這種銀子的幣值是最低的，幣值最高的是刻有龍鳳紋的銀子，一兩大概相當於五兩水草紋的銀子。宮人說了：你剛才一個橘子一兩都是水草紋的銀子，我們王宮採買，多給錢，每個橘子給一兩龍鳳紋的銀子。

我們剛剛說過，文若虛雖為人厚道，但智商不差，能抓住商機——對於咱們人來說，龍鳳紋和水草紋的銀子沒有區別呀！文若虛說：「您也不用給我龍鳳紋的銀子，每個橘子給我三兩水草紋的銀子就行。」宮人一聽很高興，自己省錢了，對方還多賺了，這不就是雙贏嗎？就這樣，文若虛把剩下一百八十個橘子都賣給王宮了，又有幾百兩銀子進帳。最後這一筐洞庭紅賣了多少錢呢？整整一千兩銀子！

文若虛一本萬利，賺了這麼大一筆錢，那一圈商人朋友都圍上來：「文兄啊，你看你做生意賠了這麼多年，商場上都叫你倒運漢，今兒終於賺大錢了，外號可以改了，叫轉運漢吧！」前述中的轉運漢就是這麼來的。另外，大家還給文若虛出主意：「既然您都有這麼大本錢了，為什麼不在這個島國購進點貨物運回中國販賣呢？要知道，從中國帶到島國的貨物，可以有五倍的利潤，反之，從島國把貨物帶回中國，也有五倍的利潤呀！如果您採辦一千兩銀子的貨物，回到中國之後那不就值五千兩了麼？」

這建議不錯，但是文若虛另有想法。他覺得，自己這麼多年來頭一次賺錢，外號也從倒運漢改成了轉運漢了。人哪能那麼貪心，賺了一千兩又要想賺五千兩呢？本著知足常樂的想法，文若虛沒有聽從商人朋友的建議，帶著一千兩銀子踏上了回國的航程。

龜殼賣五千，便宜到波斯商人生氣

可想而知，這回他的心情跟來的時候大不一樣了，也有閒情逸致了，路上每逢海船靠岸，他就到海島上閒逛遊玩。一天，在一個荒島上，文若虛看到了一個奇特的東西——一個巨大的海龜殼，據說有半間房子那麼大，但是薄薄一層。文若虛一試還能扛走。他站那裡想：「自己也算是出了趟國，也沒買個明信片、紀念品什麼的。如果回到家，親朋好友問自己有什麼證據證明自己出過國，自己也沒有啊！這個海龜殼這麼大，中國沒有，正好可以做個見證。」於是他就把這個巨大的海龜殼搬上了海船。

海船回到了泉州港，有人在港口迎接他們。什麼人？一位波斯商人。波斯商人的形象常出現在中國古代小說、民間故事裡，這些波斯商人都不單是商人，他們大都經過專門訓練，承擔著另外的任務——尋寶。這次迎接這支商船的就是一位波斯商人。

他招呼眾人下船，設宴款待，接風洗塵。這麼多人坐一張長條桌子，座次怎麼安排呢？人家商人圈子有自己的規矩——按照攜帶貨物的價值大小來安排，比如一位商人攜帶了一萬兩的貨物，最多，那麼他就坐首席；另一位九千九百兩，坐在次席，以此類推。由於沒有攜帶任何貨物，文若虛排到了宴席最末一位，離主位老遠，人家說話聲音小點，自己都聽不見。文若虛覺得自尊心受到了打擊，有點後悔，早知道應該聽大夥的建議，置辦上千八百兩的貨物，也不至於坐到這個位置上啊！

宴會結束，波斯商人登上海船，點看貨物，選擇購買。他東看西看，忽然一回頭，就看到了大海龜殼，趕忙問：「這件寶貨是哪位先生帶的啊？」大夥說：「喏，就是剛剛坐桌子最那邊那位文先生的！」波斯商人一聽這話，上前給文若虛深施一禮：「哎呀，對不住啊文先生，在下有眼不識泰山！現在別的貨都不看啦，我們上岸，我重開一個比剛剛高檔幾倍的宴席，再次給大家接風洗塵，請您坐首席！」文先生坐上首席了，再笨的人也知道自己肯定帶了什麼寶物。但到底是什麼寶物呢？不知道；一會兒人家問起來想買，自己怎麼開價呢？也不知道。

果然，酒過三巡，菜過五味，波斯商人再三道歉，最後說了：「文先生，我想買你的這個寶貝啊，您開個價錢吧！」文若虛沒有辦法，只能鼓起勇氣伸出了一隻手說：「五千兩。」為什麼是五千兩呢？第一，五千兩是文先生能夢想到的最大財富了；第二，那些商人也給他了一個心理暗示，從那個島國採購一千兩的貨物回來後就可以賣五千兩。一聽文若虛舉起一隻手說五千兩，波斯商人火了，把衣服一甩：「文先生，我這麼真誠的向您道歉，這麼誠心的想買您的這件寶物，你開這麼低的價錢，不就是成心不想賣給我嗎？」敢情是人家嫌價錢開得低了！文先生只能說實話了，自己確實不知道是什麼寶貝，既然你嫌出價低了，那好吧，你給開個價錢吧！波斯商人說：「我剛剛算了一下在泉州的全部財產，自己在銀鋪中大概存著三萬兩白銀，存銀子的那幾間銀鋪也是我開的，還有五、六家當鋪，七、八家高級酒店，二十來處別墅，這些不動產還能折合兩萬兩白銀。我這五萬兩現金加不動產都給您了，中國的生意我也不做了，明天扛著海龜殼就回國啦！」

文若虛當然是大喜過望，要五千兩，人家出五萬兩，這買賣上哪找去？馬上簽訂合約、交割貨物！在這之前，這些商人就圍著問波斯人這海龜殼到底是什麼寶物，人家波斯人不說，因為當時東西還不是自己的，商業機密不能透露，以免節外生枝。現在合約簽訂、貨物交割，終於可以透露謎底啦。

波斯人說：「這個寶物你們不認識，我們是從波斯接受過專業訓練的！你們看著這是海龜殼，其實這是鼉龍的殼。所謂『龍生九子，種種不同』，其中一種就叫鼉龍。這種龍長得很像海龜，長到一萬年就會飛騰上天，留下這麼一層蛻，這個薄殼中間按天地二十四氣，有二十四顆夜明珠。這夜明珠拿回波斯，一顆就值五萬兩銀子，所以您這是買一贈二十三！」這夜明珠是稀世珍寶，為什麼這麼說呢？鼉龍一萬年才會飛天，留下這麼一個殼，裡面有二十四顆夜明珠。如果過一段時間不被人發現，可能就會損毀無蹤。比如一個人機緣巧合遇到了鼉龍，結果一打聽，人家才五歲，這也等不起呀！波斯人帶著夜明珠回國了，文若虛成了泉州首富，所以定居泉州，像童話裡說的那樣——幸福的生活了一輩子。

這就是〈轉運漢遇巧洞庭紅〉，故事並沒有突破民間故事中傳統的尋寶模式。雖然模式並不新鮮，但是故事中肯定了商人尋求財富、獲得財富的合理性，在肯定故事主人公厚道樸素品格的基礎上，把好運氣賦予了這個商人。

以上兩個例子都能說明，**商人階層的社會形象在這個時期發生了根本上的變化**。這種變化不僅僅體現在社會現實層面，同時也在折射社會現實的文學作品裡得到非常充分的反映。這樣的情況就成了晚明個性解放思潮，形成中國文化史上非常燦爛的一幕文化景觀。

20 王學思想接力棒，何心隱和李贄

作為一代文化景觀，晚明個性解放思潮並不是王艮一個人、一句話就能形成，它既需要一段時間，也需要一批人來推波助瀾。所以，我介紹兩位王學左派的重要思想家，那就是有狂人之稱的何心隱與李贄。

大預言家何心隱

在講何心隱和李贄之前，先要介紹一本書——李國文的《中國文人的非正常死亡》。這是一本很有意思的書，李國文從屈原寫起，一直寫到晚清四大譴責小說之一《二十年目睹之怪現狀》的作者吳趼人，總共寫了幾十位非正常死亡的著名文人。所謂非正常死亡，那就是自殺或者他殺，總之都不是壽終正寢。其中有兩篇，分別是〈何心隱之死〉與〈李贄之死〉，看來狂人都是不容易得善終的，但他們到底是什麼樣的人呢？他們在王學左派當中又處在什麼樣的位置，有什麼樣的思想史貢獻？我們來做一點簡單的描述，至於更多細節和更激情的評論，大家可以去參看李國文的大著。

首先說何心隱。第一個值得說的是，他本來既不姓何，也不叫心隱，他的名和姓都是改過的。我們之前講過幾次這種改名換姓的情況，柳永原名柳三變，金聖歎原名張采，他們各有改名換姓的原因。何心隱是因為什麼變成現在的名字？

何心隱本來姓梁，名汝元，他改名換姓的原因和柳永、金聖歎都不一樣。他是一個奇人，對未來有一種驚人的預見力。比如他曾經說過這樣一句話：「江陵必相，相必首毒講學，毒講學必首殺我。」什麼意思呢？江陵，就是大政治家張居正，張居正是江陵人，這裡是以籍貫稱之。

他說，張居正以後一定會做宰相，一旦他手握大權，必然要先整治民間講學的風氣，而整治民間講學的風氣，必然第一個要殺我。因為有這樣一個預見，他把自己的名和姓都改掉了，目的是和自己江西吉安永豐縣的梁氏宗族完全脫離關係，避免自己將來遭到迫害，牽累整個家族。

這個預見非常準確，後面的事情完全像他預言的那樣；而他自己被殺，確實沒有牽累到整個家族。這有點像《水滸傳》的宋江，宋江任鄆城縣押司的時候，儘管對父親很孝順，跟家裡人關係都很好，但還是到官府做了公證，和家族完全脫離關係，目的就是自己將來一旦出了事，可以避免連累到家庭成員。何心隱這個做法跟宋江非常相似。

那麼，問題出來了，為什麼作為優秀政治家、一代偉人的張居正要殺掉何心隱？我們簡單總結出下面幾個原因，第一，何心隱說「江陵必首毒講學」，可見何心隱講學的影響力相當大。他在民間大肆宣講王學左派的思想，而且講得比自己的祖師爺王陽明、次祖師爺王艮還要激進得多，那必然會在民間引發劇烈的思想動盪，在一定程度上破壞了現行的思想秩序和文化秩序。

第二，何心隱是陽明心學體系中，知行合一做得最純粹乾淨的一個。他有自己的社會理想，同時又把這些社會理想身體力行，在自己的梁氏家族當中，搞了一種帶有共產主義色彩的實踐行動。比如他把梁氏宗族整合成一個單位，進行一定程度的互助分配。一個宗族裡面有比較富裕的，也有比較貧困的，何心隱要求富裕人家把糧食拿出來周濟窮人，做到糧食的互助平均分配。又創建梁氏宗學，家族內部的適齡兒童都到宗學裡來免費上學，經費由家族成員共同承擔；更不能為統治秩序所容忍的地方在於，他以宗族作為納稅單位，從一定程度上削弱、甚至是對抗人頭稅的盤剝壓榨。這又是一個引起巨大爭議的做法。

事實上，何心隱因為帶領宗族抗交人頭稅，導致出現糾紛，出了人命案，早在他中年的時候，就已經遭到官府通緝，在外逃亡了將近二十年，晚年被湖廣巡撫王之垣逮捕。還沒有怎麼審訊，王之垣就下令將其立斃杖下。何心隱明確指出：「公豈敢殺我，又安能殺我？殺我者江陵也！」對事情的本質他是看得很清楚的。

第三，何心隱還做了一件驚天動地的大事。嘉靖朝有一位中國歷史上最大的奸臣嚴嵩，深受嘉靖皇帝信任、恩寵有加，地位不可動搖。但是何心隱就想了一個辦法，使嘉靖疏遠了嚴嵩。

嘉靖皇帝信奉道教，經常在皇宮裡召集道士，烏煙瘴氣的作法煉丹。何心隱找到了一個深受嘉靖皇帝信任的道士藍道行，密謀以後，安排了下面這樣一幕很有戲劇性的場景：藍道行作起法術，神靈附體，告訴嘉靖皇帝，馬上就有一個奸臣要來求見。嘉靖問這個奸臣是誰，神靈不回答，說天機不可洩露，可話音未落，嚴嵩報名要求覲見，那就和神靈的預言對上口徑了。所以，嘉靖皇帝開始懷疑、疏遠嚴嵩：此事最終導致了嚴嵩權力集團的潰敗。何心隱導演的這一幕戲，張居正應該是清楚的，對何心隱的手段自然懷有戒心，這也是他間接殺掉何心隱的最重要的原因。

從這幾個角度講，何心隱既是一個狂人，也是一個奇人。我們常常講，中國古代的讀書人一點也不欠缺坐而論道的能力，但是欠缺坐言起行的能力。何心隱不管是介入朝廷的權力鬥爭，還是推行原始共產主義色彩的社會實踐，都跟一般的文人大不相同，所以比他晚一點的另一位大思想家李贄就非常稱讚何心隱，說「這個老先生有推倒一世之勇氣，我自愧不如」，這就完全看得出來何心隱在思想史上的地位。

誰釘上了最後的棺材釘

關於何心隱之死，我還有幾句話要補充。何心隱到底是不是被張居正授意殺掉的？張居正在這個事件裡面扮演什麼角色？史料中爭議不少。關於這一點，李國文在〈何心隱之死〉中有一段非常好的議論：

在舊中國，知識分子的最佳狀態，就是不思不想，不痛不癢，萬壽無疆，皇恩浩蕩。千萬不要生出離經叛道、與當局主張不同的政見，更不能造反作亂，做出什麼與統治者政策迥異的行徑。梁汝元被追殺、被砍頭、被湮沒，就因為他想改造社會，就因為他想體現個人價值。那還了得，不但為朝廷不容，也為那些死腦筋的人不容，於是乎上下一致，將其腦袋瓜子摘了下來，頭腦沒了，思想也就沒了，皇帝老子睡得著覺，死腦筋的人也欣欣然覺得天下太平……因此，梁汝元雖是一粒微細的沙子，可是在統治者和死腦筋的人的眼睛裡，是絕不能存在的，他被幹掉，那是早晚的事。

如果……能夠有機會了解……有一位名叫易卜生的劇作家，創造出結實的多數派這樣一個詞彙，也許就不用這樣殫思竭慮的尋找殺人凶手了。還用得著大傷其腦筋嗎？不論其為誰殺，如何殺，有一條可以肯定，不是萬曆殺，也不是張居正殺，而是那些大大小小死麵疙瘩所組成的義勇軍，將其送上法場的。何心隱之死，就是死在了這些結實的多數派的手中。

無數的歷史事實證明，群眾和群氓，在某些特定場合，這一字之差的界限，有時並不存在。呼嘯的多數人，聲音可以驚天動地，但並不必然擁有真理……群眾運動，一旦成為無法控制的變數，那便是一場可怕的劫難……。

因此，到底是誰給何心隱的棺材，釘進最後一根釘子，既無從查起，也無關緊要；只是易卜生所創造的這個詞彙，卻給人們留下了永遠的思考。

這一段議論實際上是從另外一個層面，揭示出何心隱衝決封建社會秩序的巨大勇氣和影響，而且借古諷今，值得深思。

剃刀一劃而過

接著何心隱，我們再說比他名氣、影響更大的李贄，我們從他的大結局說起。李國文在〈李卓吾之死〉這篇文章的開頭是這樣寫的：

李贄終於趁著剃頭師傅轉身時，拿起那把剃刀，順手從自己頸項間一抹而過。頃刻間，血噴如射，四處飛濺，那位待詔以及在場的獄卒，對這意想不到的意外事故來不及反應，都嚇呆了，乾站在那裡。

他，神色不變，還是那副淡淡的，甚至有一點譏誚意味的笑容。

這自然是隔了數百年後的臆測，但也是這位老人勢所必然的表情……。

這是發生在萬曆三十年（一六〇二年）春天北京的事情。這年，李卓吾已經七十五歲，如此高齡的自刎者，若放在當代，可以申請金氏世界紀錄。老夫子在死亡線上折騰了兩天以後，終於因為喉管被割的緣故，在無法言語的難堪沉默中，與世長辭。嗚呼！大師遠行，凡塵兩隔，再也聽不到他那閩南口音的刺耳之聲了。農曆三月的北京，那應該是一個風沙飛揚的天氣，應該是一個天昏地暗的日子。我想，在這個眾人都不敢說不的國度裡，這是送別大師的最好場景。

這裡還可以補充兩個細節。第一，剃頭師傅問李贄：「和尚痛否？」李贄長時間住在佛寺，剃髮，是一種半出家的狀態，所以別人也稱他和尚。這時候李贄已經不能說話，用手蘸著血寫了兩個字：「不痛。」剃頭師傅又問：「和尚何自割？」李贄又寫：「七十老翁何所求。」第二個細節格外讓人感到尷尬：李贄是著名的潔癖患者，但他的最後兩天是在難堪的骯髒汙穢中度過。《紅樓夢》詠妙玉詩云：「太高人愈妒，過潔世同嫌。」人生常常都是這樣嘲弄、惡毒的。

李贄為什麼要以七十五歲高齡，創造金氏世界自殺紀錄？接著看李國文的文章：

李贄，福建晉江人，原姓林，有色目人血統，到他祖父一代已完全漢化。嘉靖三十一年（一五五二年）鄉試及第，也就是俗稱的中了舉。嘉靖三十五年，離開老家，攜家眷到河南輝縣任教諭一職，約相當於縣教育局的督學。嘉靖三十九年遷南京國子監教官，大概是個什麼教研室主任之流，也是個閒差……。

所以，李贄自及第以後，不算怎麼走運，先是丁父憂，後是丁祖父憂，忙於出缺奔喪，即使得到一官半職，也是在清水衙門坐冷板凳，仕途很不順暢。直到一五七六年，才調任雲南姚安當知府，這才有一點俸祿外的灰色收入，使口袋稍有充盈之感。此公熬煎了二十四年，像一首流行歌曲唱的那樣，「等得太久太久」，實在是相當的不耐煩。換個別人，也許認命，但他，很不願意如此按部就班，從體制內循序漸進上去。他肯定會罵娘，「熬到出頭之日，還不得到驢年馬月？」所以，他的逆潮流思想和說不的行動，一是他的天性狂狷所致，二也是一生遭際所賜。

難道堯舜都一直活在黑暗裡？

這種現實原因結合他的大膽叛逆思想，形成了一套離經叛道、驚世駭俗的理論，其中有這樣幾個主要觀點：第一，不以孔子之是非為是非。李贄說，《論語》也好，其他的儒家經典也好，都是後人演繹，甚至胡扯出來的，那些所謂的神聖思想都很不可靠，孔子以為對的不一定就是對的，孔子以為錯的也不一定就是錯的。

在程朱理學占據思想高地的情況下，這種議論當然是驚世駭俗的，很難為世人所接受。但李贄講得既有一定道理，有些話又說得非常風趣。比如李贄有一篇有意思的文章〈贊劉諧〉。他說，我的朋友劉諧喜歡開玩笑，跟別人談到孔子的時候，常拍著胸脯說：「我仲尼兄如何如何。」有的老學究就很不高興：「老兄啊！天不生仲尼，萬古如長夜，你老兄有什麼資格跟孔夫子稱兄道弟呢？」劉諧說：「天不生仲尼，萬古如長夜，難道堯、舜、禹這些聖人都一直活在黑暗裡嗎？」老學究被反駁得啞口無言。李贄對劉諧的說法大加讚賞，其實劉諧未必實有其人，這或許是李贄自己的看法，借劉諧之口講出來而已，這叫做文人的故弄狡獪。

第二，李贄撰寫了一部著名的紀傳體史論《藏書》，一共論述了從戰國到元朝的歷史人物八百人左右。他不以孔子之是非為是非，不以儒家傳統之是非為是非，而是任憑自己的理念，對很多歷史人物做出了驚人判斷。比如儒家傳統以為秦始皇是暴君，他卻推崇秦始皇是千古一帝；儒家傳統說武則天牝雞司晨、婦人亂政，他卻稱讚武則天是政由己出、明察善斷的聖后。《藏書》的出版和傳播，在當時也激起了很強烈的思想震盪。

第三，李贄寫了一篇文章〈童心說〉。什麼叫童心？「絕假純真，最初一念之本心也」，就是完全摒棄那些虛偽的東西，摒棄後天環境給人帶來的思想束縛，保存天性中最純淨的本來面目。這其實就是王陽明講的，無善無惡心之體。

童心到底有什麼樣的好處？李贄說：「天下之至文，未有不出於童心焉者也。」只要你有了童心，「詩何必古《選》（按：指《昭明文選》，為中國現存最早的詩文總集），文何必先秦」，你隨時隨地寫點什麼，那都是好文章。不管是六朝駢文，還是唐朝的近體詩，不管是《西廂記》，還是《水滸傳》，那都是天地間最好的文章。李贄的〈童心說〉，常被我們當成文學理論來對待，實際上它的意義遠遠超出了對文學的論述，更重要的是，它後面埋藏了對思想史的這樣一種解讀，即「不以孔子之是非為是非」，動搖了看似堅實的死腦筋的人一般的思想秩序。

李贄從中年以後四處講學，其中在湖北麻城講學時間最長，來聽講者常達數千人，其中還有相當多的女性。我們知道，古代女性很少有這種受教機會，也很少會對這種高等教育產生興趣，這就可見李贄的演講產生了多大影響。當然，這種影響給李贄帶來了巨大的負面效應，導致湖北地方官曾經七次驅逐李贄出境，更在京城將其以「敢倡亂道，惑世誣民」的罪名逮捕、關進詔獄，最終演出了高齡自殺的大悲劇。

今天看來，使李贄走向死亡的「敢倡亂道，惑世誣民」的罪名，恰恰折射出其思想的巨大影響，儘管他坐言起行的勇氣、知行合一的高度比不上何心隱，但他引起的思想震盪遠遠勝出何心隱。我們將在後面講到的晚明個性解放思潮的幾位代表——湯顯祖、袁宏道、馮夢龍等，他們的思想都直接、間接得到李贄的真傳。從這個意義上講，李贄堪稱是王學左派後期最重要的思想旗幟。

五不能與三不願

關於李贄，我們還有一個小結尾值得說。李贄的學生、公安三袁之一的袁中道有一篇〈李溫陵傳〉。在文章末尾，他說：「有人問我，你願意學李贄老師嗎？能學李贄老師嗎？」他回答得很有意思：「我當然非常喜歡李老師，但他身上有五個不能學、三個不願學。」

什麼叫不能學呢？第一，李老師不管讀書還是做官，都清節凜凜，操守高潔，而我們都是普通人，隨波逐流；第二，李老師「不入妓女之室，不登冶童之床」，生活作風嚴謹，而我們這些俗人不能斷絕情欲；第三，李老師學道能見其大，而我們都株守文字，不見森林；第四，李老師平生只愛讀書，而我們壓力山大，為生存所困；第五，李老師直氣勁節，不為人屈，而我們性格怯懦，隨來輒受。

這是五個不能學，另外還有三個不願學：第一，李老師快意恩仇，愛則捧其上天，恨則貶其入地，不願意稍假通融；第二，李老師既已經辭官隱居，就應該披髮入山，做個隱士，結果徘徊紅塵，禍逐名起，不能決斷，選擇錯誤；第三，李老師不拘小節，沉溺口腹之欲，這又是一個不願學。

袁中道作為李贄的親信學生，他對李贄做出的判斷非常有意思的。五個不能學固然是表彰李贄，其實三個不願學也是正話反說，似貶實褒。我們需要注意，晚明文人寫文章非常有意思，常常以這種貶低的方式來誇獎別人，別有趣味和懷抱。

王學左派兩狂人何心隱和李贄，接過了陽明心學的接力棒，長袖善舞、推波助瀾，終於在晚明興起了中國文化史上炫目的個性解放思潮，其中的奇人異事層出不窮。欲知這些奇人異事究竟如何，我們留待下回，細細分解。

21 晚明思想多前衛？看大明皇帝就知道

從這一章開始，我們正式進入晚明個性解放思潮。晚明個性解放思潮的出現，除了我們前面講過的社會、文化、思想層面的準備，還有一個因素必須交代，那就是晚明的政治生態。

晚明，通常指萬曆年間，也就是明神宗朱翊鈞在位的半個世紀左右的時間。把這個時期的政治形態、文化政策說清楚，我們才能看到，個性解放思潮興起在這個時期絕非偶然。

皇帝八年半上一天班

我們從明代的皇帝集群說起。著名作家柏楊在他的名著《中國人史綱》中，有一個非常好玩的判斷，他說大明朝十幾位皇帝，百分之八十以上可以歸入兩類——惡棍型皇帝和草包型皇帝。

我們前面講過的朱元璋、他的兒子明成祖朱棣是惡棍型皇帝，他們爺倆之後的那些皇帝，除了仁宗、宣宗、孝宗歷史評價較高，還有光宗，他只做了一個月的皇帝，年號都沒來得及改，這個皇帝也除去不算，剩下來的基本上都是草包型皇帝了。草包型皇帝中，集大成者就是萬曆皇帝——明神宗朱翊鈞。

其實萬曆朝前十年是國家發展、態勢向好的一個階段，史稱萬曆中興。但要注意一點，此時大明帝國的實際統治者並不是萬曆皇帝，而是大學士張居正。這並不完全是後人的追認，文獻記載，有人謁見張居正，稱他為張相，張居正斷然否認，他說：「我非相，攝也。」攝者，攝政也，代理皇帝也，實際上的皇帝也。像張居正這一個字的更正，如果落在一個強勢皇帝手裡，是足以抄滅九族的，但是當時萬曆年紀還小，事事都要依靠自己這位重臣、老師，就算他知道了，也不能拿張居正怎麼樣。

萬曆十年（一五八二年），張居正暴病去世，萬曆親政，第一件事就是清算張居正，下令抄張居正的家。有句話叫牆倒眾人推，現在風向變了，皇帝不待見張居正了，地方官為了拍馬屁，提前派重兵把張居正府第圍了個水泄不通，人不准出，糧不准入。當欽差從北京磨磨蹭蹭走到江陵的時候，張居正家裡已經餓死了十幾口人，他的大兒子也被逼自殺，這個煊赫一時的大政治家身後是相當淒慘的。

孔尚任在《桃花扇》裡有幾句名言：「眼看他起高樓，眼看他宴賓客，眼看他樓塌了。」曹雪芹在《紅樓夢》裡有著名的〈好了歌注〉：「陋室空堂，當年笏滿床；衰草枯楊，曾為歌舞場。蛛絲兒結滿雕梁，綠紗今又糊在蓬窗上。說什麼脂正濃、粉正香，如何兩鬢又成霜？昨日黃土隴頭送白骨，今宵紅燈帳底臥鴛鴦。金滿箱，銀滿箱，展眼乞丐人皆謗。正嘆他人命不長，那知自己歸來喪！訓有方，保不定日後作強梁；擇膏粱，誰承望流落在煙花巷！因嫌紗帽小，致使鎖枷扛。昨憐破襖寒，今嫌紫蟒長。亂烘烘你方唱罷我登場，反認他鄉是故鄉。甚荒唐，到頭來都是為他人作嫁衣裳！」古往今來都是如此，真是值得人仔細想想！

年輕氣盛的萬曆皇帝清算了張居正以後，本來勤於政務，想當個好皇帝。但是接下來幾年和文官集團的較量中，他發現自己總是處於下風。為什麼呢？第一，對方人多，皇帝只有一個人一張嘴，文官集團人多嘴雜；第二，自己文化水準太差。那些文官都是兩榜進士，多少年苦讀聖賢書，一談起什麼事就引經據典，一大篇一大篇的理論，萬曆的文化修養根本就跟不上。

他一個水準比較差的選手在繩子的一端，幾百上千個高水準選手在另一端，這個拔河比賽怎麼可能贏呢？幾年下來，萬曆身心俱疲、萬念俱灰，乾脆從萬曆十五年前後以身體不好為由，開始怠工、罷工。歷史學家黃仁宇有一本著名的《萬曆十五年》，開篇就說萬曆十五年，其實什麼大事都沒發生，但同時，它又是大明王朝走向滅亡的開始。這句話就是指萬曆皇帝本人的狀態。

從萬曆十五年（一五八七年）到萬曆四十八年（一六二〇年），這三十三、三十四年的時間裡，朱翊鈞一共只上過四次朝，平均八年半上一天班，這應該是相當出格的紀錄了。越到後期，他罷工越嚴重，所以後代史學家給萬曆皇帝起了一個外號，叫做六不皇帝。

六不，就是有六件該做的事情他不做——不郊、不廟、不朝、不見、不批、不講。不郊、不廟，就是說不祭告天地、不祭拜祖先；不朝、不見，就是不上朝、不見大臣。不上朝還可以在寢宮裡、書房裡見大臣呀，他也不見；不批、不講，就是不批閱文件、不學習。朱元璋給後代子孫定下一個規範的學習制度，叫做講筵制度，找那些學問優長的大臣講文化經典、治國之道，萬曆皇帝把這個講筵制度也荒廢掉了。

政治上烏煙瘴氣，思想文化蓬勃發展

這樣的六不皇帝會釀成什麼樣的景象？萬曆四十二年（一六一四年），這一年距離朱翊鈞去世還有六年，距大明朝滅亡還有三十六年。柏楊在《中國人史綱》中告訴我們，萬曆四十二年，全國各州縣的地方官，已經缺額高達一半以上；中央六部有五部沒有尚書，另外一個重要部門御史臺（現在的監察院）長官已經空缺十年以上；有的官員犯罪被關進詔獄以後，有長達二十年沒有受到任何審判。這已經夠奇特的了，但還有比這更奇特的，甚至超出人類的想像力。我的意思是說，你寫小說、編劇本，你都虛構不出來這麼精彩的情節，但它真實出現在歷史上。

萬曆後期有一位內閣首輔大學士，最高行政長官，叫做李廷機。李大學士因為年紀大了，維持這麼一個爛攤子，心力交瘁，於是想要退休，用古代職官制度的術語講叫致仕。要在別的時代，請求退休很容易，可以上奏章，也可以跟皇帝當面請示，唯獨到萬曆朝不容易，他八年半才上一次班，整天躲在後宮裡，你哪有機會見到皇帝啊？只好寫辭職信，由太監送到皇帝那裡，請他批准。

我們也不知道奏章送進去以後，皇帝看了還是沒看，反正是石沉大海，沒有任何反應。李廷機等了幾天，沒看到任何指示，只好再寫一封，等了一週沒有任何消息，又寫一封。李廷機一共寫了多少封辭職信呢？一百四十多封！就算他平均三天寫一封，光寫辭職信也得一年多呀！但是，所有辭職信都是泥牛入海、悄無聲息。到後來李廷機實在受不了了，乾脆不等皇帝批准，自己捲起鋪蓋捲回家了，更絕的是，皇帝還不管。

國家最高行政長官自己退休回家，皇帝連問都不問，可見這時候的政治生態已經汙糟到了何等地步！所以清朝康熙年間修《明史》，史學家有過一個判斷：儘管崇禎是大明朝最後一任皇帝，但崇禎不是亡國之君，大明朝實亡於萬曆。柏楊在《中國人史綱》中也有一個這樣的比喻：朱元璋辛辛苦苦搭建了高聳入雲的明帝國大廈，但是朱翊鈞好像一個勤奮的司機，每天開著巨型挖土機，一鏟一鏟挖大廈的地基，大廈早晚要塌下來。

但問題還有另外一面：就政治生態來說，萬曆的做法當然是不好，但就文化發展而言，也不完全是壞事。

我們用一個詞來概括萬曆時期的特點——無政府狀態。地方官高度缺額，中央六部有五部沒有長官，最高行政長官、首輔大學士辭職回家，皇帝連問都不問，這還不是無政府嗎？但是，它必然同時產生一個效應：皇帝連這些軍國重事都沒有心思管，他能有閒情逸致去管文學文化發展的小事嗎？能像朱元璋一樣那麼勤奮、變態的挑人家奏章詩文裡的毛病嗎？那麼，文學文化發展就與國家意識形態相對疏離，受到的壓力較小，基本上靠市場需求、價格槓桿來撬動運行，從而呈現出一種相當自由、多元的狀態。

於是，晚明就成了中國歷史上最奇特的時段之一：政治上烏煙瘴氣，一團糟爛；思想文化則天真爛漫，率性蓬勃。這個政治生態原因，是推動晚明個性解放思潮的重要因素，絕對不可忽視。

情不知所起，一往而深

既然晚明時期個性解放構成了思想潮流，它就必然要覆蓋到社會文化的各階級、各層面，形成洶湧澎湃、席捲包舉的態勢，我們也就需要分層描述，立體觀察。首先看以**晚明文學三駕馬車為代表的精英文人階層，這三駕馬車都鼎鼎大名：第一位是大戲劇家湯顯祖，第二位是公安派主將袁宏道，還有一位是通俗文學大師馮夢龍**。他們在個性解放思潮裡面都是自領一軍、衝鋒陷陣的急先鋒。

湯顯祖堪稱中國歷史上最偉大的戲劇家之一，他的戲劇創作成就集中體現在「玉茗堂四夢」（按：指明代劇作家湯顯祖的四部戲劇文學作品：《牡丹亭》、《紫釵記》、《邯鄲記》、《南柯記》。四部都與夢有關，故合稱「四夢」。玉茗堂為他晚年寫作、會客、排戲的場所）上面。但玉茗堂四夢，唯在牡丹，最傑出的還是千古絕唱《牡丹亭》。

《牡丹亭》的劇情很複雜，但主旨概括起來很簡單，一個字——情。我們看湯顯祖的〈牡丹亭記．題詞〉：

> 天下女子有情，寧有如杜麗娘者乎！夢其人即病，病即彌連，至手畫形容傳於世而後死。死三年矣，復能溟莫中求得其所夢者而生。如麗娘者，乃可謂之有情人耳。情不知所起，一往而深，生者可以死，死可以生。生而不可與死，死而不可復生者，皆非情之至也……嗟夫！人世

之事，非人世所可盡。自非通人，恆以理相格耳。第云理之所必無，安知情之所必有邪！

他說，我也不知道情因何而起，從何而生，但是生者可以為之死，死者可以為之生。大凡生而不可以死，死而不可以生者，都不能稱之為情。《牡丹亭》開篇就是〈遊園驚夢〉，杜麗娘在夢中遇見了書生柳夢梅，一夢即相思，相思即病，病即彌留，彌留即死，死後到陰曹地府，才發現柳夢梅真有其人，於是起死回生，找到柳夢梅，終於結成美滿姻緣。

湯顯祖說，論理，這事不會有，但論情，這事一定會有。世間事豈能都以理來衡量呢？《牡丹亭》被稱為古典浪漫主義詩劇，正是因為大旨言情。湯顯祖就是個性解放思潮當中的一員驍將，手舉一杆大旗，大旗上繡著一個火紅的情字，在晚明歷史時空當中縱橫馳騁。

人生五大樂趣

晚明文學第二駕馬車是袁宏道。明代有一個著名的文學流派叫公安派，係因湖北公安縣的袁氏三兄弟袁宗道（字伯修）、袁宏道（字中郎）、袁中道（字小修）而得名。袁氏三兄弟都是李贄的學生，其中才華最傑出的是中郎袁宏道，是為公安派第一主將。

袁宏道提出一個著名的文學主張，也是思想主張，叫做性靈說，主旨是八個字：「獨抒性靈，不拘格套。」性靈是什麼？本質上說，性靈就是王陽明的心，就是李贄的童心。格套是什麼？不光是指文學創作的規矩，更是指他們要破除的程朱理學影響。最能體現他這種主張的，是他的一封非常有意思的信：〈龔惟長先生〉，其中表現出來的前衛人生觀念，就算把它拿到二十一世紀網路時代來，我們都會覺得目瞪口呆。

我們先來看看袁宏道的這封信：

然真樂有五，不可不知：

目極世間之色，耳極世間之聲，身極世間之鮮，口極世間之譚，一快活也；堂前列鼎，堂後度曲，賓客滿席，男女交舄，燭氣熏天，珠翠委地，金錢不足，繼以田土，二快活也；匣中藏萬卷書，書皆珍異。宅畔置一館，館中約真正同心友十餘人，人中立一識見極高，如司馬遷、羅貫中、關漢卿者為主，分曹部署，各成一書，遠文唐宋酸儒之陋，近完一代未竟之篇，三快活也；千金買一舟，舟中置鼓吹一部，妓妾數人，遊閒數人，泛家浮宅，不知老之將至，四快活也；然人生受用至此，不及十年，家資田地蕩盡矣，然後一身狼狽，朝不謀夕，托缽歌妓之院，分餐孤老之盤，往來鄉親，恬不知恥，五快活也。

士有此一者，生可無愧，死可不朽矣。

若只幽閉無事，挨排度日。此最世間不緊要人，不可為訓。古來聖賢，公孫朝穆、謝安、孫瑒輩，皆信得此一著，此所以他生受用。不然，與東郊某子甲蒿目而我者，何異哉？

袁宏道開宗明義提出一個觀點：人世間有五種至高的樂趣應該要知道。第一種是眼睛看過世間最美好的風景，耳朵聽過世間最美好的聲響，嘴巴嘗過世間最鮮美的味道，還說過別人不敢說、不能說的言語。

第二大樂趣叫做「堂前列鼎，堂後度曲」。門口放著一口大鍋，一天二十四小時做飯；屋後搭建一座戲臺，一天二十四小時唱戲。我就可以隨時接待四面八方看望我的朋友，不管什麼時候來，都保證他們有飯吃、有戲看。我們打破男女界限，雜坐一處，燈影搖漾，薌澤微聞，完全是現代大型派對的感覺。袁宏道這個理想早在漢朝末年，已經有一個人說過，就是「融四歲，能讓梨」的孔融。孔融曾說「座上客常滿，樽中酒不空」，袁宏道說的也是這個意思。

第三大快樂，袁宏道說：四面八方投奔我的朋友形形色色，我當然也不是一視同仁、一概而論，我要從其中找出若干特有才華見地的人，在我房子的周圍建一個別墅群，每個人發給他們一棟，以他們作為領頭羊，成立若干個寫作班。誰有資格成為領頭羊呢？他說：司馬遷、羅貫中、關漢卿可以。

他在名單裡面列進司馬遷，我們好理解，但是列進關漢卿、羅貫中這種小說戲曲作家，這在當時的文壇其實是不被接受的，但是袁宏道很欣賞。他說，要召集這樣的大文人聚集到一起，「分曹部署，各成一書」，最終達到「遠文唐宋酸儒之陋，近完一代未竟之篇」的目的。什麼是唐宋酸儒之陋？袁宏道矛頭指向的就是從唐朝具備雛形，在宋代大行其道，而且至今還是思想界主流的程朱理學。他把這個東西以酸儒二字概括之，這樣的說法相當犀利。這部大書寫成，藏之名山，傳之後世，這就是人生的第三大樂趣。

第四大樂趣，變賣所有的田產，買一艘豪華遊艇，放上自己必需的生活用品，喜歡書就放上一萬卷書，喜歡茶葉放上幾噸茶葉，喜歡美女就請一些名妓上船，喜歡和尚再帶上幾個和尚，他也不管和尚和妓女放在一起合不合適，然後就可以「浮家泛宅，不知老之將至」，以遊艇為家，五湖四海的漂流一輩子。注意，這裡又一次出現乘桴浮於海的意象，背後依然隱含著道不行三個字，其實也是有著孔夫子式的感慨和蒼涼。

要飯最快樂

到這裡，「人間真樂有五」已經說了前四個，看起來已經很驚世駭俗了，但是更加驚人的是最後一種樂趣。

前四個真樂，某種程度上是第五個的鋪墊，這有點像我們平時聽相聲，相聲有三翻四抖的說法。前面的都是翻、都是鋪墊，到最後才把包袱抖出來，這是喜劇表演的規律。袁宏道這封信也是這個規律，真正出彩的包袱在最後出現。

他說「人生受用至此」，家裡有一座金山也會花光，晚年會落到這種地步——「一身狼狽，朝不謀夕」，早晨想不了晚上的事，這頓飯吃完了不知道下一頓在哪，那麼只好到過去我相好的妓女，或者老朋友那裡去要飯，「往來鄉親，恬不知恥，五快活也」。這裡最核心的兩個詞，一個是朝不謀夕，一個是恬不知恥。什麼叫恬不知恥？心安理得，不以為恥，反以為榮。這是人生第五大快樂！

作為二十一世紀全面進入資訊社會的現代人，如果在網路平臺上，看到剛剛原創出來的這篇文章，我們會怎麼想？會不會覺得這種人生觀極其前衛呢？但這是四、五百年前明朝人的人生觀！更有意思的是，這種驚世駭俗的人生理想被提出之後，我們沒有看到公眾輿論的譴責、批判和圍攻，反而看到的是鮮花、掌聲和喝彩。這就說明袁宏道在人性解放，或者說性靈的旗幟下表達的人生觀，在文化界和思想界得到相當廣泛的認同。

有假詩文，無假山歌

第三駕馬車，通俗文學大師馮夢龍。馮夢龍整理創作的「三言」，是中國古典短篇小說中的翹楚，同時，他還有其他的建樹。比如文言筆記小說《情史》，也叫《情史類略》。顧名思義，這部書的主題是情，和湯顯祖的大旨言情異曲同工，只不過方式不一樣而已。更值得注意的是，馮夢龍編輯了兩部民歌集：一部叫《掛枝兒》，這是明代後期大江南北普遍流行的一個小調；另一部叫《山歌》，是吳語民歌集。在序《山歌》裡，馮夢龍說：

桑間、濮上，《國風》刺之，尼父錄焉，以是為情真而不可廢也。山歌雖俚甚矣，獨非鄭、衛之遺歟？且今雖季世，而但有假詩文，無假山歌。則以山歌不與詩文爭名，故不屑假。苟其不屑假，而吾藉以存真，不亦可乎？……若夫借男女之真情，發名教之偽藥，其功於《掛枝兒》等……。

「借男女之真情，發名教之偽藥」，這兩句話是核心。民歌集裡記錄了真純的男女之情，儘管這種情感不一定都合理，比如有第三者插足的，有未婚同居的，還有過於色情的，但不要緊，這些本真的男女之情，可以擊破禮教的虛偽，成為治療社會病的一劑猛藥。馮夢龍的這兩句話相當有戰鬥力。

我們看晚明文學的三駕馬車，他們第一個共同點，都是受過李贄直接或間接的影響；第二，作為各個文學創組領域的代表，他們的思想觀念大體相通，情也好，人間真樂也好，性靈也好，都指向個性解放、人性解放。但是，光有大文人的宣導，不能構成一代思潮，再嚴謹一點，我們還需要來看看小文人的表現。如果頂端的大文人和普通的小文人都有共同趨向，那就可以進一步證明思潮的存在。

武則天適合嫁誰？曹操

我們舉程羽文為例。程羽文名不見經傳，專門研究明代文學史，都不一定能研究到這個人，但是他有一篇很有意思的文章叫〈鴛鴦牒〉。牒是公文的意思，他以公文的形式寫一個什麼主題？程羽文說，自己痛感古代才女紅顏薄命、所託非人，所以要在自己的文章裡打破時空界限，給這些才女安排理想歸宿，以公文形式發布鴛鴦牒。

他寫的第一個才女是班昭——《漢書》的作者之一。班昭適合嫁給誰呢？適合嫁給東漢末年的大儒鄭玄、馬融，實際上鄭玄、馬融比班昭要小大概八十到一百歲。程羽文不管這個，他就是要打破時空界限、任意穿越，只要他認為合適的就行。

還有南宋的斷腸詞人朱淑真。宋代女詞人屈指可數，李清照之後就是朱淑真。朱淑真最著名的作品是〈生查子〉，「月上柳梢頭，人約黃昏後」是千古名句。當然這裡有著作權的爭議，有人說是歐陽修寫的，也有人認為是朱淑真寫的。

朱淑真是小家碧玉出身，門當戶對，嫁給了一個屠戶。這個屠戶丈夫根本不理解自己的妻子，覺得妻子整天不做家務，飯也不煮，天天在那寫什麼詩啊詞啊，屠戶很不滿意，不僅滿腹怨言，還經常家庭暴力。結果朱淑真鬱鬱寡歡，英年早逝。朱淑真去世後留下不少詩詞，他的屠戶丈夫完全不懂，一把火燒掉了，所以我們現在能看到的朱淑真作品非常少。這確實是紅顏薄命！

對朱淑真這樣的才女，程羽文寄予深切的同情，所以他給朱淑真找的理想伴侶最多。他說宋朝許多文人都適合和朱淑真一起生活，比如蘇軾、黃庭堅、秦觀、晁補之、張耒等，大概找了七、八個下家。這老幾位都比朱淑真大一、兩百歲，那也不要緊，揚眉吐氣、生活幸福就行。

點來點去，點到最後一個，麻煩了，這個人不大好找合適的伴侶。誰呢？武則天。武則天適合嫁給誰？想來想去，還真讓程羽文給找著了，那就是曹操。曹操一方面是魏國的奠基者，跟武則天門當戶對，同時曹操「如幽燕老將，氣韻沉雄」，完全鎮得住武則天，不讓她拋頭露面做女皇帝。程羽文認為這是武則天最理想的歸宿。

這樣的文章，異想天開、荒誕不經，你把它轉換成現代文，拿到今天的社群網站上發一下，都非常前衛，但是四、五百年前的晚明就有人寫過了。而且文章出來以後，大家還會報以真誠的喝彩和掌聲。它完全可以反映出當時人性解放思潮的寬度和深度。

還有一個人也很有意思，叫衛泳。他有一篇作品叫〈悅容編〉，主題是談隱居。如果你希望隱居，你會有多少個選擇？我們知道「大隱隱於朝，中隱隱於市，小隱隱於野」的說法，當然還可以像劉伶、阮籍那樣隱於酒，但是衛泳說：「溫柔鄉特別適合隱居。」如果你能娶到美女，或者四處尋花問柳……那比什麼隱居方式都強。

〈悅容編〉很容易被理解成為好色之徒的文雅宣言，但是他寫得振振有辭，而且也不無道理，於是也得到不少人的欣賞讚許。〈鴛鴦牒〉、〈悅容編〉這樣的作品有多大的思想價值、文學價值？恐怕都談不上，但它所表現出來的個性解放的密度、廣度、寬度、深度都非常經典。

一個思想潮流的形成，既不是某些精英文人可以代表，也不是整個文人階層可以代表，我們還需要來看一般大眾對人性解放的問題，到底是怎樣一種觀念。下面我們要講到一篇重要作品，又是出自「三言」的名篇，〈蔣興哥重會珍珠衫〉，這是很能代表個性解放思潮如何體現在大眾層面的精彩故事。

22 這個朝代的男女之情，擊破禮教的虛偽

〈蔣興哥重會珍珠衫〉是「三言」中成就很高、影響很大的一篇，故事比較長，我們只能講一個刪節版。這是一個非常傳奇的愛情故事，用郭德綱的話說，講的是小倆口過日子的故事。說是小倆口，其實是小三口；說是小三口，這裡頭還有第四個人；說是第四個人，其實還有第五個人摻和在裡面。數學不好，你都聽不了這個故事。我們就從男一號蔣興哥說起。

一想之美王三巧

這個故事發生在明朝成化年間。興哥是這個人的小字，他的大名叫蔣德，但是他出去在商場上用的名字不是蔣德，而是羅德。

為什麼要改姓？蔣興哥是湖北襄陽府棗陽縣人氏，家裡兩代經營珠寶行業，但是他母親家裡已經四代經營珠寶，是業界的龍頭老大、聲望很高，所以他父親帶他出去見商人朋友，別人問這個孩子叫什麼名字時，他的父親就報他外公家的姓，說他姓羅。一說姓羅，同行的商人都對他高看一眼，所以蔣興哥出外行走做生意時叫羅德，這一點非常重要，這是後來小說情節發展的一個

關鍵性的「扣子」。我們先放在這兒，一會兒這個扣子就有用了。

蔣興哥小時候就齒白脣紅、惹人喜愛，長大以後成了帥哥。到了男大當婚的年紀，迎娶了一位京官的女兒。這位京官姓王，這個女兒排行老三，又是七月初七乞巧節出生的，所以名字叫王三巧。

王三巧長得非常漂亮，漂亮到什麼程度？據說有一想之美。什麼叫一想之美？每個人的審美都不一樣，美學中有個命題，認為美是主觀的。有人覺得林青霞、林志玲美，有人就覺得偶像芙蓉姐姐、網紅羅玉鳳美，還有人覺得賣冰棒的老大媽最美，這都很有可能。而一想之美，就是你想她有多漂亮，她就有多漂亮。王三巧不光漂亮，手腳還俐落，做起家務特別勤快。勤快到什麼程度？我們舉個例子，蔣興哥半夜起來上趟廁所，回來一看被子都被疊上了。

小夫妻恩恩愛愛生活了兩年，後來蔣興哥的父親去世，家裡坐吃山空。蔣興哥跟王三巧商量：「咱這幾年也不出去做生意，光出不進，這樣下去有個金山也得花光了。行商行商，商人就得出去行走，我出去跑一趟買賣吧。」王三巧知道蔣興哥說得對，但畢竟是小夫妻，她捨不得蔣興哥走，眼淚汪汪的問蔣興哥：「你走這一趟什麼時候回來呀？」蔣興哥說：「現在是秋天，我估計跑這一趟兩廣，得半年到大半年。咱家門口有一棵香椿樹，到明年春天，香椿樹發芽的時候，估計我就回來了。」小倆口計議停當，蔣興哥收拾東西上路，和王三巧灑淚分別。

可是，大半年過去，一直盼到第二年春天，眼看著香椿樹發芽了，蔣興哥沒回來，也沒有任何消息。夏天、秋天都過了，將近一年了，還是如此。王三巧在家裡非常擔心，怎麼辦？只好每天到自己家的前樓（靠近大街）去站一會兒、散散心，同時看看有沒有自己丈夫的消息。

蔣家小樓外邊這條街道，是棗陽縣最繁華的一條街，叫大市街。這天，王三巧剛站到前樓，就看見大市街東口走過來一個小夥子，離遠看，這小夥子的年紀、長相、身材、打扮都和自己的丈夫蔣興哥非常像。走到近前看清楚了，不是自己的丈夫蔣興哥——比蔣興哥長得還帥。

王三巧一時忘情，直勾勾盯著這個人看，這個小夥子也覺得有些不對，一抬頭，看到對面有一位一想之美的美女盯著自己。兩人四目相對，漫畫效果的話，那就是劈裡啪啦直閃電火花呀！王三巧先回過神來，知道自己失禮，臉一紅，轉身回去了。

到哪兒去找王媽媽

王三巧回去沒多想，外面這位回去可受不了了。這小夥子名叫陳商，街上都稱他陳大郎，徽州人，來到棗陽縣做糧米生意也有幾年了。這天白天見到了美女王三巧之後，晚上陳商輾轉反側、寤寐思服，想起了很多偉大的愛情故事——比如有個西門大官人，還有個金蓮小姐姐（出自《金瓶梅》人物），他們發生了什麼什麼事。

怎麼才能和這位美女有親密接觸呢？偉大的愛情故事裡邊講了，自己不能直接去敲人家的門，需要有一個中間牽線搭橋的人。故事裡有一個王媽媽（《金瓶梅》中名稱是王婆）搭橋，但要到哪裡去找一個王媽媽呢？想來想去，還真想到一個人，有個走街串巷賣珠花的老太太，姓薛，跟各家的大姑娘和少婦都熟悉，口才也好，說書的講叫「氣死畫眉，不讓百靈，沒有準主意能給你支到新疆去，回來了還得給她帶葡萄乾」，口才好到這個份上，這件事她能幫忙。

第二天一大早，陳商找到薛老太太家，啪啪啪的敲門：「王媽媽！開門來！」老太太說：「你再找一家吧，我們家姓薛。」陳商喊錯了，他想了一晚上偉大的愛情故事，到這兒張嘴就喊上王媽媽了。薛老太太開門一看，也認識：「陳大官人，一大早找我，有何貴幹哪？」

陳商從懷裡掏出兩錠白銀放到薛老太面前：「老太太，有件事想請你助人為樂，你要救我一命啊！」一把事情前因後果這麼一說，老太太心裡有數了，把銀子又推回到陳商面前：「大官人，這件事情我幫不上忙啊！棗陽縣上上下下，你要說別的大姑娘和少婦我也許能做到。但是這個美女叫王三巧，出身官宦人家，家教特好，同丈夫蔣興哥又十分恩愛。蔣興哥出去做生意一年，人家王三巧大門不出，二門不邁，謹守婦道，大官人你這忙我幫不上啊！」陳商一聽，把兩錠銀子推回去，又掏出兩錠金子，懇求不已。有道是「清酒紅人面，財帛動人心」，薛老太太最後動心了，答應幫陳商這個忙。

薛老太太這個人還真是找對了，經過長時間的鋪墊、醞釀、誘騙——過程很複雜，我就不細說了，大家可以找原著來看——兩個月之後，陳商同王三巧春風一度，從此後就以露水夫妻的身分在這裡過上日子，如膠似漆，非常恩愛。

又過了幾個月，陳商一算，自己這趟來棗陽也大半年啦。每天花錢像流水一般，這樣下去，入不敷出、坐吃山空也不行啊！得出門做趟生意去。聽到這話王三巧心裡邊很難過，自己的丈夫蔣興哥出門做生意，快兩年了也沒回來。好容易現在有了陳商，他也要出去做生意，我這趕上包子鋪了——一屜頂一屜（一人換一人）。

捨不得陳商走，怎麼辦？送個愛情信物吧！什麼愛情信物？就是珍珠衫。蔣興哥家裡是經營珠寶生意的，特別是他外公，每看到好的珍珠就留下一顆，攢了幾百顆，請高手工匠製成了一件珍珠汗衫，這是蔣家的傳家之寶。蔣興哥臨走之前把珍珠衫交給王三巧，現在王三巧捨不得陳商，就把這件珍珠汗衫作為愛情信物交給了陳商。

邂逅羅德泄天機

陳商與王三巧灑淚分別，做生意到了蘇州府，住進一家豪華酒店，類似於現在的香格里拉、凱賓斯基（Kempinski Hotels S.A.）一類。住在這樣的酒店，一方面象徵著自己的身分，同時也可以打聽一些商業資訊。

陳商這一天到餐廳吃飯，人很多，找不到自己單獨的一張桌子，看到一張桌子有個空位，對面坐著一個小夥子，年紀相貌、穿著打扮都和自己差不多，往這裡一坐，一打聽「仁兄貴姓高名」，對方說：「我叫羅德。」

這就是一開頭我們說的扣子。如果說蔣興哥，陳商知道；說羅德，他不知道。陳商一聽對方叫羅德，也沒當回事，兩人在這喝酒聊天，感覺還不錯。聊了一會，天氣太熱，陳商就脫下外邊長衫，搭在椅背上，露出了貼身穿的珍珠汗衫。羅德那邊端著茶喝到一半，一抬頭看到陳商身上穿著的珍珠汗衫，半杯茶噗一口全吐出來了。蔣興哥認識：這是自己家的東西啊！

蔣興哥很淡定、很沉著，一句一句套陳商的話：「哎呀，老兄你這件衣服太漂亮了。」、「你這衣服叫什麼名字啊？」陳商說：「叫珍珠汗衫。」蔣興哥心想：「對，我們家那件也叫珍珠汗衫。」又問：「那你這珍珠汗衫哪裡來的呢？」陳商一聽這話，眼圈紅了，掉了幾滴眼淚：「羅兄，你這話不問還好，一問，惹起小弟的一點煩惱啊！這衣服是我情人所贈！」接著就把自己在襄陽府棗陽縣如何認識王三巧，王三巧如何把這珍珠汗衫送給他從頭到尾、原原本本都跟蔣興哥說了。陳商這邊說得高興，再看對面羅德的臉都白啦！

但是，蔣興哥的反應——這個我一會兒還要講——跟其他小說角色的反應都不一樣。蔣興哥沒有大發雷霆，但也實在聽不下去了：「哎呀，老兄我不勝酒力，這就回去休息了。」匆匆忙忙告別陳商，回去告訴手下人，趕緊收拾東西，買賣不做了，僱船趕緊回家。手下人很意外：「大官人，咱不是說好了再待十天半個月，做完買賣再回家嗎？怎麼現在就要走啦？咱家那邊天氣比較冷，大官人，我上街給您買頂帽子戴吧？」蔣興哥怒氣衝衝：「不用買啦，我自己有！」當然這是氣話，也是玩笑話，蔣興哥自己有頂大綠帽子啊！

第二天僱好了船，剛要起錨，從岸上疾如風、快似電跑來一個人——陳商，一邊跑一邊喊：「等等我！等等我！」到了近前，陳商說：「哎呀羅兄，昨天你走得太快了！你走了之後我才聽人說，原來你就是襄陽府棗陽縣的人啊？」蔣興哥說：「對啊！」陳商問：「你現在是回家嗎？那你幫我捎封信？我給王三巧的情書寫了很長時間了，也沒有人去棗陽縣，拜託老兄把信捎給王三巧。」蔣興哥心裡頭咬著牙，臉上還是神色如常：「好啊，帶這個信倒是行，但是我不能回去直接給王三巧啊！這個信我託誰轉交啊？」陳商說：「大市街東口有一個薛老太太，這事兒都是薛老太太幫我辦的。」這一句話把薛老太太給賣了。

蔣興哥在船上拆開情書一看，倒也沒有什麼特別有價值的資訊，就是寫得很親熱、很肉麻的一封信而已。什麼我經常夢見你啊，我怎麼怎麼想你啊，見面我們一起去看戲啊！蔣興哥越看越生氣，三兩下把信撕了個粉碎。

現在蔣興哥要回到棗陽縣，他怎麼面對王三巧呢？接下來他會做什麼？這種情感關係又會變得多麼錯綜複雜呢？我們又用得上一句評書常用的套子話——欲知後事如何，且聽下回分解。

送還十六箱首飾衣服，好聚好散

蔣興哥一路上心潮起伏：王三巧紅杏出牆，這個妻子肯定是不能要了，但是這事不能全怪王三巧，自己也有一部分責任。本來自己跟王三巧說好了，出去做生意，半年之後就回家。結果出去以後不久就得了一場大病，一年上下才把病養好，自己又想，出來一趟不容易，還想把這生意做完。這樣耽擱來耽擱去，現在都快兩年了還沒回家，也沒有人送個信給她。王三巧在家裡無人依靠、紅杏出牆，自己也有責任。

帶著這種複雜的心情，蔣興哥回了家，見到王三巧，本來小夫妻分別這麼久了，見面應該很親熱才對，但是現在雙方各有心事、各懷鬼胎，見面之後反而非常客氣。蔣興哥說：「剛才我在回咱們家之前路過你娘家，你父親身染重病，讓我給你捎個信，趕緊回去看看，我這還有一封信，你帶回去給我的岳父大人。」

王三巧聽說自己父親生病，當然著急，帶著一個小丫鬟，隨身收拾了點東西，趕緊回娘家了。到家一看，自己老父親身體很好啊，正在院子裡練舉重呢！蔣興哥為什麼騙我呢？想起來那封信了，拆開一看題頭，王三巧哇的一聲就哭了，信上寫著兩個大字——休書。

我們知道，中國古代的婚姻關係中男女不平等，男方可以單方面解除跟女方的婚姻，直接把她休回娘家去。

一般的休書格式，上面是要寫上女方的一些毛病，比如不生孩子，古代說法叫「不孝有三，無後為大」；還有身染惡疾，這一條很不公平，得了重病絕症，就可以把妻子休回去；還有不孝順父母、和兄弟姐妹相處不好、不做家務等，合起來叫做七出之條，休書上通常都把理由寫得明明白白，免得以後爭執。但蔣興哥這封休書寫得相當含糊，只是籠統說王三巧犯了七出之條，沒有具體內容。總之王三巧這個妻子我不要了，從今之後嫁娶兩便，雙方勿再爭議。

王三巧的老父親看了這個休書，也是大驚失色：自己的女兒教養了這麼多年，品貌俱佳，怎麼蔣興哥出去做生意，兩年回來就把女兒給休回來了呢？趕緊追問緣故，王三巧光哭不說話。

老爺子氣呼呼的拿著休書找蔣興哥說理去了：「我女兒到底怎麼了？為什麼把我女兒攆回來啦？」蔣興哥說：「老爺子，這事我不方便跟您說，要不休書上我不就寫明白了嗎？您要非不依不饒，那就回去問問您家閨女，我那件傳家之寶珍珠衫還在不在？她要拿得出來，我就八抬大轎把她接回來；她要是拿不出來，老爺子，您也就不用再來啦！」王三巧一聽人家要珍珠衫，更知道怎麼回事，大哭一場，想要懸梁自盡，被母親救下來，也就打消了死志，在娘家待了幾個月。

幾個月後，又出現了新的變數。我們剛才的故事裡已經出現三個人了，現在第四個人出場。這個人是位新科兩榜進士，叫吳傑，奉命任廣東潮陽縣知縣，走到襄陽附近，原配夫人暴病去世，所以就想在棗陽縣再娶一位夫人。

這個消息傳出去，迅速轟動了棗陽縣的媒婆界。大家紛紛開動資源，到吳傑這裡提親。其中有個媒婆告訴吳傑：我有一個人非常合適，叫王三巧，長得有一想之美，各方面條件都好，就是有一節，她結過婚，大人你要是不嫌棄，我覺得你們挺般配的。吳傑說：「我倒不在乎已婚未婚，只要能情投意合，將來能跟我一起好好過日子就可以。」來回一打聽一相看，吳傑非常滿意。馬上下聘禮迎娶王三巧，準備帶上官船出發。

棗陽縣彈丸之地，這消息早就傳開了，蔣興哥也聽說了，想來想去心裡不是滋味，王三巧在自己家裡還留下了十六箱子的首飾衣服呢！蔣興哥告訴手下人，把這十六箱首飾衣服，送到那艘官船上去，對方要問，什麼也別說，就說王三巧家裡送的陪嫁就行了。

王三巧上船這一天，第一眼就看到了這十六箱首飾衣服，淚如雨下。這件事說一千道一萬，都怪自己紅杏出牆，結果人家蔣興哥對自己仁至義盡，不僅不在休書裡張揚自己的醜事，而且還餘情未了，把十六箱首飾衣服又給自己送過來了。自己這輩子也沒有辦法報答蔣興哥了，下輩子結草銜環，也要回報這份恩情！哭了一場，跟吳傑到廣東上任去了。

頭一回說話算數

所謂「花開兩朵，各表一枝」，這條線（劇情）我們先放在這，說說另一條線——陳商。

陳商在蘇州託羅德捎了一封情書，做完生意，回到了老家徽州府。陳商在老家也有原配妻子，姓平，平氏品貌、為人各方面都不比王三巧差，但是因為陳商這段時間跟王三巧打得火熱，回到家裡越看平氏越不順眼，在家裡挑三揀四，什麼事情都沒有個好臉色。平氏也納悶：自己丈夫原來不是這樣的啊，怎麼這次回來變化這麼大呢？每天晚上摟著那件珍珠衫睡覺，還說夢話，什麼巧兒啊，巧兒的，怎麼問也不說。看來問題的關鍵就在這件珍珠衫上。

有一天趁陳商睡著了，平氏把珍珠衫從他手底下拽走，藏了起來。第二天早上，陳商醒了，第一件事就是找珍珠衫，平氏說沒看見啊。陳商一生氣，當一腳踢翻桌子：「我這趟回來看你就不順眼，現在你還把珍珠衫給我偷走了，看來這個家我不能待了，我這就裝上糧食，上棗陽縣做生意去了，這次死到外頭我都不回來了！」

陳商撂下幾句狠話，帶上糧食去棗陽了。快到棗陽，在河面上遇到了一夥強盜，不僅搶錢搶糧，還要殺人滅口。陳商眼明手快，跳到河裡游了很遠，才算逃得一條性命。身無分文，非常狼狽，進了棗陽，找到自己常住的呂家老店，把事情跟掌櫃的一說，自己遇上強盜了如何如何，現在身無分文，我在棗陽這裡還有兩個朋友也許能幫我的忙，請掌櫃的給大市街東口的薛老太太送個信，她應該能幫我。

掌櫃的很為難，說：「咱們棗陽縣別人都好找，薛老太太不太好找了，不知道因為什麼事情得罪了一個大商人蔣興哥，蔣興哥帶人把她們家給鏟平了，她家原來住那個地方現在是個小廣場。薛老太太藏起來了，除了直系親屬誰也聯繫不上她。」陳商說：「那還有一個人，叫王三巧，這個危急時刻她也能幫我。」掌櫃說：「哎呀，這王三巧我就更找不著了，前段時間跟蔣興哥離婚了，嫁了一個新科進士叫吳傑，到廣東去做縣令夫人，已經走了好幾個月了。」陳商本來被強盜搶劫，死裡逃生，已經急火攻心，一聽說薛老太太找不到了，特別是王三巧嫁人了，陳商一張嘴，噗一口鮮血噴出來，病倒在客店當中，用說書人口吻來講——那真是一月不如一月，一天不如一天，一會兒不如一會兒，一陣兒不如一陣兒。

眼看著陳商要死在客店裡，掌櫃的也著急，這人死在這兒算什麼回事啊？再說房錢、飯錢還沒給呢！趕緊派人給陳商家裡邊送信。聽說陳商病重，平氏匆匆忙忙收拾了一些金銀細軟，帶著管家夫婦日夜兼程趕到棗陽。

一大早找到了呂家老店門口，到這一敲門，「這是呂家老店嗎？」掌櫃的說：「對呀！」「有個陳商陳大官人是住這兒嗎？」「是住這兒。」「他住哪號房間啊？我過去看看他。」掌櫃的說：「哪號房間也沒住，在院裡停著呢，已經死了三天了。」平氏千辛萬苦趕過來，沒有見到丈夫最後一面，趴到丈夫屍體上放聲大哭：「丈夫啊！跟你過了這麼多年日子，你說話向來不算數，這次怎麼說話這麼算數啊？」為什麼算數啊？這次臨走之前不是說了：「我死到外頭都不回來啦！」這麼多年就這一句話算數了。

蔣興哥遭遇人命官司

總之平氏哭了一場，把陳商草草埋葬。但這個過程中又出現新問題，那對管家夫婦眼看著男主人客死異鄉，剩下平氏一個弱女子無依無靠，便起了壞心，把那些金銀細軟打了一個包袱就逃跑了。這一跑，扔下平氏一個人在外地，舉目無親，無處可去，棗陽縣的媒婆聞風而動。一個媒婆過來說了：「有一個人挺合適的，這個人叫蔣興哥，做珠寶生意的，你們兩個郎才女貌，我看著挺般配的。」來回一說和，蔣興哥也很滿意，下了聘禮，就把平氏迎娶回家了。

洞房花燭夜，平氏和蔣興哥見了面：「夫君啊，從今天開始我得管你叫夫君了，以後你得對我多多愛護關照，我也保證跟你好好過日子。這麼著吧，為了表達誠意，我送你件愛情信物吧！」這愛情信物竟是珍珠衫！別的金銀細軟都被管家夫婦捲走了，這個珍珠衫平氏一直貼身收藏，現在嫁給了蔣興哥，就把這件珍珠衫作為愛情信物送給了蔣興哥。

這篇小說的題目叫〈蔣興哥重會珍珠衫〉，什麼叫重會？這就是重會。蔣興哥一看見這個愛情信物，一下子就傻了，這個故事裡頭，只有蔣興哥一個人知道來龍去脈。蔣興哥把事情原原本本跟平氏講了一遍，平氏聽完以後長出一口氣：「啊呀，沒聽過這麼曲折、離奇的愛情故事啊！」從這裡開始，蔣興哥跟平氏在一起過日子了。

但這件事還沒完。跟平氏又過了一、兩年，蔣興哥合計來合計去，現在開支巨大、入不敷出，這商人得做生意啊！就跟平氏商量，自己要出去做生意去。平氏一聽：「你忘了上次王三巧那事了嗎？」蔣興哥也無奈：「我們是商人，既然幹這行，就得出去做生意啊！」所以又跟平氏分手，出門做珠寶生意去了。到哪兒呢？廣東合浦縣，珍珠之鄉，天下聞名。

這一趟生意做得很順利，收了不少好珍珠。蔣興哥自己也高興，拿著幾十顆珍珠排在客店的桌子上，看一顆，再看一顆。正看著呢，客店的老掌櫃進來了。本來是想問候一聲，結果看到桌子上這麼多珍珠，老掌櫃就起了貪念——老掌櫃年輕時手腳就不太乾淨，現在看到珍珠就想偷一顆。趁著蔣興哥回頭，老掌櫃挑了一顆最大的珍珠塞到自己的嘴裡頭。結果還沒出門，蔣興哥就發現最大的那顆珍珠沒有了，一質問老掌櫃，兩個人一推一搡間，老頭兒把這珍珠咽下去了，當場噎死在客店裡。在廣東省合浦縣，人生地不熟的地方，蔣興哥攤上了人命官司。

老掌櫃的兩個兒子擊鼓鳴冤，把蔣興哥帶到縣衙門告狀，幾番鼓響，三班衙役出來，兩旁肅立，合浦縣新任知縣吳傑大人轉屏風入座。吳傑本來在潮陽縣，政績不錯，才把他調到合浦縣。上任以後的第一個案子——羅德殺人案。

到了公堂之上，當然各說各的理，一時也查不清楚真相，只能暫且退堂，把蔣興哥監押在死囚牢。晚上吳大人在燈下分析這個案件，夫人王三巧在旁邊伺候，看到檔案上寫著：「羅德殺人案，襄陽府棗陽縣人氏。」王三巧大吃一驚：「大人，這個案件審結以後結果能怎樣？羅德有沒有生命危險呢？」吳傑說：「現在還不清楚，如果真是故意殺人案，那當然殺人償命，判處死刑了。」一聽說蔣興哥有生命危險，王三巧撲通給吳傑跪下了：「無論如何請官人周全，救羅德一命。」吳傑納悶了：「你為什麼給羅德求情啊？你跟他什麼關係啊？」一問這個問題，王三巧為難了，怎麼說啊？蔣興哥跟自己什麼關係啊，也不能直說他是自己的前任呀！只好撒個謊說：

「羅德是我娘家表哥，一直做珠寶生意，現在攤上這麼一件事，無論如何請官人周全。」吳傑很正直，只答應繼續調查。如果是故意殺人，他周全不了；如果真是誤傷，他倒可以盡量調解。

經過調查，看來這件事情是誤傷，但是沒有證據啊！吳傑把老掌櫃兩個兒子找來了：「現在你們雙方各執一詞，真相不清楚，怎麼辦呢？看來唯一能夠驗證的方法，就是把你們的老父親剖腹，來驗證珍珠是不是在他肚子裡。你們同不同意啊？」老掌櫃兩個兒子不敢剖腹驗屍，於是吳傑從中調解，由蔣興哥負責喪葬費用，再賠一筆錢，兩個原告答應撤訴。

人命關天的案子，花了些錢居然完全了結，蔣興哥當然是意外之喜，沒想到這位吳大人如此主持正義。往上磕了無數個頭，連呼青天大老爺，謝過吳大人，轉身要走。吳傑說：「兩原告可以走，羅德你不能走，我領你到後堂見一個人。」現在吳大人心裡這個痛快啊：這是我大舅子啊，我給救下來啦！

蔣興哥隨著吳傑到了後堂，一眼看見王三巧站在對面。當時是這樣一個情境：小夫妻分別好幾年，回來以後就見了一面，蔣興哥寫下休書，這嫁給吳傑又是一、兩年——已經幾年沒見了，又剛剛經過生死存亡，心情激蕩，蔣興哥撲過去抱住王三巧，抱頭痛哭。吳傑在旁邊越看越不對勁，這絕對不是表哥和表妹的關係，你們倆到底是怎麼回事啊？給我如實講來。

到了這一步，王三巧這才把事情原原本本都跟吳傑講了一遍。吳大人聽完以後往椅子後邊一靠：「啊呀，沒聽過這麼離奇、曲折的愛情故事啊！我看你們倆餘情未了，君子不奪人所愛，君子有成人之美。既然如此，我就把王三巧再送還給你，你把她領回去好好過日子吧！」王三巧也同意，蔣興哥也同意，這樣就帶著王三巧回了棗陽縣。

到了家門口，平氏從裡邊迎出來了：「看看！我就說，又領回來一個。」蔣興哥跟平氏介紹：「這個你不能吃醋，這個就是王三巧。」這就是小三口的愛情故事，從此以後，蔣興哥和王三巧、平氏三口人在一塊過日子了，像童話裡面說的，他們幸福的生活了一輩子。

傳奇故事能誕生，也需要大眾認同

這段〈蔣興哥重會珍珠衫〉我講得比較粗糙，大家如果感興趣，一方面可以去讀原著，一方面可以聽聽郭德綱版的同名單口相聲。他大概說了兩個小時左右，相當詳細。但我們說這個故事不光為了熱鬧，還應該來分析一下小說中的兩個人物，和他們的心理活動，以及它折射出來的社會文化思潮。

第一個人就是男一號蔣興哥。我們注意到，蔣興哥在發現妻子王三巧紅杏出牆以後，他的反應跟一般人很不一樣。一般人的反應是什麼？姦夫淫婦，死有餘辜，特別是豪俠之輩，抓起來一刀殺卻，方能解心頭之恨。武松殺嫂這個情節裡，畢竟有他哥哥一條人命，殺了潘金蓮不算過分。應該注意《水滸傳》另一場戲，叫〈翠屏山〉，就是病關索楊雄的妻子潘巧雲和海和尚通姦，沒有要謀害楊雄，也沒有人命在裡邊，但是楊雄在發現姦情以後，借著翠屏山降香的機會，不只殺了潘巧雲，還殺了她的使女（女僕）迎兒，而且是殘殺、虐殺，大卸八塊。

這是中國古代小說中遇到類似情況最常見的一種處置手段，或者說，是大家達成最高共識的一種處置方案，但是到〈蔣興哥重會珍珠衫〉裡就不一樣了。我們一直在解釋，為什麼蔣興哥聽陳商講與王三巧通姦的事情，並沒有大發雷霆，直接找姦夫決鬥；為什麼後來對王三巧餘情未了，不張揚她的醜事，而且還將首飾衣服又送還給她。我們看到，蔣興哥一直在檢討自己：這個事情也怪我，我也要承擔一部分責任。這種自省，以及對王三巧的體諒，是之前的小說中從沒有過的。

另一個值得注意的人物是縣令吳傑。吳傑有兩個決定：當媒人提親的時候，他說已婚未婚都不要緊，只要我覺得情投意合就可以；後來看到蔣興哥和王三巧餘情未了，他又做了第二個決定——君子不奪人所好，我把王三巧再送還給你。我們應該注意到，在吳傑這兩個決定中，王三巧的貞操問題從來沒有成為阻礙，沒有成為重要的參考因素。

當然，這是個傳奇的愛情故事，如果不傳奇就不會成為小說題材，但是，傳奇的愛情故事也要有它產生的土壤，它畢竟不是科幻小說。當明朝後期，這個故事在社會上流傳的時候，大家最起碼要認同這樣的事情，有可能出現在當今時代和社會中，大家才能接受小說裡的這些人物、這些思想和行為。所以我們從大眾文化的角度觀察人性解放思潮，這些作品完全可以充分折射出當時的社會文化意識。

第6章

五階段之外的清代儒學文化

在上面的篇幅裡，我們從先秦的孔孟，一直講到了明代的心學，這五個時期是學術界公認的儒家文化史發展的五個階段。**在這五個發展階段之外，清代的儒家文化發展也很有特色**，值得我們簡單說一說。

集歷代儒學之大成

我以為，清代儒家文化的發展，主要呈現了集歷代儒學之大成的特徵，各個重要學派在清代都得到了非常好的傳承與總結。具體說來有四點。

第一，程朱理學一直是官方宣導的儒學主潮。第二，以明末清初三大思想家顧炎武、黃宗羲和王夫之為代表的實學，在這個時代出現。實學的主要特點是經世致用，強調關切現實問題，具有家國情懷。其中，顧炎武的《天下郡國利病書》可以作為典範。

表面上看，這是一部人文地理學著作，顧炎武做了大量的田野考察，對各地的地理狀況、風土人情等做了詳盡的描述，但他著述的意義不單純是為了學問，而是為明遺民復國反清而做的資料準備、現實參考。這本書特別能體現出清代實學的特點。

第三，乾嘉學派的出現。乾嘉學派主要繼承漢代儒學傳統，講求考據、訓詁、音韻、文字之學，做學問不重文采，強調回歸儒家的原始精神。第四，從晚明開始大行其道的個性解放思潮，在清代仍具有相當的市占率和影響力。其代表人物包括我們前面講到的金聖歎，還有清初著名小說家、戲曲作家，也是文藝批評家李漁，代表作是《閒情偶寄》，實際上也是個性解放思潮的餘波。還有一位，就是乾隆朝的大才子袁枚。以上這四個特點都很複雜，由於篇幅的關係，我們只能舉兩個例子，簡單說一下第二點和第四點，也就是實學和個性解放思潮。

張巡食人

第一個例子，我們想談一談對於唐代的「張巡食人事件」的評議。什麼是張巡食人事件？事情發生在我們熟悉的安史之亂時期。

玄宗天寶十四年（七五五年），安祿山起兵叛變，張巡以真源縣縣令身分在河北、河南一線起兵抗擊叛軍，後來和許遠同守睢陽古城，即今天的河南省商丘市。在睢陽，張許聯軍被困經年，終於彈盡糧絕，援兵不至，在肅宗至德二年（七五七年）城破被俘，他和部將南霽雲、雷萬春等三十六人同時殉難。

以上是我們對張巡事件最客觀、最簡單的敘述。說最客觀，是因為這是沒有加上任何評價的純敘述；說最簡單，是因為省略了很多細節的敘述。但是早在張巡殉難後沒幾天，也就是說，在這個事件仍具有新聞時效性時，就已經產生評價分歧了，一個關鍵性的細節也開始受到關注。

至德二年，肅宗李亨派遣大將張昊，代替見死不救的節度使賀蘭進明急援睢陽，就像我們在警匪片中經常看到的那樣，在張巡死後的第三天，張昊率領大部隊趕到，但已無濟於事，於是他命人為張巡撰寫悼詞，總結其功過是非。在撰寫悼詞的過程中，有一個議者跳出來講了這麼一段話：「張巡開始守睢陽的時候，一共有六萬人。糧食吃完之後，他應該率領大家突圍，結果張巡是以吃人為代價，才堅持了這麼長時間，這樣的張巡能算是完人嗎？」這位議者到底何許人也？史書沒有記載，但他抓住了張巡守睢陽的一個重要細節，非常值得人深思。

什麼是食人？同樣見諸《新唐書》的記載：當糧食吃光的時候，很多士兵都被餓死，僥倖活著的人也毫無力氣。於是，張巡把自己的愛妾奉獻出來，他說：「諸君經年乏食，而忠義不少衰，吾恨不割肌以啖眾，寧惜一妾而坐視士饑？」你們很久沒吃飽了，但是忠義之氣不見衰減，我恨不得把肉割下來給大家吃，難道還捨不得一個妾而看著你們挨餓嗎？於是張巡殺了這個小妾，煮了一鍋人肉給大家吃。張巡的副手許遠——不知道是沒有小妾還是捨不得——也把他的僕人殺了給大家吃。在張巡、許遠兩位總指揮的作用下，睢陽城內易子而食，「凡食三萬口」。到睢陽城被攻破的時候，「遺民止四百而已」。

從《新唐書》的記載，我們可以看出兩層意思，首先可以算得出來，睢陽城中被自己人吃掉者，要占到居民總數一半以上，絕不少於戰死沙場的比例；其次，在這樣殘酷的非人道事件當中，「人之將死，而莫有叛者」，誰都知道絕路擺在自己面前了，但是沒有人背叛，這也可見張巡、許遠忠義精神的感人。他們的個人魅力和愛國精神結合起來，最終竟然使睢陽居民如中魔法，毫不猶豫的大量吞食同類。

在上述細節中，「而已」這兩個字，其實是很難堪的。幾萬條生命就如一縷輕煙，消融飄散在史家的一聲輕嘆中，在歷史的潮流中打了個漩渦，連浪花都沒有濺起一個，平靜得像什麼都沒有發生過，難道他們不曾有過痛苦的掙扎嗎？不曾有過絕望的呼號嗎？不曾有過悲莫悲兮生別離嗎？不曾有過閣淚汪汪不敢垂嗎？像這樣的歷史事件，我們真的是不忍細想，也不知該怎麼評論。

正義！多少罪惡借汝之名而行

審視歷史，常常需要一個恰到好處的時間維度，一般來說，如果不能在當時將某些真相澄清的話，那麼一般就要經歷一個相當漫長的過程。同時，審視歷史還需要冷靜睿智的大腦，拋開那些使人血脈賁張的高昂口號，沉澱到歷史的深海，一件一件去剖析沉埋的遺產，才有可能還原真相，或至少提供一個新的角度供後人尋思。重新評價張巡事件，這個歷史機緣很令人意外的出現在忠臣備受崇敬、賣國降虜比比皆是的明清之際，而且出自最看重氣節的遺民陣營。

顧炎武在他的《日知錄》中有一段話：「有亡國，有亡天下，亡國與亡天下奚辨？曰：易姓改號，謂之亡國；仁義充塞，而至於率獸食人，人將相食，謂之亡天下。」意思是亡國和亡天下不一樣。易姓改號叫做亡國，比如唐朝李姓滅亡了，代之以五代，然後變成了姓趙的宋朝，這叫亡國；朱姓明朝滅亡了，代之以愛新覺羅的清朝，這叫亡國。如果仁義都被堵塞，而至於野蠻到食人的程度，這就叫「亡天下」。

根據顧炎武這段話的意思，梁啟超後來提出了「天下興亡，匹夫有責」的名言，但這好像又是一句半截真言。我們聽到的好多名言都是半截真言，比如，天才就是百分之一的靈感，加上百分之九十九的汗水，但實際上愛迪生的這句話後面還有半句——最重要的是那百分之一的靈感，這後半截就被我們人為閹割掉了。梁啟超的名言也是這個意思，我們把真正有思想的那部分給剪掉了。

其實顧炎武的論說重心，明顯偏向於亡國與亡天下的重大差別，順著他的思路，我們可以推導出他的意思：如果張巡沒有用這種殘酷的方式守城，大唐朝可能亡國；可是張巡守城的結果是仁義充塞，人吃人，天下都已經完了，一家一姓的大唐不亡又能怎樣呢？顧炎武的意思和孟子一脈相承，孟子云：「殺一不辜而得天下，皆不為也。」就是說，若殺掉一個無辜的人就可以得天下，我們也不去做。

同時導源於孟子而有很高明議論的，還有王夫之。王夫之的《讀通鑑論》在肯定張巡歷史功績的情況下，進一步指出：「守孤城，絕外援，糧盡而餒，君子於此，唯一死而志事畢矣。」他說，你守著一座孤城，沒有外援，糧食都吃光了，仁人君子到了這個地步，自己一死殉國也就罷了。「無論城之存亡也，無論身之生死也，所必不可者，人相食也。」你要超過殉國這個尺度，那就容易走向反面了，這叫賊仁戕義。不管城之存亡，不管身之生死，無論如何都不能做的就是吃人！王夫之在最後充滿激情的得出結論：「張巡吃人，不謂之不仁也不可！」在主流話語的強大壓力下，王夫之尖銳的指出，張巡的行為是賊仁戕義、所必不可者，人相食，最終下了一個不仁的結論。這些呼聲一浪高過一浪，就好像是一道橫天而至的閃電，曾經短暫而燦爛的照亮了人道主義的漫漫夜空。

什麼是大思想家？什麼是大師？當社稷丘墟、法統崩塌，呼天無靈、悲憤填膺，他們並不因為食人可以為自己捍衛的陣營帶來某些利益，而違心的高唱讚歌。他們懂得，不管是什麼藉口，人都有不被同類吃掉的權利；他們懂得，在應該堅守的民族國家利益之上，還有仁的根本原則，永遠不能被動搖和毀棄。

在我看來，對張巡事件的評議，正好可以凸顯顧炎武、王夫之這些學術大師的闊大氣象和深沉情懷，很能代表清代實學的特點。

事情還沒有完全結束。當代著名作家、我們前面多次提到的李國文，在二〇〇〇年前後寫過一篇非常好的文章，叫〈唐末食人考〉，其中也講到了張巡事件。在文章中，作家壓抑著自己的憤怒說：

> 不管你有多正當的理由，一座六萬人口的睢陽城，吃到最後只剩下四百來人，讀到這裡，那昏天黑日之感，壓迫得你連血管裡的血液都會被凝滯住。張巡堅守睢陽，直至城破被俘不屈而死，其英明千古長存，其氣節青史流芳，那都是毫無疑問的。但是對於圍城的最後階段，這種大規模的自相殘殺、以人果腹的現象，任何一個有良知的人，絕不能視為那是理所當然的做法。因為具有正義的堂皇理由，就可以為所欲為的做出反人類的罪行嗎？

我特別欣賞李國文最後這個非常鋒利的問題：「因為具有正義的堂皇理由，就可以為所欲為的做出反人類的罪行嗎？」在張巡事件當中，這是我能聽到的最沉痛的質問和悼念的聲音了。我們也忍不住隨著李國文發出一聲嘆息：正義！正義！多少罪惡借汝之名而行！

我們再舉第二個例子，來看看個性解放思潮在清代的餘波，那就是大才子袁枚，和他的朋友楊潮觀之間的一場誹謗官司。這兩位都是乾隆文壇的重量級人物，袁枚就不用說了，楊潮觀也是當時成就最高的戲劇作家之一。兩個人本來是好朋友，袁枚甚至將女兒一度寄養在楊潮觀家裡。但是，這對交好幾十年的朋友，在晚年卻翻了臉，為什麼？

一場誹謗官司

起因在於袁枚寫了一部志怪小說《子不語》，裡面記述了楊潮觀跟他講過的一個怪夢。楊潮觀在做鄉試考官的時候，夢見一個女子給自己推薦了一張考卷，醒了以後，發現這個考卷作者是明末清初散文三大家之一——侯方域的後人，所以認為這個託夢的女子是李香君。這篇小說名字就叫〈李香君薦卷〉。

袁枚把這件事寫在了《子不語》裡，書出版以後，很高興的寄給了老朋友楊潮觀一本，但楊潮觀看到這一篇〈李香君薦卷〉的時候，非常不高興，他寫了一封很長的信斥罵袁枚，說他輕薄下流，並且說李香君是婊子。

如此義正詞嚴，劍拔弩張，並加以「佻達下流」的定讞，已足見楊氏心中憤怒之不可遏止了。可他仍以為不足，最後竟要求袁枚務即為劈板削去，以收斬草除根之效。總之，楊潮觀認定袁枚是在嚴重的誹謗自己名譽！如果在法制健全的今天，他可能會不惜對簿公堂，並索取精神損害賠償若干的。

面對這樣激烈的譴責，我相信袁枚一定是出乎意料，並受到了劇烈的打擊。他大概沒有料到這位情意深篤的故人，會為此事動這麼大肝火，也想不到才華豔發、見地頗高的楊潮觀，會表達出如此不堪的意見來，更何況，袁枚一生致力開掘性靈、解放純真，楊氏主動來撞自己的槍口，來信中字字句句皆與自己的思路背道而馳，他又豈能不一展妙絕天下之辯才，回應楊氏的炮轟乎？於是，在楊潮觀的挑釁之下，兩位古稀老人、文壇泰斗的筆墨官司正式上演。

袁枚連續回了三封長信，其言辭之妙，無以復加。比如他說：「香君雖妓，豈可鄙薄哉？」李香君雖然是妓女，但當大臣馬士英、阮大鋮勢力那麼龐大的時候，她能明辨正義邪惡，能夠抵受奸險小人的誘惑與威脅，這種風範士大夫裡頭有幾個？袁枚說：「行行出君子，妓女這一行中有俠妓、有義妓，還有忠於國家、大節凜然的妓女。史冊中記載下來的，不一而足。這些女孩子都是生來不幸，墮落到這個低賤行業，但是能出淤泥而不染，比那些口講孔孟仁義而暗為盜賊之行的那些人不是強多了嗎？」最終，袁枚得出了一個非常有意思的結論——偽名儒不如真名妓！

我覺得袁枚的這些思想非常寶貴，這不是自矜口舌之利，不是賣弄小聰明，不是詭辯縱橫之術，也不是一般的風流習氣或憐花情懷。我一直覺得，袁枚是一個很地道的人文主義者，起碼比今天某些滿口人文關懷，而心裡和某些所謂低賤者劃清界線的學者教授們要地道得多。袁枚是把妓女賤民當成與自己一樣平等的人來看待。偽名儒不如真名妓，這八個字的意思，儘管不是由他首創，但是能說得這麼明快通透，仍然讓人覺得振聾發聵。

基於這種發自內心的人文情懷，他對自己的老朋友楊潮觀，已經把話說到了相當刻薄的程度：「就眼前而論，老兄你的地位確實比較高貴，李香君非常卑賤。但再過個三、五十年，恐怕天下人只知道有李香君，而不知道有你楊潮觀了吧？」其實這話不是袁枚第一次說。楊潮觀只是一個沒有什麼權勢的前市長，袁枚說這話談不上什麼風險，就是某些可能給自己帶來很大危險的權貴，其實袁枚也是自信十足，從來就沒退縮過。

人品高下，不在於好不好色

他的《隨園詩話》中就記載過這樣一件事：我有一方閒章，上面刻著一句詩「錢塘蘇小是鄉親」。蘇小小是南朝名妓，杭州人，我也是杭州人，所以刻了這麼一個閒章，這是無傷大雅的玩笑話。有一次，趕上一個貴官到南京來，跟我要一本詩集，我一時隨意，就把這個印章蓋在詩集上面。這位貴官大發雷霆。我一開始知道自己錯了，不斷道歉，但是這位權貴不依不饒，我禁不住發火了，我說：「先生，你以為我這個印章用得不倫不類嗎？現在看，先生你官居一品，蘇小小只是妓女而已，但恐怕百年之後，天下人但知有蘇小小，不知道有大人你啊！」當時滿座哄笑，那位貴官想必也非常尷尬。這是袁枚平生的得意之見，所以一說再說。

袁枚還有一個問題也值得說，那就是好色。袁枚這人一生好色，而且好談色，不僅好談女色，還包括男色，他平時論詩的時候也常用色來做比喻。比如「選詩如選色，未近心已動」、

「選詩如選色，終覺動心難」，都說得很有意思。

如何看待袁枚好色的問題？我覺得，這其實就是他高張的人性解放的大旗上，最鮮明的色彩之一。比如他講過一段有趣的話：「好色不必諱，不好色尤不必諱。」人品高下哪在於好色不好色？周文王有一百個兒子，肯定好色吧？而孔子把他當成聖君；衛靈公好色，娶了南子，孔子把他當小人。唐朝有一個奸相盧杞，這個人不好色，家裡連侍妾都沒有，但人稱藍面鬼，是很著名的小人；東晉的宰相謝安狎妓東山，整天帶著妓女喝花酒，最後成就一代功業，不也是君子嗎？

你看，袁枚這話說得多有力量，多麼通透！所以我才說，我們常常把袁枚當成詩人、文人來看待，但實際上，袁枚不是普通的詩人、文人，他是一個相當了不起的思想家，個性解放思潮在清代的傳承，有很大一部分是落在袁枚肩上的。前些年南京大學編寫了一套水準很高的《中國古代思想家評傳》，其中特別把袁枚列進去，寫了很厚的一本，這個選擇非常有眼光。

清代的儒家文化發展非常豐富，絕不是我們短短一章能說清楚的，這裡我們只能講一點皮毛，希望能引起大家進一步探索的興趣而已。

結語
儒家文明現在還有價值嗎？

在之前的章節裡，我們進行了一場儒家文化的探尋之旅。從春秋的陳蔡絕糧、弦歌不輟，走到戰國的君輕民貴、浩然正氣；從漢代的君權神授、三綱五常，走到宋代的往聖絕學、萬世太平；從明代的此心光明、個性解放走到清代的總結繼承、流風遺韻。不知不覺，我們走過了兩千五百年的漫長時光，不知不覺，我們來到了二十世紀，走入了現代文明。

作為古典中國社會最顯眼的標誌，儒家文化在現當代社會還有沒有存在的價值？如果有，應該怎樣存在？這是我們在本書末尾必須追問、無法逃避的問題，換個說法，就是「儒家文化的當代出路」。這顯然是一個超重量級的大問題，不是我一個業餘愛好者能夠回答的，但同時，我也願意給出自己作為讀書人的一點思考，試圖找到思考這個問題的起點。

是發動機，不是絆腳石

我在講課的時候，多次問過大家一個問題：「全世界起源最早的幾個文明形態中，只有中華文明連續性走過了五千年，成為世界上唯一連續行程超過五千年的文明形態[10]。」這到底是中華文明的幸運還是不幸呢？

多年以來，每逢討論到中國為什麼還是發展中國家，遲遲沒能走向高度發達的現代文明的問題時，總會有人站出來說，那是因為我們的傳統文明時間太長、身上背的包袱太重、腳下的絆腳石太多，拖慢了我們走向現代文明的腳步。

我把這種論調稱為「包袱和絆腳石論」，而且我認為這個論調是錯誤的，我更願意用「發動機和翅膀論」來代替包袱和絆腳石論。我的意思是說，我們的傳統文明，當然包括儒家文化，中間蘊含著很多現代文明的因素。因為各種原因，我們昨天沒能實現它走向現代文明的轉換，但是昨天沒做到，並不意味著我們今天也做不到，明天也做不到。只要我們用心珍惜，善加轉換，傳統文明完全可以成為我們走向現代文明的發動機和翅膀，而不是包袱和絆腳石。

舉秀才，不知書

為什麼這樣說呢？我們舉中國古代選官制度為例。

選官制度的產生大家都能理解——當一個人要管理某個行政區域的事務，忙不過來，就需要選拔一些德才兼備的人作為助手，這就是選官制度的最初動力。可能從部落時代開始，我們就已經有了原始形態的選官制度，但我們還是從漢代說起。

漢代實行的選官制度叫察舉制，察就是考試，舉就是推薦，察舉制就是推薦考試制度。它的基本程序是：由有資格的人向朝廷推薦他所認知的有才能德行的人，推薦上來以後，國家經過考試，認為名實相副，就可以把這些人選拔為官員。

這種察舉的方法在漢代之前也有，我們為什麼從漢代說起呢？因為漢代的察舉制已經比較完善、細膩，它注意到了人才各有其特長，所以把人才分成很多科目。比如秀才科，明清時期，我們稱科舉的最低一級臺階為秀才，其實用的是漢代的古稱。

什麼叫秀才科呢？用現在的話講就是學霸，在漢代，精通儒家經典者，可以被推薦到秀才科，擔任教育文化方面的官員。而在漢代這些察舉科目中，哪一個出路最好、政治前途最光明呢？是孝廉科。明清時代稱舉人為孝廉，也是用漢代古稱。孝廉科好到什麼程度？被推薦進孝廉科的人才，在某些特定的情況下，可以直接出任大州郡的刺史，大概相當於中國省部級官員。問題是，需要有什麼樣的德行才幹，才能被推薦到孝廉科，當上如此高級別的官員呢？顧名思義，首要條件是孝，百善孝為先，這涉及中國古代孝文化的大命題，三言兩語說不清楚，我們這裡只講最簡單的理解。

在中國古代，孝不完全是我們理解的、應該提倡的一種美好的倫理道德，它更是事關生死的國家政治原則。所謂「以孝治天下」、「求忠臣必於孝子之門」，如果一個人能在孝的方面有傑

---

10 學界中也有人不同意中華五千年文明說法，認為只有三千五百年左右。如叢日雲〈我們到底有多少對西方文明的偏見〉，見叢日雲主編《西方文明講演錄》，北京大學出版社二〇一一年版。這裡我們取一般說法而已。

出表現，再加上一點廉潔剛正的品質，他就可以被推薦到孝廉科做高官了。

一開始情況可能還比較好，後來越來越多人發現，這是一條做官的終南捷徑。你想，昨天還是個普通的讀書人，甚至是個普通的農民，因為孝，就搖身一變成為高官，這樣便捷的做官管道誰不喜歡？察舉制推行了一段時間，特別到了東漢以後，欺誑詐騙、暗箱操作、營私舞弊的現象都湧現出來。

比如東漢有位大孝子，這老兄一沒有關係，二沒有後門，完全是硬生生憑自己的傑出表現，而被選拔到孝廉科。他母親去世以後，據說他非常悲傷，每天站在院子裡痛哭、悼念母親。時間久了，純孝感天動地，就產生了超自然現象。只要他每天站到院子裡頭一哭，附近十里八村的鳥就都來聽他哭，什麼時候他哭完了，鳥才飛走。你看這多神奇呀！這位老兄順利入選了當年的十大感動人物，被推薦到孝廉科做了高官。

過了若干年以後，他的騙局才被揭穿，其實無非是個小把戲而已。他每天站到院子裡痛哭的時候，袖子裡裝上大把糧食，一邊哭一邊往院子裡面撒。鳥類也有自己傳遞資訊的方式呀，一看見他出來就一傳十、十傳百的相互轉告——咱們又開飯了！就這麼一個簡單的小伎倆，居然騙了半輩子的功名富貴，這說明察舉制已經走入末路，不能為國家選拔真正有用的人才了。所以，東漢後期社會上流行兩句諺語——那時候的諺語有一點像現在的手機簡訊文，有時候是能反映一點時弊——「舉秀才，不知書；察孝廉，父別居」。你當成學霸被推薦上去的，結果連基本的書都沒有讀過；你作為孝廉被推薦上去的，但是你和父親都分家另過了，你怎麼能孝呢？窮則思變，於是選官制度遞變到下一個時期：魏晉南北朝的九品中正制。

曹操起飛靠評語

東漢中後期，社會上開始流行品評人物的風氣，這種人物品評有一定的公信力，可以作為選拔人才的重要參數。比如曹操，年輕時想入仕做官，他就找了一個很有公信力的人——許劭。

這位許先生善於品鑑人物，相當於天下第一評委。因為四面八方請他品鑑的人太多，忙不過來，他乾脆每月初一（月旦）在家門口張貼一張榜單，把這一個月品鑑的人物分等級列出來，後來月旦就成了專門品鑑人物的一個典故。曹操找到了許劭：「許先生，請您給我寫個評語吧！」許先生很負責任，觀察了曹操一段時間後，說：「好吧，我給你十二個字的評語：子治世之能臣，亂世之奸雄也。」曹操就帶著這十二個字（有可能只帶了「治世之能臣」五個字）到京城求官去了。

曹操當的第一個官叫洛陽北部尉，就是負責洛陽城北部治安的官員，大概相當於北京市公安局海澱分局局長。曹操上任伊始，在衙門裡面設下五色大棒，如果有人違反法令，即以五色大棒處置之。結果棍子剛做好掛上，趕上當朝最炙手可熱的大宦官蹇碩的叔叔違反宵禁令夜行。換了別人，一個小小的分局長，是不敢惹權勢熏天的大宦官，但是曹操鐵面無私，把蹇碩的叔叔從車上拉下來暴打一頓。從此之後，洛陽城「豪強斂跡」，大家相互告誡，洛陽城東邊、南邊、西邊都可以去，北邊別去了，曹操這傢伙一點都不給面子。曹操就是因此聲譽鵲起，在政壇起飛，最終成就一代霸業。

以上就是九品中正制的一般推行程序，只不過漢代沒有制度化，到了魏晉南北朝才逐漸成為定例。制度規定：在中央設大中正官一員，也就是許劭那個角色，相當於國家級總評委。各州郡設中正官若干員，負責品評當地的人才，給人才打等級分。把人才分成上、中、下三品，每品裡面再分上、中、下三小品，於是形成了上上、上中、上下、中上、中中、中下、下上、下中、下下九個等級。九品中正制比之前的察舉制，有一定的歷史進步，但還有一些殘留問題沒有解決，最主要是人治的問題。察舉制後來為什麼不行了？就是因為人在制度中的作用太大，現在九品中正制仍然沒有解決這個問題。

比長得醜更不幸的是……

比如誰來擔任中正官呢？至少得有兩個資格，第一，他本身具有一定的官位；第二，在文化上有話語權。同時滿足這兩個條件的人，我們用一個詞來概括，那就是貴族。

貴族擔任評委，必然直接導致兩個效應：第一，我是貴族階層，我自然會認同貴族階層的其他人員，有親近感，自然會給這些人打比較高的等級分。第二，中國從古至今都是人情關係社會，我是評委，要品評的這些人有的是我的親戚，有的是朋友的孩子等，自然也會給這些人打比較高的等級。

於是，貴族子弟不管怎麼沒出息，都能混個上品，但是寒門庶族子弟就沒有這個機緣了，被品評一次，中品，再品評一次，下品，很難爬進上流社會。這就嚴重固化了社會各階層的流動。貴族永遠是貴族，寒門庶族永遠是寒門庶族，很難翻身。這對一個社會的良好運行而言，是相當不好的信號，是個定時炸彈。到了魏晉南北朝時期，又出現反映時弊的諺語了，「上品無寒門，下品無世族」，說的就是這種情況。

再舉個例子。晉朝大才子左思，就是成語洛陽紙貴的主角，因為他寫作《三都賦》，大家競相傳抄，導致洛陽市紙價上漲。左思的才華當世罕見，但因為出身寒門，導致仕途蹭蹬、抑鬱而終。左思很憤懣的寫下一首詩：

> 鬱鬱澗底松，離離山上苗。以彼徑寸莖，蔭此百尺條。
> 世胄躡高位，英俊沉下僚。地勢使之然，由來非一朝。
> 金張藉舊業，七葉珥漢貂。馮公豈不偉，白首不見招。

「世胄躡高位，英俊沉下僚」這兩句是核心，躡就是捷足先登的意思，貴族子弟把好位置都占走了，英俊人才都沉淪到社會底層。說到左思，我們多說一個小掌故。左思之所以淪落階級底層，主要原因是他出身寒門，但還有一個次要因素要考慮進來，就是他長得實在太醜了。

左思醜到什麼程度呢？我們知道，古人寫傳記一般都不會提及傳主的相貌，因為觀人主要是看德行和心性，相貌只要過得去就行了，不重要。只有兩種情況下會寫到相貌，第一種是你長得實在太好看了，作傳時不提兩筆都對不起觀眾；第二種就是你實在長得太醜了，作傳不提兩筆都對不起良心。左思就屬於後者，所有人寫他的傳記都會提到，這個人長得相當醜。

比長得醜更悲哀的是，他和中國古代第一美男子生活在同一個時代。誰是中國古代第一美男子呢？如果從出鏡率來看，應該是潘安吧！潘安其實叫潘岳，字安仁，別人也稱他潘安。潘安帥到什麼程度呢？他帥出一個典故叫擲果潘郎。他每天出門的時候，門口經常圍著好幾百個姑娘和少婦，等著盼著要看潘帥哥一眼，手裡拿著鮮花水果往他車上扔，這叫擲果潘郎。所以，潘安經常是駕著車出去遛一圈，晚上拉一車蘋果回家。

左思長得醜，但長得醜也得出門吧？左思出門的時候，你還別說，也有幾百人堵在門口等著看他，只不過手裡拿的不是鮮花和水果了，而是磚頭和瓦塊，往他車上扔。左思出去逛一天街，晚上拉一車磚頭回家了。我說這個掌故確實有點開玩笑了，之所以提及這個次要因素，主要是想說九品中正制的弊端所在。

只以文字論高下

九品中正制也不行了，那就向下一個階段轉移：隋唐的科舉制。

科舉制由隋文帝楊堅提供理念設計，由他的兒子、著名的昏君、隋朝第二任皇帝，也是最後一任皇帝楊廣付諸實踐。科舉制的基本理念是：打破魏晉南北朝以來貴族和庶族的差異，平等的坐到同一個考場上，面對同一道試題，寫同一篇文章，只以文字論高下，不以出身論英雄。顯然，比照九品中正制而言，這是一個巨大的歷史進步。

科舉制在隋朝只推行了一科，還沒看出效果，隋朝就滅亡了。隨後建立的唐朝，把科舉制全盤承襲下來。到唐太宗李世民時期，科舉制已經得到了非常廣泛的接受和承認。史料記載，唐太宗為了表示對人才的重視，以天子九五之尊，曾多次站在科舉考場門口，迎接四面八方的人才入場考試。

當看到大家都規規矩矩、老老實實的寫文章答試題，就是為了獲得一點功名富貴，李世民躊躇滿志，站在考場門口講了一句很著名的話：「天下英雄入吾彀中矣。」彀就是陷阱的意思，天下英雄都掉到我設的科舉陷阱裡來了，從此天下太平！後人有兩句詩「太宗皇帝真長策，賺得英雄盡白頭」，吟詠的就是這個場景。

科舉制的進步更加明顯了，但是還沒有完全解決人治的老問題。

在唐代，考官看到的試卷就是考生的原卷，考官可以非常方便的了解考生全部資訊，因此其中必然有人之常情在起作用，考官的成見，會影響是否錄取該考生。比方說，考官拿來一疊卷子，頭一張翻開一看，大詩人李白的卷子（李白沒有參加過科舉考試，我們只是舉例子而已）。哎呀！李白是了不起的大詩人啊！他是我的偶像，我是他的粉絲，前幾天我們還在一起喝酒來著，所以，哪怕是李白發揮得並不好，還是會毫不猶豫的在李白的卷子上打一個勾，錄取他！把這張卷子放下，拿起第二張卷子一看，馬大勇的卷子，那完了！這個人我知道，學問不好，人品也一般，之前我們還吵過架，不管你文章寫得怎麼花團錦簇，我也不會錄取你，就把這卷子打一個叉放在邊上去了。這種場景在唐朝有可能經常出現，這是人之常情，無可厚非。

糊名與謄錄，讓考試更公平

為了修補這樣的問題，到宋代就推行了兩項非常重要的措施：一項叫做糊名，就是用不透明的厚紙把考生的姓名糊起來，作用相當於我們今天的裝訂線，考官看不到考生的姓名。但是還沒有解決問題，因為古人的書法非常有個性，雖然把名字糊起來了，但還可以透過字跡來得知考生的身分。

比如宋代的幾大書法家，蘇、黃、米、蔡[11]，他們的字你放在多少張卷子裡，一眼就能看得出來，那種精微之處簡直比得上指紋。那怎麼辦呢？後來又推行了謄錄制度。考生在考場上答完卷子以後，考卷不直接交給考官，而是交給楷書手，抄一份副本給考官看。現在大家卷子上的字跡幾乎完全相同，考官沒有任何途徑知道考生的身分。這種情況下，就可以做到最大程度的公平、公正、公開。

再說個小掌故。蘇軾做考官的時候，特別想錄取自己很欣賞的一個學生李廌，左看右看，四處找李廌的卷子，找不出來，只能憑文字的水準來揣摩，最後選中了一張卷子：「這篇文章寫得真好，估計我都寫不出來！」蘇軾選了這篇文章為第一名，結果拿副本回去對正本，一放榜，蘇軾傻眼了，他選的卷子根本不是李廌的。李廌連最後一名都沒考中，名落孫山。

這個掌故說明在當時的技術條件下，科舉制透過技術性的修補，已經達到了成熟完美的程度。從此，這種文官考試選拔制度就世代相襲，一直使用下來。

經過一千三百年，科舉制最終在一九〇五年走下了歷史舞臺。為什麼要廢除科舉制？這裡面有很深刻的歷史文化原因。

以一八四〇年第一次鴉片戰爭為標誌，中國走進了「三千年未有之大變局」（李鴻章語），逐步淪為一個落後挨打的老大帝國。當時朝野上下都在焦灼的探索富國強兵的途徑，於是很多人提出科舉制不好，八股文都是無用文章，只能培養出范進（按：諷刺小說《儒林外史》中虛構人物，大半輩子都在考科舉，最終考上舉人，喜極而瘋）那樣的廢物，這樣的包袱和絆腳石應該全盤放棄。

經過半個世紀左右的呼籲，大家初步達成了共識，最終由直隸總督、北洋大臣袁世凱領銜上書，朝廷批准，廢除了科舉制，代之以新式學堂教育。科舉制一千三百多年的歷史結束了，但是戲劇性的場面才剛剛上演。

被捨棄的科舉制度

我們認為科舉制是包袱，是絆腳石，千辛萬苦把它踢掉，但是我們要學習的那些先進國家，所謂西方列強，他們倒很有興趣的研究科舉制，比如英國。英國人就覺得中國這一套文官選拔制

11 蘇軾、黃庭堅、米芾，蔡原本指蔡京，後因其奸，以蔡襄易之。

度非常好，比我們先進，所以就把它拿去，改造之後，變成了英國沿用至今的現代文官考試選拔制度。現在西方發達國家，都在用從英國學來的現代文官考試選拔制度，其實那就是中國古代科舉制的變種。

自己扔掉了科舉制，被人家學走了，之後又經歷了什麼呢？民國時代的選官程序比較凌亂，不大成型；新中國成立以後改以家庭出身、階級成分為主要標準的選官制度，這當然非常落後，甚至還不如漢代的察舉制能選拔人才。所以到一九七〇年代末，中國推行改革開放的基本國策，提出擁抱世界，學習發達國家先進經驗的方針，又把西方世界普遍推行的文官考試選拔制度引進回來，形成了今天炙手可熱的公務員考試制度。

我們講了一部選官制度簡史，過程很複雜，結論倒很簡單：公務員考試制度，其實就是中國古代科舉制出口轉內銷的產物。儘管我們只講了一個例子，但是我想，它已經很雄辯的證明了一個問題：傳統文明完全可以成為現代文明的發動機和翅膀，而不是包袱和絆腳石。作為傳統文化的主要標誌、主體構成，儒家文化當然應該得到同樣的判斷。

我們在前面所講的仁、禮、中庸、浩然正氣、君輕民貴、仁義禮智信、橫渠四句、心即理、致良知等，這些重要的思想文化資源，其實都可以實現向現代文明的轉換，可以成為我們發展的強勁動力，這是我們給出的第一個基本判斷。

可是問題並沒有結束，如何做到善加轉換？有沒有原則可以遵循？我想大原則是非常簡單的兩句話：與時俱進，向善去惡。

《弟子規》是本什麼書？寫給農夫的

在現代文明條件下，國學也好，儒家也好，要想向前發展，就必須捐棄糟粕、弘揚精髓，向人類發展的大潮流看齊，而不能借著傳統文化發燒的勢頭，故步自封、良莠不辨，拒絕排斥人類優秀文化的正面影響，那就走上了魯迅所批評的「紅腫之處，豔若桃花」的國學國粹化的邪路。近年來，國學熱潮中出現了很多雜音和噪音，需要我們正本清源，知善去惡。

胡適曾經說過，看一個國家的文明，只需要考察三件事。第一，看他們怎麼對待小孩子；第二，看他們怎麼對待女人；第三，看他們怎樣利用閒暇的時間。這項標準在今天，仍是放之四海而皆準。第三點我們不講，簡單說說前兩點。

作為國學研究者和宣講者，我注意到，近年《弟子規》迅速占領了中國兒童國學教育市場，儼然成為國學第一教材，各種宣講《弟子規》的興趣班層出不窮，大有被捧上神壇之勢。我平時上課的時候，經常有聽眾問我：「《弟子規》是適合兒童教育的蒙學經典嗎？」我回答：「不是。」而且不光我這樣認為，很多學術界、教育界的專家學者都是持類似意見。比如江南大學黃曉丹老師，就曾經對《弟子規》的源流，做了細緻的梳理考證，我們借用她的文章，從學術史的角度來重新認識一下《弟子規》。

《弟子規》的作者叫李毓秀，是清代順治至雍正年間，山西絳州的一位秀才，因為沒有中舉，也沒有其他學術上、政治上的成就，同時代人對他的記錄很少。而《弟子規》是在他身後一百多年才受到重視，刊刻問世則已是道光中後期，也就是近代的事情。這說明從時間上講，《弟子規》基本沒有影響到中國古代的賢人君子，更別說影響到整個儒家文化史。

在清代浩如煙海的文獻當中，只有少數幾條提到《弟子規》，其中一條出自《清史稿》中的〈勞乃宣傳〉。勞乃宣是晚清名臣，他在吳橋做官的時候，「創里塾，農事畢，令民入塾，授以《弟子規》、《小學內篇》、《聖諭廣訓》諸書，歲盡始罷」。也就是說，勞乃宣創立私塾，每當農閒的時候，就把老百姓招來聽講，教他們《弟子規》等，一直到快過年了才結束。這段記載明確告訴我們，《弟子規》的教育對象其實是成年農民。它既沒有走進書香門第，也不是專門寫給兒童的啟蒙教材，是不能和四書五經這樣的經典相提並論。

我們來看一看《弟子規》的具體內容，它分為孝、悌、謹、信、愛眾、親仁、學文七個部分，在為人處事、待人接物等方面，對兒童提出了規範，但核心精神，是強調兒童對長輩和權威的絕對服從。比如「諫不入，悅復諫。號泣隨，撻無怨」，說來說去只有一點，就是孩子要順從服貼，父母說得不對，甚至打罵孩子，孩子也要好言好語勸諫父母，即使挨了打也不能有怨言。

這種孝道，其實並不符合現代的教育理論。教育是雙向的，家長不可能永遠正確，他需要在教育子女的過程中，逐漸修正方法。其實古代的賢明之士都能做到這一點，比如孔子的弟子曾參，就曾經放下父親的架子，以實際行動來教育孩子誠實守信，留下了一個曾子殺彘（豬）的典故[12]。

那麼，《弟子規》有沒有可取的內容？有，但瑜不遮瑕。它在最關鍵、最要害的地方錯了，照著《弟子規》去教育孩子，孩子表面上是變得乖巧、順從了，但是最寶貴的自由獨立人格也丟掉了。其實，我們可以問問家長，真的願意讓孩子成長為一個被捆綁在倫理綱常當中，面對權威低眉順眼、卑躬屈膝、喪失自我的人嗎？這樣的儒家文化、國粹，我看不講也罷。

所以，要警惕傳統中的糟粕，藉著國學熱沉渣泛起，警惕那些抱住傳統文化大腿來反文明、反科學的國學國粹化。我們需要重申，儒家文化也好，國學也好，它在當下的發展必須與民主、科學、自由、人權、博愛、平等的價值觀同向站立，與人類發展的主潮相匯合。這是我們看待國學的最根本立場，也是我在本書末尾想告訴大家的，最重要的一句話。

12 事見《韓非子》。曾子之妻之市，其子隨之而泣。其母曰：「女還，顧反為汝殺彘。」妻適市來，曾子欲捕彘殺之，妻止之曰：「特與嬰兒戲耳。」曾子曰：「嬰兒非與戲也。嬰兒非有知也，待父母而學者也，聽父母之教，今子欺之，是教子欺也。母欺子，子而不信其母，非所以成教也。」遂烹彘也。

國家圖書館出版品預行編目(CIP)資料

儒家文明，最強大的統治工具：孔子思想如何經過五階段改造，從民主思維變中央集權。／馬大勇著. -- 初版. -- 臺北市：任性出版有限公司，2022.10
304 面；17×23 公分. --（drill；18）
ISBN 978-626-95960-5-8（平裝）

1. CST：儒家　2. CST：思想史　3. CST：中國

121.2　　111006152

drill 18

儒家文明，最強大的統治工具

孔子思想如何經過五階段改造，從民主思維變中央集權。

作　　者／馬大勇
責任編輯／林盈廷
校對編輯／連珮祺
美術編輯／林彥君
副 主 編／馬祥芬
副總編輯／顏惠君
總 編 輯／吳依瑋
發 行 人／徐仲秋
會計助理／李秀娟
會　　計／許鳳雪
版權主任／劉宗德
版權經理／郝麗珍
行銷企劃／徐千晴
行銷業務／李秀蕙
業務專員／馬絮盈、留婉茹
業務經理／林裕安
總 經 理／陳絜吾

出 版 者／任性出版有限公司
營運統籌／大是文化有限公司
臺北市 100 衡陽路 7 號 8 樓
編輯部電話：（02）23757911
購書相關資訊請洽：（02）23757911 分機122
24小時讀者服務傳真：（02）23756999
讀者服務E-mail：haom@ms28.hinet.net
郵政劃撥帳號：19983366　戶名：大是文化有限公司

法律顧問／永然聯合法律事務所
香港發行／豐達出版發行有限公司 Rich Publishing & Distribution Ltd
地址：香港柴灣永泰道 70 號柴灣工業城第 2 期 1805 室
Unit 1805, Ph. 2, Chai Wan Ind City, 70 Wing Tai Rd, Chai Wan, Hong Kong
電話：21726513　傳真：21724355
E-mail：cary@subseasy.com.hk

封面設計／陳皜
內頁排版／顏麟驊
印　　刷／緯峰印刷股份有限公司

出版日期／2022 年 10 月初版
定　　價／新臺幣 399 元（缺頁或裝訂錯誤的書，請寄回更換）
I S B N／978-626-95960-5-8
電子書ISBN／9786269596089（PDF）
9786269596096（EPUB）